“十二五”职业教育国家规划教材
经全国职业教育教材审定委员会审定

职业生涯规划

主　编　王建庄　胡雅宁

副主编　周玉林　程　凯　周　欣　张瑞安　王贝贝

编　者　阚　甜　鲍　娜　梁　涛　张　超　李　杰
　　　　程　盼　任晓娜

教育科学出版社
·北 京·

出 版 人　所广一
责任编辑　张　羽
责任校对　贾静芳
责任印制　叶小峰

图书在版编目（CIP）数据

职业生涯规划 / 王建庄，胡雅宁主编 . —北京：教育科学出版社，2015. 7（2022. 8 重印）
“十二五”职业教育国家规划教材
ISBN 978 - 7 - 5041 - 8688 - 1

Ⅰ. ①职…　Ⅱ. ①王… ②胡…　Ⅲ. ①职业选择—高等职业教育—教材　Ⅳ. ① G647.38

中国版本图书馆 CIP 数据核字（2015）第 138216 号

“十二五”职业教育国家规划教材
职业生涯规划
ZHIYE SHENGYA GUIHUA

出版发行	教育科学出版社		
社　　址	北京・朝阳区安慧北里安园甲 9 号	邮　　编	100101
总编室电话	010 – 64981290	编辑部电话	010 – 64989564
出版部电话	010 – 64989487	市场部电话	010 – 64989009
传　　真	010 – 64891796	网　　址	http: // www. esph. com. cn
经　　销	各地新华书店		
印　　刷	大厂回族自治县益利印刷有限公司		
开　　本	720 毫米 ×1020 毫米　1/16	版　　次	2015 年 7 月第 1 版
印　　张	15.5	印　　次	2022 年 8 月第 11 次印刷
字　　数	210 千	定　　价	43.00 元

前言

关于职业，我国近代著名的爱国主义者、近代职业教育的创始人和理论家黄炎培先生有过明确的论述，他说:“何谓职业，一方为己治生，一方为群服务，人类间凡此确定而有系统的互助行为，皆是也。”黄先生认为，在解决自己生存和发展问题的同时，为他人服务，为群众服务，为社会服务，才是真正意义上的职业。我们所说的狭义的职业，指的是个人在社会中所从事的能够给个人生存和发展提供物质保证的工作。那么，职业生涯就是实现并发展这种物质保证的过程。在进入这个过程之前已产生，并在这个过程中不断修订完善的比较长远的计划，就是狭义上的职业生涯规划。

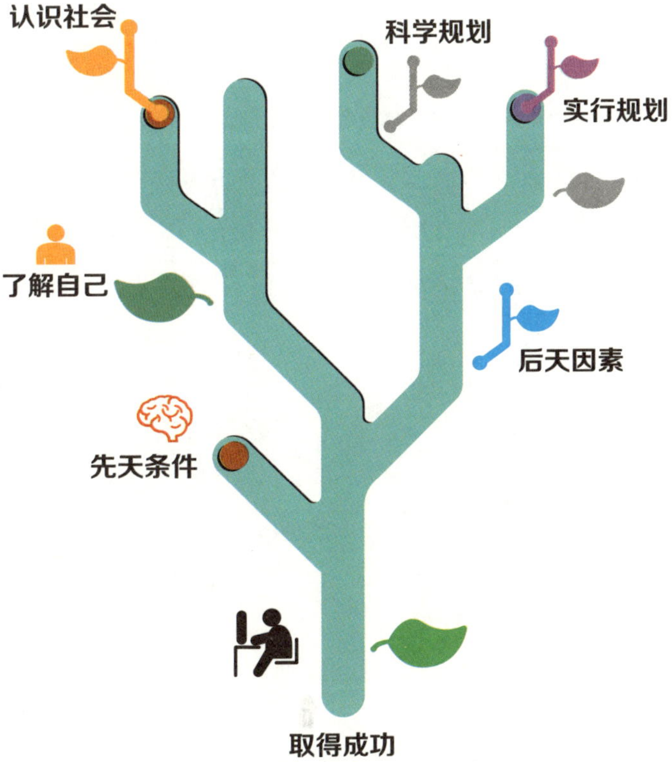

每个人都渴望成功，但并非都能如愿。除了先天条件、后天环境等因素外，清醒地了解自己、认识社会，并根据已有条件对自己的未来进行科学规划且实行之，也是取得成功的主要因素之一。向往成功、渴望成才是一个人不懈奋斗的动力之源，也是整个社会进步的原始动力。只有每个人都在努力，才有可能产生强大的动力，从而推动社会的发展。问题是，每个人的努力要有明确的方向和坚定的目标，否则，非但不能事半功倍，还有可能适得其反。所以，职业生涯规划是每个大学生面临人生重大抉择时必须要做的，而且必须要做好的。只有使自己的规划科学、有效，合乎社会发展的主流，才能使个人的优势最大化。

大学新生常常感到迷茫。经历了小学、中学，特别是经过高三的苦读和高考的拼搏，突然走进风平浪静、海晏河清的大学，取而代之的是茫然，还有对未来生存和发展的担忧。如果说在大学毕业前我们还有理由依靠父母的话，那么走出大学后再去“啃老”就没有道理了。这种茫然和担忧使得许多大一新生在较长一段时间内不知如何是好。我们的学校、家庭和社会也没有及时地给他们以指导，或指导缺乏针对性。一些大一新生到处寻找社团，频频调转专业，不少人在一个学年里都不能安定下来，就是这种茫然和担忧的外在表现。

有所作为是人生的最高境界。其实，人生并不一定非要成名成家，成功者并不全是高官巨富。所谓有所作为，就是在自己力所能及的岗位上不断努力，胜任工作并能取得创造性的业绩。只有这样，我们才能脚踏实地，一步一个脚印地实现自己的人生理想。

基于这些思考，我们编写了这本教材。本教材在编写过程中参阅了一些专家、学者的研究成果，在此一并致谢。由于编者水平有限，加之时间短暂，不足之处在所难免，企盼大家给予指正。

编　者

目录

第一章 职业生涯规划概述

知识目标

1. 了解职业的含义、特征及其发展趋势。
2. 了解生涯和职业生涯的含义及其特性。
3. 理解职业生涯规划的定义，了解职业生涯规划的类型。
4. 熟悉大学生职业生涯规划的类型。
5. 理解职业生涯规划的原则和作用，熟知职业生涯规划的步骤。

技能目标

1. 建立职业生涯规划意识。
2. 澄清职业生涯规划与找工作的区别与联系。
3. 能够详尽地调查职业的种类及其发展历程。

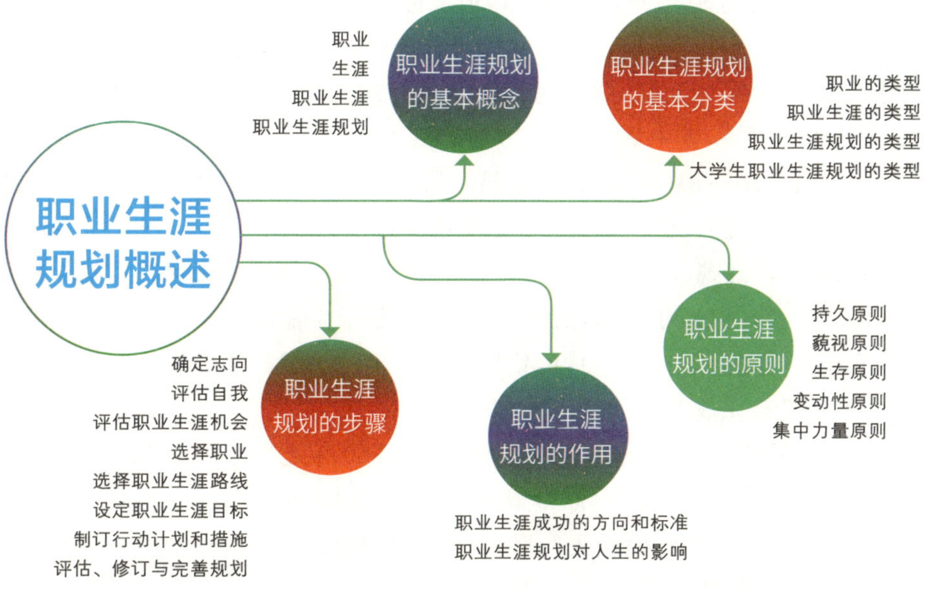

情境导入

有两兄弟，他们一起住在一幢公寓楼里。一天，他们一起去郊外爬山。傍晚时分，等他们爬山回来，发现一件事：大厦停电了！这真是一件令人沮丧的事情。因为这两兄弟住在大厦的顶楼80楼。虽然两兄弟都背着大大的登山包，但看来也是别无选择，哥哥对弟弟说："我们爬楼梯上去吧。"于是，他们就背着一大包行李开始往上爬。

到了20楼的时候，他们觉得累了。于是弟弟提议说："哥哥，行李太重了，不如这样吧，我们把它放在20楼，我们先上去，等大厦恢复电力，我们再坐电梯下来拿吧。"哥哥一听，觉得这主意不错："好啊！弟弟，你真聪明呀！"于是，他们就把行李放在20楼，继续往上爬。卸下了沉重的包袱之后，两人觉得轻松多了。他们一路有说有笑地往上爬。但好景不长，到了40楼，两人又觉得累了。想到只爬了一半，两人就开始互相埋怨，指责对方不注意停电公告，才会落到如此下场。他们边吵边爬，就这样一直爬到了60楼。

到了60楼，两人筋疲力尽，累得连吵架的力气也没有了。哥哥对弟弟说："算了，只剩下最后20楼，我们就不要再吵了。"于是，他们一路无言，安静地继续往上爬。

终于，80楼到了。到了家门口，哥哥长吁一口气，摆了一个很酷的姿势："弟弟，拿钥匙来！"弟弟说："有没有搞错？钥匙不是在你那里吗？"

原来钥匙还留在20楼的登山包里！

这个故事其实反映了我们的人生。20岁之前，我们活在家人、老师的期望之下，背负着很大的压力，不停地上课、考试、升学，就好像是背着一个很重的登山包，加上自己也不够成熟，所以走得很辛苦。

20岁以后，从学校毕业出来，踏上工作岗位，开始自己的职业生涯，自己喜欢做什么就做什么，想怎么做就怎么做，就好像是卸下了沉重的包袱。所以说，从20岁到40岁是一生中最愉快的20年。到了40岁，人到中年，发现青春早已逝去，但又有很多遗憾，于是开始抱怨，骂老板不识货，怪家人不体恤，埋怨政府，埋怨国家，埋怨社会，就这样在抱怨中又过了20年。

到了60岁，发现人生所剩不多，于是告诉自己，不要再埋怨了，就珍惜剩下的日子吧。于是，默默走完自己的最后岁月。到了生命的尽头，突然想起：好像有什么忘记了。是什么呢？是你的钥匙，你人生的关键。你把你的理想、抱负都留在20岁，没有完成。

想一想，我们是不是也要等到40年之后或60年之后才来追悔？想一想，我们最在意的是什么？想一想，你希望将来的自己和现在有些什么不同？是不是可以做些什么不让这个遗憾发生呢？那么，我们要做什么呢？

我们要做好我们的职业生涯计划。

第一节 职业生涯规划的基本概念

一 职业

（一）职业的含义

职业是连接个人与社会的桥梁，中国自古就有“职业”一词。从词义学的角度解释，“职”有社会责任、权利与义务的含义，而“业”是以某种特殊的技能从事某种业务、完成某种事业。美国学者舒尔兹认为，职业是一个为了不断取得个人收入而连续从事的、具有市场价值的特殊活动，这种活动决定着从业者的社会地位。日本社会学家尾高邦雄认为，职业是某种一定的社会分工或社会角色的持续的实现，因此职业包括工作、工作的场所和地位。日本劳动问题专家保谷六郎认为，职业是有劳动能力的人为了生活需要而发挥个人能力，向社会做贡献的连续活动。美国学者泰勒在其著作《职业社会学》一书中指出，职业的社会学概念，可以解释为一套成为模式的与特殊工作经验有关的人群关系，这种成为模式的工作关系的整合，促进了职业结构的发展和职业意识形态的显现。杜威从实用主义哲学观点出发，认为职业是人们可以从中得到利益的一种生活活动。从社会生产的角度来看，职业是社会分工的结果，一定的社会分工或社会角色的持续实现，就形成了职业。

综合以上观点，可以给职业下这样一个定义：职业是个人参与社会分工，利用专门的知识和技能，为社会创造物质财富和精神财富，获取合理报酬，作为物质生活来源，并满足精神需求的工作。

（二）职业的特征

职业的基本特征是职业划分的基础。作为一种行业亚文化现象，职业一般具有以下几个基本特征。

1. 职业根源于社会分工

社会分工形成了生产过程中的许多工种和岗位，这些不同的工种、岗位赋予劳动者不同的工作内容、职责、声誉和社会地位，以及不同的劳动规范和行为模式，由此劳动者获得了特定的社会标记和专门的劳动角色，如工人、农民、教师、军人、科学家和企业家等。

2. 职业的社会性

职业是为社会所需要的，是劳动者所进行的社会生产劳动或社会分工，得到了国家的认可，因此职业是社会的职业。

3. 职业的连续性（或称稳定性）

劳动者长期连续从事的某种社会工作，或者相对稳定从事的某项工作，才能称为职业。

4. 职业的经济性

劳动者通过职业活动来获得经济收入，以此来满足自己和家人的生活需要。正因为劳动者从职业中不断地取得个人收入，他们才能够长期地、稳定地从事某种社会职业。

（三）职业的发展趋势

职业是人类社会发展到一定阶段的产物。社会分工是社会生产力发展的必然结果，而且生产力发展得越快、越迅速，社会分工也将越复杂、越细致。由此可见，职业从其产生开始，就随着生产力的发展和社会的进步，一直处于不断变化之中。

随着政治、经济、文化、科技的发展和社会的进步，社会职业也在不断发生变化，从总体上看，职业的发展趋势主要表现在以下几个方面。

1. 职业分类增多，新职业出现的速度加快

职业在产生初期，种类少，发展缓慢。随着社会分工的发展和社会的进步，职业种类增加的速度逐渐加快。在封建社会初期（周朝），社会职业与行业是同义语，只被分为六大类，即主公（统治者）、士大夫（负责执行的官吏）、百工（各种手工业、工匠）、商旅（商人）、农夫（种田人）、妇功（纺织、刺绣的妇女）。到了隋朝，增加到100多个行业，到宋朝达220行，到了明朝增至300多个，当时人们把社会职业分工统称为三百六十行。到了近现代社会，随着社会分工越来越细和科学技术不断进步，职业的种类越来越多，职业种类的增加速度也越来越快，职业的种类远远超过三百六十行。在国外，也同样存在这样的现象。

2. 职业分工由简单到精细

职业的产生是社会分工的结果。社会分工具有三个层次，即一般分工、特殊分工和个别分工。一般分工可分为第一产业、第二产业和第三产业；特殊分工出现了不同行业；个别分工分出职业岗位。以工业为例，在古代社会，由于社会生产力的发展，出现了第二次社会大分工，手工业逐渐从工业中分离出来。手工业既是社会分工中的一个非常重要的部门，又是人们所能够从事的一种职业。英国工业革命后，机器生产代替了手工劳动，工业又逐渐分为重工业、轻工业等，从而形成了许多既有分工又有联系的新的职业。到了当今社会，分工越来越细，出现了许多分支，如车床操作工可分为车工、铣工、铆工、钳工等。

3. 职业活动的内容不断弃旧更新

同样的职业，在不同的年代，工作的内容有很大的变化。旧的业务知识、技术方法过时了，为新的业务知识和技术方法所替代。社会同一行业或职业对人才的要求也将随时代的不断变化而变化。如会计这个职业，古代很早就有了，那时称为账房先生。在电子技术出现以前，只要会用簿式记账就行了，所要掌握的业务知识和技术也就是懂得数学和会打算盘。之后，随着社会的进步、经济的发展，尤其是电子技术出现之后，会计的从业难度加大，会计的种类也越来越多，按不同的标准，可以分成不同的类别，比如，按其报告对象的不同，会计可以分为财务会计和管理会计。社会对会计这一职位的业务知识和技术要求也越来越高，从业人员不仅要会用传统的算盘，会簿式记账，而且要会用计算机来进行操作管理，懂得会计电算化等，同时还要拿到会计资格证书，才能从事会计这一职业。

4. 职业的专业化增强，出现综合化和多元化趋势

随着科学技术的发展，职业的专业化程度越来越高，因此，若不具备一定的专业知识和业务能力就不能满足职业所需的要求，就不能适应职业的需要。比如，随着计算机的普及以及许多财务软件的发明和使用，那些过去只靠打算盘而缺乏现代化电子技术的人将越来越难以胜任会计职业的要求。

职业除了专业性越来越强外，也逐渐地向综合化和多元化的方向发展，打破了以往每种职业都有相对固定范围的界限，职业与职业之间相互交叉延伸，界限越来越模糊。比如，现在高职高专的一部分教育工作者，他们既是教师，又是研究人员，同时，他们还兼任社会上一些大公司或企业的管理者或顾问。

5. 第三产业的职业数量增加

第三产业主要是服务性产业。这类产业产生并得到迅速发展的前提，首先必须是第一、第二产业的高度发展和在工农业生产发展的基础上人民收入的普遍提高。也只有工农业部门机械化、自动化日益发展，劳动生产率不断提高，才有可能节约出大量社会劳动力投入第三产业。我国的第三产业成为越来越重要的产业。2020 年，在国新办举行的国民经济运行情况新闻发布会上，国家统计局局长宁吉喆指出，2020 年，服务业增加值比上年增长 2.1%，分季度看，一季度是 -5.2%，二季度恢复到正增长，为 1.9%，三季度为 4.3%，四季度为 6.7%。以新技术为引领的现代服务业领域增势较好。2020 年 1—11 月，规模以上高技术服务业、科技服务业、战略性新兴服务业营业收入增长分别达到 12%、11%、8.6%。新业态新模式快速扩张。数据表明，第三产业以较好的就业弹性保持着职业总量的持续增长，成为容纳新增和转移劳动力的重要渠道。

未来，第三产业的职业总量还将会保持着持续增长的态势。一方面，我国现代社会已步入工业化、城镇化、市场化、国际化的发展轨道，这种不可逆转的社

会发展趋势将成为推动第三产业发展的强大动力。另一方面，我国第三产业的产值比重、就业比重都还有相当大的发展空间。

6. 社会职业结构变化的速度加快，脑力劳动的职位在社会职位总额中所占比重加大

随着产业结构调整速度的加快，不但经常出现新的行业，而且各行业的主次地位的变化也越来越快。在19世纪工业革命时期，主要行业是纺织业。进入20世纪，钢铁、汽车和建筑业的发展先后超过了纺织业。而电子行业从产生、发展到成为一个主要行业，只用了十几年的时间。从目前的发展形势来看，我国的职业结构变化速度还将进一步加快。从中外的历史来看，脑力劳动者比体力劳动者要少得多，但是，随着文化、教育、科学技术等的不断发展，社会的不断进步，脑力劳动者逐渐增多起来。随着信息技术的不断发展、进步，这种现象会越来越明显。

（四）影响职业变化的因素

职业的发展演变和其他事物的发展演变一样，也有一定的规律性，因而把握引起职业变化的原因就可以把握其变化发展的基本趋势。职业演变主要受以下几个方面的影响。

1. 生产力的发展水平是决定和推动职业演变的根本原因

生产力是人们征服自然和改造自然的能力。人们通过不断改进生产工具来开发生产资源，并使自己的劳动技能不断提高，从而推动社会生产力的发展，促进社会分工的不断变化。马克思指出，一个民族的生产力发展水平，最明显地表现在该民族分工的发展程度上。社会分工是产生职业的基础，每次新的产业革命必然伴随着职业的重新组合和大批新职业的产生。

2. 科学技术的进步也是职业演变的一个重要原因

科技的进步促进了生产力的高度发展，科学技术是第一生产力。科技进步的重要标志就是不断有新技术、新工艺和新产品的出现，这必然导致部分职业的新旧更替或产生新的职业种类。例如，计算机网络的发展涌现了工程师、计算机教师、计算机销售以及客户服务等不同的职业。

3. 经济建设也是促使职业演变的一个主要原因

科技进步和经济建设的根本目的是促进社会生产力的发展，以满足人们不断增长的物质和文化的需要。随着社会的不断进步，物质文化生活水平的不断提高会更加刺激人们增强这方面的需求，极大地促使直接为其服务的社会职业的产生和发展，使相关职业应运而生并竞相发展。例如，近几年发展迅速的直播、短视频、新能源汽车以及新材料产业职业等。

4. 社会制度和管理制度的改革促使一些职业发生演变

社会制度和管理制度的每一次变化都会引起职业的变化，使有的职业消失，有的职业产生，有的职业由盛转衰，有的职业由衰到盛。2001 年 1 月 1 日起，在上海郊区农村出生的小孩都将直接被登记为城镇居民，可以相信，在较短的时间内，户籍意义上的农民在上海消失，“农民”将成为纯粹的职业称谓。从传统农民向职业农民的转变，实质上是农民由“身份”向“职业”的转变。这就必然让中国农民有了更多的选择权利和从事更多不同职业的自由。

二 生涯

（一）生涯的含义

在日常生活中，我们常常听到“生涯”一词，如“艺术生涯”“戎马生涯”“学术生涯”等。中国古人的诗词中也常有“生涯”这个词，如南宋诗人陆游在《秋思》中写道:“身似庞翁不出家，一窗自了淡生涯”；刘长卿有“杜门成白首，湖上寄生涯”这样的诗句。“生涯”一词，就其特性来讲，是一个与我们如影随形，但又视而不见的名词。生涯之所以如影随形，是因为它与我们的发展经历密不可分。

生涯的英文是 career，从字源上看，来自罗马字 via carraria 及拉丁字 carrus，二者均指古代的战车。在希腊，career 这个词有疯狂竞赛的意思，最早常用作动词，如驾驭赛马。在西方人的概念中，使用“生涯”一词就如同在马场上驰骋竞技，隐含有未知、冒险、克服困难的意思。现在，生涯多被引申为人生发展历程。一般说来，生涯通常有两种用法：一种是当名词用，有向上的职业流动之意，表示某种行业可由基层循级而上，如军人生涯，是指由军校学生、尉官、校官而晋升至将官的一种职业生涯。另一种是当形容词用，有职业稳定之意，表示某种特定的就业状态，如职业军人。这两种用法意指持续性或持久性，对个人的前程发展而言，均有跨越时间与空间的含义。

虽然“生涯”一词在我们日常生活中经常运用，但如果我们要从学术上给生涯下一个定义，的确不是一件容易的事情，因为每一个学者对生涯有不同的理解。目前，大多数学者接受的生涯定义来自萨帕（1976）的论点。

生涯，它是生活中各种事件的演进方向；它统合了人一生中依序发展的各种职业和生活角色，由个人对工作的投入而流露出独特的自我发展形式；它也是人生自青春期至退休之后，一连串有酬或无酬职位的综合，除了职业之外，尚包括任何和工作有关的角色，如学生、受雇者、领退休金者，甚至也包括了副业、家庭、公民的角色。生涯是以人为中心的，只有在个人寻求它的时候，它才存在。

（二）生涯的特性

生涯不是一个静止的点，它是一个动态的历程，不只发生在人生的某个阶段，而是如影随形，相伴人的一生，同时，因为遗传、家庭、经历、所处社会环境等的不同，每个人的生涯也会不同。所以，生涯的发展是个性化的发展，即使处于同一时代或同一文化背景下的人们，因为生涯发展中其他因素的影响，每一个人也会有属于自己的生涯。所以，生涯可以理解为介于生命和职业之间的概念，它的外延并未扩大到与生命等同，但也未小到与职业等意，其内容是比较宽泛的，具有丰富的内涵与特性。生涯具有如下特性。

1. 方向性：它是生活里各种事态的连续演进方向

一个人一生当中的生涯发展，宛如茫茫大海中破浪前行的航道，虽然不可见，但有其方向可循。至于这个方向是沿着哪个路径前进，不同的理论有着不同的解释，不同的文化脉络影响下的个体也会有不同的引导者：可能是自我概念，可能是生命意义或者价值，可能是在追求某种需求的满足，也有可能是某些特质如兴趣或能力，甚至是某些紧紧贴近社会的趋势。

2. 时间性：生涯的发展是一生当中连续不断的过程

生涯的基本元素是时间性，它贯串一生的发展。从过去、现在到未来，个体的生涯发展历程是踏在接二连三的位置上前进：每一个现在的位置，都受到过去的位置的影响，也是未来的位置的预先准备，这些位置是依序发展的。

3. 空间性：生涯是以事业的角色为主轴的，也包括了其他与工作有关的角色

从生涯在不同年龄阶段的横切面看，它会同时呈现出不同的角色。这些角色不全然是职业，但都与职业活动有直接或间接的关系。生涯是一种生活，但不等于生活的全部。生涯专指以事业角色为主轴的生活经验，而事业生涯的发展必定伴随着许多与其有关的角色发展，这些角色发展经验自然不能游离于生涯经验之外。

4. 独特性：每个人的生涯发展是独一无二的

如果以类似的顺序经历着类似的职位或角色，不同的人可能有相似的生涯发展；但每个人的生涯发展又是独一无二的，因为人们在每一个职位或角色上的表现方式都不尽相同。

5. 现象性：只有在个人寻求它的时候，它才存在

生涯不等于生命，生命可以是客观的存在，生涯的存在却是个人主观意识所认定的存在。当一个人开始思考自己的未来时，生涯才开始如影随形。

6. 主动性：人是生涯的主动塑造者

“只有在个人寻求它的时候，它才存在”，这隐含着人是生涯的主动塑造者这层意义，生涯可以主动塑造，主要通过生涯转换过程中的生涯决定来完成。

三 职业生涯

（一）职业生涯的含义

职业生涯是指个体职业发展的历程，简单的理解就是一个人工作的整个经历，起于任职前的培训，终止于退休。

职业生涯是一生中所有与工作相联系的行为与活动，以及相关的态度、价值观、愿望等的连续性经历的过程。它不能简单地用成功与失败、进步快慢来区别。一个人的职业生涯受各方面的影响，如本人对终生职业生涯的设想与计划、家庭中父母的意见与配偶的理解和支持、组织的需要与人事计划、社会环境的变化等，都会对职业生涯有所影响。在一定程度上，职业生涯可以说是多方面相互作用的结果。

（二）职业生涯的特性

1. 方向性

职业生涯是生活里各种事态的连续演进方向。在不同的工作性质的岗位上，人们从事的职业在目标、内容、方式、场所上有很大差别。社会通过职业角色引导人的职业方向，把个体的人生发展目标整合到社会文化发展的轨道上来。同时，人们也通过职业角色的获取来运用社会提供的资源，尽可能地充分展示自己，满足自己从物质层次到精神层次的各种需要。

2. 时间性

职业生涯统合了人一生中依序发展的各种职业角色。从过去、现在到未来，人们从事相对稳定的、有收入的、分门别类的工作。虽然岗位有所不同，但都是人们为了生活发挥个人能力并为社会做贡献的持续性活动。

3. 空间性

职业生涯除了职业角色之外，还包括所有与工作有关的经验和活动，如承担该工作所需要的资格和能力以及在工作中建立的与其他部门或社会成员的人际关系等。职业生涯是人生极为重要的方面，人们的自我意识伴随着职业角色的发展而发展，在社会、职业组织发展的前提下，个人的需要得到了满足，个人的潜能得到了发挥。可见，职业生涯是人们求得自我实现的最主要的途径之一。

（三）职业生涯的发展阶段

萨帕根据自己生涯发展形态的研究结果，参照布勒的分类，将职业生涯的发展阶段划分为成长、探索、建立、维持与衰退五个阶段。

1. 成长阶段

成长阶段大体上可以界定在一个人从出生到 14 岁这一年龄段上。在这一阶段，个人通过对家庭成员、朋友、老师的认同以及与他们之间的相互作用，逐渐建立起自我的概念。该阶段，孩童开始以各种不同的方式来表达自己的需要，且经过对现实世界不断的尝试，修饰他的角色。

这个发展阶段的任务是发展自我形象，发展对工作的正确态度，并了解工作的意义。这个阶段共包括三个时期：一是幻想期（4 ～ 10 岁），它以“需要”为主要考虑因素，在这个时期，幻想中的角色扮演很重要；二是兴趣期（11 ～ 12 岁），它以“喜好”为主要考虑因素，喜好是个体抱负与活动的主要决定因素；三是能力期（13～14岁），它以“能力”为主要考虑因素，能力逐渐具有重要作用。

到这一阶段结束的时候，进入青春期的青少年（这些人在这个时候已经形成了对他们的兴趣和能力的某些基本看法）就开始对各种可选择的职业进行带有某种现实性的思考了。

2. 探索阶段

探索阶段发生于一个人的 15 ～ 24 岁的年龄段上。该阶段的青少年通过学校的活动、社团休闲活动、打零工等机会，对自我能力及角色、职业做了一番探索，因此，选择职业时有较大弹性。

这个发展阶段的任务是使职业偏好逐渐具体化、特定化并实现职业偏好。这个阶段共包括三个时期：一是试探期（15 ～ 17 岁），考虑需要、兴趣、能力及机会，做暂时的决定，并在幻想、讨论、课业及工作中加以尝试；二是过渡期（18 ～ 21 岁），进入职业世界或专业训练，更重视现实，并力图实现自我，将一般性的选择转为特定的选择；三是实验并稍作承诺期（22 ～ 24 岁），生涯初期确定并实验其成为长期职业生活的可能性，若不适合则可能再经历上述各时期以确定方向。

人们在这一阶段以及以后的职业阶段需要完成的最重要的任务也许就是对自己的能力和天资形成一种现实性的评价。类似地，处于这一阶段的人还必须根据来自各种职业选择的可靠信息做出相应的教育决策。

3. 建立阶段

在 25 ～ 44 岁，职业生涯处于建立阶段。经过上阶段的尝试，不合适者会谋求变迁或做其他探索，因此该阶段较能确定在整个事业生涯中属于自己的位置，并在 31 ～ 40 岁开始考虑如何保住这个位置，并固定下来。这个阶段的任务是统整、稳固并求上进。这个阶段又包括两个时期：一是实验—承诺稳定期（25 ～ 30 岁），个体寻求安定，也可能因生活或工作上的若干变动而尚未感到满意；二是建立期（31 ～ 44 岁），个体致力于工作上的稳固，大部分人处于最具创意时期，由于资深往往业绩优良。

4. 维持阶段

到了 45 ～ 64 岁这一年龄段，许多人就很简单地进入了维持阶段。个体仍希望积极维持属于他的工作位子，同时会面对新人的挑战。在这一职业的后期阶段，人们一般都已经在自己的工作领域中创立了一席之地，因而他们的大多数精力就放在保有这一位置上了。这个阶段的任务是维持既有成就与地位。

5. 衰退阶段

65 岁以后，由于生理以及心理机能日渐衰退，个体不得不面对现实，从积极参与到隐退。这一阶段往往注重发展新的角色，寻求不同方式以替代和满足需求。在这一阶段上，许多人都不得不面临这样一种前景：接受权利和责任减少的现实，学会接受一种新角色，学会成为年轻人的良师益友。

在上述生涯发展阶段中，每个阶段都有一些特定的任务需要完成，每个阶段需达到一定的发展水准或成就水准，而且前一阶段任务的达成与否关系到后一阶段的发展。同时，在人一生的生涯发展中，各个阶段同样要面对成长、探索、建立、维持和衰退的问题，因而形成“成长—探索—建立—维持—衰退”的循环。

大学生正处在职业生涯探索期和职业生涯建立期的转换阶段（如表 1-1 所示），主要的任务是通过职业生涯探索，明确发展方向，完成具体的职业计划和准备。这一时期也存在成长、探索、建立、维持和衰退五个阶段，如一年级的新生，必须适应新的角色与学习环境，经过成长和探索，一旦建立了比较固定的适应模式，同时维持了大学学习生活之后，又要开始面对另一个阶段——准备求职。原有的已经适应了的习惯会逐渐衰退，继而对新阶段的任务又要进行成长、探索、建立、维持与衰退，如此周而复始。

表1-1　循环式发展任务

年龄 / 发展任务 / 阶段	青年（15 ～ 24 岁）	成年早期（25 ～ 44 岁）	中期（45 ～ 64 岁）	老年（65 岁以上）
衰退阶段	减少用于嗜好的时间	减少运动时间	集中于主要活动	减少工作时间
维持阶段	验证当前的职业选择	设法保持工作的安定	鼓励自己面对竞争	保持仍有兴趣的事
建立阶段	开始创业	安于现职	学习新的技能	从事向往已久的事
探索阶段	学习更多的工作技能	做自己喜欢做的事	辨识新问题并设法解决	寻找合适的退休后活动场所
成长阶段	发展适宜的自我观念	学习与他人之间的关系	接纳个人的限制	发展非职业性的角色

四 职业生涯规划

职业生涯规划是指个人和组织相结合，在对一个人职业生涯的主客观条件进行测定、分析、总结、研究的基础上，对自己的兴趣、爱好、能力、特长、经历及不足等各方面进行综合分析与权衡，结合时代特点，根据自己的职业倾向，确定最佳的职业奋斗目标，并为实现这一目标做出行之有效的安排。

例如，做出个人职业的近期和远景规划、职业定位、阶段目标、路径设计、评估与行动方案等一系列计划与行动。职业生涯设计的目的绝不只是协助个人按照自己的资历条件找一份工作，实现个人目标，更重要的是帮助个人真正了解自己，为自己订下事业大计，筹划未来，拟订一生的方向，进一步详细估量内外环境的优势和限制，在“衡外情，量己力”的情形下设计出合理且可行的职业生涯发展方向。

职业生涯规划既包括个人对自己进行的个体生涯规划，也包括企业对员工进行的职业规划管理体系。职业生涯规划可以使个人在职业起步阶段成功就业，在职业发展阶段走出困惑，到达成功的彼岸。对于企业来说，良好的职业生涯管理体系还可以充分发挥员工的潜能，给优秀员工一个明确而具体的职业发展引导，从人力资本增值的角度达成企业价值最大化。

第二节　职业生涯规划的基本分类

一　职业的类型

职业类型依托于职业分类方法。所谓职业分类，是指将在业人口按照所从事工作的种类和性质进行的划分。当今社会存在着许许多多的行业、职业、工种，社会分工是职业分类的依据。在分工体系的每个环节上，劳动对象、生产工具以及劳动的支出形式等都有特殊性，这种特殊性恰恰是决定一种职业区别于另一种职业的重要依据。同时，职业分类又恰当地赋予劳动者以劳动角色，有利于劳动者能力和劳动积极性的充分发挥。但在社会经济运行过程中，具体如何划分职业，则是人们根据客观经济运行和社会经济发展的需要而设置、划分和归类的。

（一）按产业划分

1935 年，美国经济学家费舍尔在所著的《安全与进步的冲突》一书中，根据人类生产活动发展的三个阶段，把整个人类社会的产业分为三类：第一产业是指人们靠自身的体力劳动直接从自然界取得初级产品的生产部门，如农业、畜牧业和林业等，其产品用于满足人们的基本生活需要；第二产业是指把第一产业获得的原始产品加工成各种物品的活动，即对工农业产品进行再加工的生产部门，如制造业、建筑业等，产品通过加工，其形态发生了显著的变化，一般不再保留原来的自然物质形态；第三产业是指人们为生产、生活和社会发展提供产品交换和服务的部门，它包括的门类比较多，如商业、邮电通信业、交通运输业、房地产业、文教卫生事业等。

1971 年，联合国颁布了标准产业分类法，正式将产业确定为三类：第一产业以农业为主，第二产业是制造业，第三产业为服务业。1985 年 4 月，中国国家统计局根据联合国的划分标准，对我国的产业做了划分：第一产业为农业，包括林业、畜牧业、渔业等；第二产业为工业，包括采掘业、制造业、建筑业等；第三产业为上述第一、二产业以外的其他产业。

（二）按工作特点划分

按工作特点划分，职业可分为实务性、社会服务性、文教性、科研性、艺术性及创造性、计算性、自然界性、户外性、管理性、一般事务性职业等十多种类型的职业。实务性的职业主要是指工作任务很实际的职业，包括操作机器、使用工具和其他种类设备的工种，也包括使用各种书写仪器的职业，如工人、打字员等；社会服务性职业主要是指帮助别人解决困难或问题的职业，如医疗、卫生保健、心理咨询、职业介绍等；文教性职业是指使用文字或其他载体，把信息和知识传授给别人的职业，如教师、图书馆和档案馆工作人员；科研性职业是指从事科学研究、实验方面的职业，如科技人员、化验人员等；艺术性及创造性职业是指用语言、行为动作、各种器械和色彩来创造艺术作品的职业，如作家、画家、音乐家和舞蹈家等；计算性职业是指钱财管理、资料数据统计、分类等的职业，如银行职员、会计、信息员、统计员等；自然界性职业是指畜牧等的职业，如农、林、牧、渔业；户外性职业是指大部分工作时间在户外，并有一定艰苦性的职业，如交通警察、地质勘探以及其他野外作业等；管理性职业是指运用影响力和说服力进行工作的职业，包括管理、指派他人做事，运用影响力和说服力来达到目标，如国家公务员、厂长、经理、律师等；一般事务性职业是指向别人提供所需各种服务的职业，如服务员、导购、导游等。

（三）按职业横向划分

鉴于各国社会经济发展水平不同，职业分类标准不一。为便于国际比较，国际劳工组织将职业划分为以下 8 个大类。

（1）专家、技术人员及有关工作者。

（2）政府官员和企业经理。

（3）事务性工作者和有关工作者。

（4）销售工作者。

（5）服务工作者。

（6）农业、牧业和林业工作者，渔民和猎人。

（7）生产和有关工作者，运输设备操作者和劳动者。

（8）不能按职业分类的劳动者。

在 8 个大类之下又划分为 83 个小类、284 个细类以及 1506 个职业项目，所列职业共计 1881 个。

我国的职业分类与国际劳工组织的分类方法基本相似。2022 年，人力资源和社会保障部向社会公示了新修订的《中华人民共和国职业分类大典》。新版大典修订是自 1999 年颁布首部国家职业分类大典以来的第二次全面修订。新版大典修订围绕数字经济、绿色经济、制造强国和依法治国等要求，专门增设或调整了相关中类、小类和职业。与此同时，根据实际，取消或整合了部分类别和职业。据统计，新版大典包括 8 个大类、79 个中类、449 个小类、1636 个细类（职业）。

新版大典的一个亮点，就是首次标注了数字职业（标注为 S）。标注数字职业是我国职业分类的重大创新，对推动数字经济、数字技术发展以及提升全民数字素养具有重要意义。新版大典中共标注数字职业 97 个。新版大典沿用 2015 年版大典做法，标注了绿色职业 133 个（标注为 L）。新版大典中，既是绿色职业又是数字职业的有 23 个（标注为 L/S）。

（四）按就业人格类型划分

按就业人格类型可分为 6 种职业类型。

（1）现实型，主要是指熟练的手工工作和技术工作。

（2）调研型，主要是指科学研究和试验工作。

（3）艺术型，主要是指艺术创作工作。

（4）社会型，指为人办事的工作。

（5）企业型，如国家机关和企业单位的管理工作。

（6）常规型，通常指从事办公室的工作。

（五）按就业的主要资本划分

根据各种不同职业的分析，抽象出其共同点，按就业的主要资本把所有的职业归为以下几类（如表 1-2 所示）。

表1-2　按就业的主要资本划分职业类别

类别	就业的主要资本	具体职业列举	稳定性	收入
政治型	思想、资历	党政机关及其职能部门，靠思想为生者，如公务员、政府部门各级领导	中	中
经济型	信息、人脉、资金、经验	提供商品的组织中的一切职务，如营销人员、企业主	中小	高

续表

类别	就业的主要资本	具体职业列举	稳定性	收入
专业型	经验、荣誉、名气	靠经验为生者，如教师、医生、律师	大	中高
创造型	创意、名气	自由职业者，靠创意为生者，如撰稿人、设计师、画家、演员等	小	高

从表 1-2 中我们可以看出，不同类型的职业其工作的稳定性和收入是成反比的，而且，职业的选择会受到个人自身条件和职业要求的限制。一方面，个人不可能具有从事一切职业的能力和兴趣，如有些人喜欢从政，有些人却喜欢从商；另一方面，各项职业由于具有不同的工作对象、工作手段和工作条件等，对工作者的能力也有相应的特殊要求，例如，画家必须具有绘画天赋，而一位哲学博士如果不具有绘画的天赋，那他肯定是做不了画家的。

二 职业生涯的类型

（一）按稳定性分类

1. 传统性职业生涯

在一个人的职业生涯中，他的职业可能是持续稳定的，通常称其为传统性职业生涯。

2. 易变性职业生涯

一个人的职业生涯可能根据其兴趣、能力、价值观以及工作环境的变化而发生变化，有可能从事多项职业，通常称之为易变性职业生涯。

在传统的职业生涯管理时代，雇主安排员工的职业发展，而现在易变性职业生涯观念认为，员工本人要对自己的职业生涯管理负主要责任。易变性职业生涯与传统性职业生涯的区别主要体现在以下几个方面。

第一，易变性职业生涯目标是心理成就感，这种目标很大程度上由员工自己掌握和控制，它是一种自我的主观感觉，而不仅指公司对员工的认可。而传统性职业生涯的目标是加薪和晋升，它不仅受雇员自身的影响，还受到公司所提供职位的影响。

第二，易变性职业生涯观念认为，员工必须具有动态的学习能力。

第三，易变性职业生涯的主要特征是无界性，跨专业和短暂性的职业生涯将成为普遍现象。而传统性职业生涯是一种线形的等级结构，许多大公司的职业生涯都是带有科层制的职务结构，较高的等级往往意味着较大的权力、责任和较高的薪金。此外，传统性职业生涯还包括专家型的职业生涯方式，终生从事某一专业领域（如法律、医疗、管理）。这种职业生涯方式还会继续存在。

（二）按职业发展对象分类

1. 内职业生涯

内职业生涯是指从事一项职业时所具备的知识、观念、心理素质、能力、内心感受等因素的组合及其变化过程。因而，内职业生涯就是从业者追求职业过程中所经历的道路。内职业生涯的因素包括与职业相关的知识、观念、心理素质、能力、个性品质等。这些因素的取得，可以通过别人的帮助而实现，但主要是通过自己的努力而实现的，并且一旦取得就永远属于自己，别人无法收回或者剥夺。

2. 外职业生涯

外职业生涯是指对组织而言的职业生涯，表示组织努力为雇员在组织的作业生命中确立一条有所依循的、可感知的、可行的发展道路。

外职业生涯的因素包括工作单位、工作地点、工作内容、工作职务、工作环境和工资待遇等，这些因素都是由单位给予的，在个人职业生涯初期，往往与自己的付出不相符。

外职业生涯的发展以内职业生涯的发展为基础，只有两者达到和谐统一，才能保证职业生涯的最终成功。

三 职业生涯规划的类型

按照规划的期限，职业生涯规划可划分为短期规划、中期规划、长期规划和人生规划四个类型。

1. 短期规划

短期规划指的是 3 年以内的规划，主要是确定近期目标，制订近期应完成的任务计划。

2. 中期规划

中期规划指的是 3 ～ 5 年的职业目标与任务，在近期目标的基础上设计中期目标，这是职业生涯规划中最常用的一种。

3. 长期规划

长期规划指的是 5 ～ 10 年的规划，规划的目的主要是设定比较长远的目标。

4. 人生规划

人生规划指的是对整个职业生涯的规划，时间跨度可达到几十年左右，规划的目的是设定整个人生的发展目标和阶段。

从以上来看，整个人生如同台阶，需要一步步的发展。但是在实际操作过程中，如果规划时间跨度太长，可能会因主客观因素变化而不容易准确把握；如果时间跨度太短，规划也就没有太大的意义。所以，大学生应根据实际情况重点做好中期规划，明确 3 ～ 5 年的职业目标和任务，这样既容易较为准确地把握，又不失对个人职业发展的指导意义。

四 大学生职业生涯规划的类型

1. 计划型

这种类型的大学生在做决定时，其有能力预先做好妥善的计划。他们认可职业生涯规划对自我的引导作用，会尽可能早地积极规划自己的职业生涯。他们在做与职业生涯规划相关的决定时，既了解社会的客观需求和竞争情况，也很了解自己的能力、兴趣和价值，因此他们很容易做出恰当的职业生涯规划。

2. 顺从型

这种类型的大学生顺从其他人为自己所做的决定。他们往往遇事自己不来做决定，而是听从他人的安排，甚至决定被动地面对求职择业问题，把职业决策留给学校或者亲人解决。他们的惯性思维就是：反正学校会推荐工作的，看看能推荐什么样的单位吧；反正父母会帮我的，就让命运来决定吧。其结果是很少能找到自己理想的职位。

3. 冲动型

这种类型的大学生根据感觉来做事，未经过认真思考就做决定。冲动的决定有两种结果，一种是所做的决定恰恰是适合自己的，恰恰适合自己的兴趣与能力，也就是说刚好依据自己的优势力量，这样所选择的职业也契合了自己的发展。另一种结果就是只注重自己的感觉，而忽视了其他条件，比如市场竞争环境是否激烈、职业的发展前景是否乐观、是否符合自己内心深处的需求等，这往往造成这些学生一旦踏上工作岗位就陷入失望与无奈中，在时间的消磨中逐渐迷失自我。

4. 苦闷型

这种类型的大学生特别善于搜集许多与自己或职业有关的资讯，却陷入这些资讯中难以做出取舍，总是想得太多，以至于延误最佳决策时机，往往会造成在过度信息中徘徊太久而错失很多良机。

5. 拖延型

这种类型的大学生是以得过且过的心态来拖延对自己做出重大决策。他们往往认为职业生涯规划对自己是没有用处的，即使学校老师安排了这门课程，他们也不会认真思考适合自己的职业生涯规划。

第三节 职业生涯规划的原则

职业生涯规划是一件有关个人发展的严肃的事情，因此，在进行职业生涯规划时，一定要将自己的实际情况与社会的现实相互结合，可以遵循以下原则。

一 持久原则

对点案例

爱迪生是举世闻名的美国电学家和发明家，一生共有约两千项创造发明，为人类的文明和进步做出了巨大的贡献。众所周知，我们今天使用的电灯就是他发明的。当时为了这一项发明，爱迪生一共试验了6000多种纤维材料，经历了不知多少次的失败才最终取得突破，制出了我们今天广泛使用的电灯。

爱迪生取得的奇迹，不是一下子就得来的，他几乎花了一辈子才创造了奇迹。他家庭条件不好，没有上学的希望，还带有局部残疾，这样的人会被认为是什么都没有的人。但结果却非如我们通常所想，就是因为他用一生的持久原则来进行职业生涯规划。

持久原则需要我们从一个更高的高度，以唯物主义辩证法来发展地看待人生的职业生涯。从辩证法的观点来看，事物的发展是一个连续的矛盾运动过程。一方面，在矛盾中的各种因素，如主要因素、次要因素、有利因素、不利因素等都处在不断运动、相互作用和变化发展之中，这种运动决定了事物的特征、现状、历史及未来。另一方面，事物的矛盾却永远不会消失。在矛盾运动中对立的因素将互相对立、互为支撑，并且互相消长转化着。其规律如下：第一，事物是由各种因素的相互运动过程决定的。事物的发展变化是有规律可循的，并不是虚无缥缈的运气。这也意味着机会不再可遇不可求，相反它将显示出它的无限性。许多事情之所以不会，是因为没有经历和学习过，人人都可以通过努力学会。就像机会既是可以追求的，也是可以创造的。第二，矛盾运动将贯串生命的整个过程。矛盾既不会消失，也不会停止，它是生命中的必然规律。所以任何人都一样，都面临着各自的困难，当然难点却各有不同。所以遇到困难的时候，既不要气馁，也不要迷信成功人士。第三，事物处于矛盾的发展变化中。这意味着许多事情都可以改变，但却不是一蹴而就的，必须依事物的客观规律进行改变。过去的已经无法改变，未来却取决于今天的态度及努力。第四，矛盾的互为支撑，消长转换。没有困难就没有成功，困难作为事物的一方面是客观存在的。不解决困难，事物就无法转换，困难将永远困在眼前。只有克服、转换不利因素，事物才会朝着理想的方向转换。

持久原则提供一种改变当前状况的广阔的回旋余地，使我们从根本上解决自身职业生涯中的难题。

二 藐视原则

对点案例

古代有一位老人，住在华北，名叫北山愚公。他的家门南面有两座大山挡住了他的出路，一座叫太行山，一座叫王屋山。愚公下决心率领他的儿孙们，用锄头挖去这两座大山。他说:“山虽然高大，但是它却不会增加。我的力量虽小，但我死了，仍有儿子、孙子，可以一直挖下去。只要这样坚持不懈，总有一天会把山挖掉。”这就是愚公移山的故事。

愚公移山的故事蕴含着深刻的内涵。故事里面的主角试图去完成一个不可能的任务。虽然从理论上说，它是可行的，但在现实中根本不可能。当然，我们更应该重视故事所透射出的深刻的哲理——藐视原则。

藐视原则为我们揭示了解决困难，特别是巨大的困难的有效方法。藐视原则由三部分组成：第一，在战略上我们藐视一切困难。从长远来看，没有什么问题是解决不了的，这一点是确信无疑的。我们不可以被困难吓倒，困难再大也是有限的。就比如进入人人羡慕的外企，无非就是学历、经验和赢利能力而已。学历不够，我们去学习；经验没有，我们就从相关工作开始，比如先去国内公司，逐渐积累；赢利能力不够，就去锻炼，没有学不成的。第二，在战术上要重视困难的组成部分。虽然我们在整体上藐视一切困难，但我们应该深深明白：改变事物需要从影响事物的局部入手，只有解决好所有局部问题，事物才会发生转变。我们不能轻视这些困难的，那样就容易失败。第三，解决问题最好的方法是去实践。古人常说，千里之行，始于足下。解决问题的关键不在于我们是否认识问题的本质，而在于一步步去实践。没有知识，可以去学习，而没有实践，则所有的卓越战略、战术都成了纸上谈兵，没有任何价值。

人生往往会在不经意的情况下遇到一些不愿意去面对，或是无法面对的困难。如果不去面对，它就永远横在你面前，挥之不去。我们要从战略上藐视一切困难，这样我们才有勇气去克服困难。但在克服困难的过程中，我们却不能藐视每一个局部和细节。我们强调藐视困难，但不能什么都藐视，那样将是盲目的。藐视和重视必须基于现实环境，必须有利于解决问题。藐视的目的是更好地解决问题。而解决问题则需要从重视一个个的局部开始，从解决这些问题开始。面对这样的实际困难，必须有战略上的认识和重视，才能从战略和细节上把这两者很好地统一起来。

三 生存原则

对点案例

从前，在咸阳城里，有个卖兵器的商人。他首先拿起矛来说:“我的矛是天下最锋利的矛，任何盾都可以刺穿。”过了一会儿，又拿起他的盾说:“我的盾是天下最坚固的盾，什么矛都刺不穿。”后来，有人说用他的矛去刺他的盾会怎么样？这就是历史上有名的“自相矛盾”的典故。

“自相矛盾”的典故概括地道出了职业生涯中最为基本的概念。客观地说，在职业生涯中，追求发展是必然的，而生存是必须的，这两者并无矛盾的地方，其实说的都是一个意思：生存是第一位的，只有首先让自己生存下来，才能谈得上追求发展。

无数的事实都可以印证这个道理，许多人不是太重视生存而忽视了发展，就是为一时的发展丢掉了生存，这两种情况都是要不得的。比如，为了一份稳定的工作而放弃了职业发展的机会。也就是说，在没有能增加职业技能、社会历练的情形下，为了暂时的稳定而放弃对前途有重要影响的发展机会，这样可能在将来为此付出更大的代价。反过来也是不行的。为了追求发展，换工作、开公司、到外地发展，这样在没有充分的生存保障的前提下盲目变动是十分危险的。职业人生中，冒险是必然的，但不能是没有丝毫准备和把握的。

是否具备生存的积累和是否对职业成长有帮助是判断的唯一标尺。我们需要随时对自己进行评估。首先是职业成长判断，我们是不是完全胜任目前的工作，如果不能胜任，那就需要学习、改进和克服；如果能够胜任，那么是否仍有发展的余地呢？或者说，即将去做的工作，能否适应、胜任？不能胜任的话，有哪些需要补充学习的。我们还可以做如此检验，以验证当前工作对人生的作用。在极端恶劣的环境下，失去工作、朋友、亲人，当前工作带给我们的能力，还能否让我们生存发展？这样就可以评定我们目前的能力、工作价值对整个人生的影响。其次是生存积累判断，我们是不是具备了随时可以开始人生职业发展的基础。如果说人生职业发展像旅行一样的话，那么在城市间移动就成了职业人生最好的诠释。开始的时候，我们处于起点城市，要到一个心目中的目标城市，这中间隔着许多的城市，我们只能一个城市、一个城市地不断移动，在力所能及的范围内不断努力，逐渐靠近终点，乃至最终胜利。

生存的积累与职业成长的差异在于：职业成长有时是需要等待的，而生存的积累是现在、平时就可以做的。生存和发展是人生的最基本、最常见到的主要矛盾，正确处理好这一对矛盾无疑将有利于人生职业的良好发展。同时，这一矛盾也是需要用心体会并小心处理的，因为把握这一矛盾的尺度将比了解、发现这一规律更加重要。

四 变动性原则

对点案例

战国时期，齐国孟尝君手下有个叫冯谖的谋士。孟尝君让他收账，他却烧了债权凭证，并且对孟尝君说:“狡兔三窟，才可得以免死。如今殿下只有一洞穴，尚未能高枕无忧，臣愿替殿下再凿两穴。”最终，历史学家为之感叹：孟尝君为相几十年，没有纤介之微的祸患，倚靠的正是冯谖的谋划啊！这就是狡兔三窟的故事。

狡兔三窟的故事对我们的启迪是：任何人都要在一定时候想好、布置好自己的退路和后路。当今时代，职业生涯中的立足点源于古老的战略思维，却又超出了原有的内涵。许多问题之所以困扰着人们，不在于人们不知道问题在哪里，而在于没有很好地解决问题，以致积重难返。在能力有限、无法一次解决问题时，目标或措施应有弹性和缓冲性，能依据环境的变化而调整。

五 集中力量原则

集中力量是由平凡变为不平凡的卓越法则。如何着手解决问题呢？要选择一个最容易的地方，集中几倍的力量去实现。人的生命和精力都是有限的，但是职业发展的可能性却是无限的，所以要告诫自己，不要做消耗式的职业人生规划，不能每件事都只做一半，就畏难、畏烦而放弃；也不应该没有规划，看到什么有利的条件就去追逐，最终什么都做不好。

总的来说，这几个原则都是一个本质的不同方面的反映，需要综合起来看待。有长远的持久原则，就能看清当前的问题；对于任何问题，我们都需要从战略的高度藐视，从局部重视；解决问题从一个个具体的问题开始，一个接一个地解决，并能依剧环境变化而调整；而集中力量原则正是具体问题得以解决的有力保证。这样，从战略到战术，从一个点到另一个点，从集中到分散，就能有原则又灵活地解决职业生涯中的所有问题。

第四节　职业生涯规划的作用

职业生涯规划是一个过程，规划的功能在于为生涯设定目标，并找出实现目标所需要采取的步骤。目标可以为人生带来希望和意义。在职业生涯规划中，目标是一个探索过程，这个过程帮助一个人逐渐厘清生命的价值与意义，并用行动去实现它。目标为飘忽不定的人生加了一个锚，无论风雨来自何方，人生之船自有它的方向。

相关链接

猜一猜

①请同学们闭上眼睛，猜猜身边有没有人穿红色的衣服，有多少人穿了红色的衣服。

②提问：红颜色在人群中一般会很显眼，为什么大家都没有注意到呢？

红颜色的确显眼，但为什么做这个活动时很少有同学能注意到那么多人穿红色衣服呢？在心理学中，有一个名词叫“选择性注意”。所谓选择性注意，简单地说，就是人们在同时存在的两种或两种以上的刺激信息中，选择一种进行注意，而忽略其他的刺激信息。所以，当没有人提示要注意红色信息时，它被忽略了，因为它不是一个目标。当红色成为目标时，也许不仅在今天，你格外注意谁穿了红色的衣服，在今后的几天，你都会关注身边的红色衣服。如果我们把注意力看成一种能量的话，那么很明显，目标帮助我们集中了能量。所以，当一个人的职业生涯发展有目标时，他就容易集中所有的能量和资源去实现，成功的可能性会更大。

对点案例

哈佛大学有一个非常著名的关于目标对人生影响的跟踪调查，调查的对象是一群智力、学历、成长环境等条件差不多的年轻人。调查结果发现，27% 的人没有目标，60% 的人目标模糊，10% 的人有清晰但比较短期的目标，3% 的人有清晰且长期的目标。

25 年的跟踪研究结果显示，他们的状况及分布现象十分有意思。那些 3% 有清晰且长期的目标的人，25 年来几乎不曾更改过自己的人生目标，25 年后，他们几乎都成了社会各界的顶尖人士。他们当中不乏白手创业者、行业领袖、社会精英。那些 10% 有清晰但比较短期的目标者大都在社会的中上层。他们的共同点是，短期目标不断被达成，状态稳步上升，成为各行各业的不可或缺的专业人士，如医生、律师、工程师、高级主管，等等。而那些 60% 的目标模糊者几乎都在社会的中下层，他们能安稳地工作，但都没有什么特别的成绩。剩下的 27% 是那些 25 年来都没有目标的人群，他们几乎都在社会的最底层。他们都过得不如意，常常失业，靠社会救济，并且常常都在抱怨他人，抱怨社会，抱怨世界。

其实，每个人的内心深处都有成功发展的渴望，如果你能发觉它，便能找到成功的方向，找到一种支持你不懈努力的持久力量。然而，正如西方的那句谚语所说："如果你不知道你要到哪儿去，那通常你哪儿也去不了。"有人将成功界定在良好的教育背景和先天的环境条件上。虽然这也是事业发展的基础之一，但远远不能带来真正的成功。成功的事业还需要准确的、文字性的计划。确定自己的职业生涯目标，规划自己的职业生涯，提高自己的就业能力，制订自我发展的行动计划，对于个人的发展是不可少的。

从离开校园到职场人生，10 年也许只是弹指一挥间，然而，10 年过去，当同窗好友再一次相聚时，在职场的地平线上，一个无可回避的现实是：昔日朝夕相处、平起平坐的同学，有了明显的"社会价值等级"。造成这种等级区分的，当然与机遇、关系以及与之相对应的环境有关，但是，一个更为重要的原因却是个人的职业生涯规划。

对点案例

职业生涯规划是包装人生、创造个人价值的艺术。没有经过设计的人生是打折的人生。曾在里根政府担任过财政部长、白宫办公厅主任的唐纳德·托·里甘，在谈及他的成功人生时，常常对人讲起这样一个故事。

有三个人同时到了天堂，天使圣彼得只有供一个新来者住的地方，于是就说他只让那个从事最古老职业的人来住，其中一个站出来说："我想我就是，因为我是外科医生，众所周知，上帝在 6 天里创造世界后就创造了人，上帝还用亚当的肋骨创造了女人——这就是用了外科手术。"他还没来得及向前挪一步，第二个人就站出来说："稍等一会儿，我是工程师，在创造人之前的那 6 天里，万物一片混乱，上帝只好连着 6 天 6 夜工作去消除混乱，这就用了工程技术。"圣彼得还未做出回答，第三个人站出来说："得了，我是谋划家，要是没有我，上帝上哪里去找所有这些混乱？"圣彼得想了想，最后把地方让给了第三个人。

这个故事表明了规划设计的重要性。其实，规划人生是一种运筹帷幄的艺术，是为自己所要达到的人生目标设定最佳的路径，以最少的代价换取最大的成功的一种精心设计与安排，它将宏伟的目标与现实的条件紧密结合起来，是沟通天才的构想和现实途径的桥梁。

一 职业生涯成功的方向和标准

（一）职业生涯成功的五大方向

职业生涯成功的含义因人而异，具有很强的相对性，对于同样的人在不同的人生阶段也有着不同的含义。每个人都可以，也应该对自己的职业生涯成功进行明确界定，包括成功意味着什么，成功的时间、成功的方位、成功与健康的关系、被承认的方式、想拥有的权势和社会地位等。对有些人来讲，成功可能是一个抽象的、不能量化的概念，例如，在职业生涯中，有的人追求职务晋升，有的人追求工作内容的丰富化。职业生涯成功能使人产生自我实现感，从而促进个人素质的提高和潜能的发挥。职业生涯成功与否，个人、家庭、企业、社会判定的标准都存在一定的差异。从现实来看，职业生涯成功的方向具有明显的多样性。

目前，有五种不同的职业生涯成功方向是大家公认的。

（1）进取型——使其达到组织和系统的最高地位。

（2）安全型——追求认可、工作安全、尊敬和成为“圈内人”。

（3）自由型——在工作过程中得到最大的控制而不是被控制。

（4）攀登型——得到刺激、挑战、冒险的机会。

（5）平衡型——在工作、家庭关系和自我发展之间取得有意义的平衡，避免使工作耗费太多精力或太乏味。

（二）职业生涯成功的标准

职业生涯成功的标准也具有多样性。国内外一些学者在对多家公司的经理和人事专家进行调查后，系统地阐述了四种职业生涯成功的标准。

（1）一些人将成功定义为一种螺旋式上升和自我完善的过程（攀登型）。

（2）一些扎实的人需要长期的稳定和相应不变的工作认可（安全型）。

（3）还有一些是暂时的——他们视成功为经历的多样性（自由型）。

（4）直线型的人视成功为升入企业或职业较高阶层（进取型）。

学者们假设这些职业生涯观念来自于个人的思维习惯、动机和决策类型，并成为指导人们长期职业生涯选择的根据。职业生涯成功与家庭生活之间也有着非常密切的关系。个人与家庭发展遵循并行发展的逻辑关系，职业生涯的各个阶段都与家庭因素息息相关。职业生涯与家庭的职责之间的平衡，对于年轻雇员特别是女性雇员尤为重要。

每个人在社会生命周期中都扮演着多种社会角色，但我们作为子女、父母的角色都是不可逆的。我们放弃一项职业，却不能放弃这些角色。相反，我们要设法完成这些角色。因此，家庭成员的意见对雇员的工作成效有重大影响。要对职业生涯成功进行全面的评价，必须综合考虑个人、家庭、企业、社会等各方面的因素。

二 职业生涯规划对人生的影响

对点案例

比尔拉福的成功之路

比尔拉福在中学毕业之际就立志要做一名优秀的商人。他中学毕业后考入麻省理工学院，没有去读贸易专业，而是选择了工科中最普通最基础的专业——机械专业。大学毕业后，这位有志之士并没有马上投入商海，而是考入芝加哥大学，攻读为期三年的经济学硕士学位。最出人意料的是，获得硕士学位后，他还是没有从事商业活动，而是考了公务员。

在政府工作了五年之后，他辞职去了通用公司。又过了两年，他开办了自己的商贸公司。20年后，他的公司资产由最初的20万美元发展到2亿美元。1994年10月，比尔拉福率团来中国进行商业考察，在北京长城饭店接受《中国青年报》记者采访时，他谈到自己的成功应该感激他父亲的指导，他们共同制订了一个重要的生涯规划。最终这个生涯设计方案使他功成名就。

从比尔拉福的成功经历我们可以看出，他很好地规划了自己的职业生涯。简单分析他的规划，可以具体分为五阶段。第一阶段：工科学习；第二阶段：经济学学习；第三阶段：政府部门工作；第四阶段：通用公司锻炼；第五阶段：自己创业，大展拳脚。

第一阶段：经过父亲的谈话指导，他并没有直接读贸易专业，而是先选择读机械制造专业。因为做商贸必须具备一定的专业知识。在商品贸易中，工业品占绝大多数，不了解产品的性能、生产制造情况，就很难在贸易中得到收益。工科学习不仅是知识、技能的学习，而且能帮助他建立严谨求实的思维体系。清楚的推理分析能力、脚踏实地的工作态度，正是经商所需要的。

第二阶段：大学毕业后，没有立即进入商海而是考入芝加哥大学进行三年的经济学硕士课程学习。在市场经济条件下，一切经济活动都通过商业活动来实现，不了解经济规律，不学习经济学知识，就很难在商场立足。比尔拉福掌握了经济学的基本知识，搞清影响商业活动的众多因素，还认真学习了有关法律和微观经济活动的管理知识。几年下来，他对会计、财务管理也较为精通，在知识上已完全具备了经商的素质。

第三阶段：获得经济学硕士学位后考取公务员，在政府部门工作了五年。这是因为之前在职业生涯规划时，一位资深的商业活动家——他的父亲告诉过他，经商必须有很强的人际交往能力，要想在商业上获得成功，必须深知处世规则，善于与人交往，建立诚信合作关系。这种开拓人际关系的能力只有在社会工作中才能得到提高。

第四阶段：五年的政府工作之后，他完全具备了成功商人所需的各种素质。比尔拉福便辞职去了通用公司。因为他知道通过各种学习获得的知识要通过实践的锻炼才能转化为技能。在通用公司进行锻炼，比尔拉福不仅为实践所学的理论找到了一个强大的平台，而且学习到了丰富的管理经验，完善了原始的资本积累。这也是我们大学生在以后的创业中应该借鉴的地方。

第五阶段：两年后，已熟练掌握了商情和商务技巧。他谢绝了通用公司的高薪挽留，开办了自己的公司，开始梦寐以求的商人生涯，实现了多年前的计划。

比尔拉福的职业生涯设计脉络清晰，步骤合理，充分考虑了个人兴趣、个人素质，并且注重对自己职业技能的培养。在他锲而不舍的努力下，职业生涯设计终于变成了现实。从比尔拉福的事迹中我们体会到了职业生涯规划的意义。

做好职业生涯规划，可以分析自我，以既有的成就为基础，确立人生的方向，提供奋斗的策略。通过职业生涯规划，可以重新安排自己的职业生涯，塑造清醒充实的自我；可以准确评价个人特点和强项，在职业竞争中发挥个人优势；可以评估其目标和现状的差距，提供前进的动力；可以准确定位职业方向；可以重新认识自身的价值并使其增值；可以全面了解自己，增强职业竞争力，发现新的职业机遇。

（一）职业生涯规划促进人生成功

人一生需要扮演六种主要角色：孩子、学习者、休闲者、公民、工作者和持家者。不同时期不同角色的组合就构成了我们独特的生涯，个人也正是通过扮演这些角色来寻求人生需求的满足，实现人生的价值的。

各种角色之间是相互作用的，一个角色的成功将会为其他角色的扮演提供良好的基础；但是，在一个角色上投入过多的精力，而没有很好地平衡各角色之间的关系，则会导致其他角色的扮演失败。比如，现实生活中，常会看到有的人过分投入工作而忽视家庭，从而导致家庭生活不和谐，进而对其个人的人生满意度带来负面的影响。因此，成功的职业生涯规划并不只是考虑如何扮演好工作者角色，还要考虑如何扮演好其他角色，只有在空间和时间上很好地将各个角色协调起来，才能满足我们的人生需求，实现我们的人生价值。

为了有效地实现自我价值，以保证在事业上取得更大的成就，任何人都需要对个人从事的职业、要去工作的组织、要承担的工作职务，以及在工作职位上的发展道路等进行全面的规划，确立明确的目标，并为实现各个阶段的事业目标自觉地充实、提高自己。职业生涯规划的目的在于帮助个人真正了解自己，细致估量内外环境的优势与限制，在知己知彼的情形下设计出合理且可行的职业生涯发展方向。职业生涯规划可以提升应对竞争的能力，夯实未来事业成功的基础。具体而言，职业生涯规划对人生成功的作用体现在如下几个方面。

1. 帮助个人确定职业发展目标

职业生涯规划的核心内容之一就是对个人进行分析。通过分析，认知自我，了解自我，评估自己的能力，评价自己的智慧；确认自己的性格，判断自己的情绪；找出自己的特点，发现自己的兴趣；明确自己的优势，衡量自己的差距；获取公司内部有关工作机会的信息，通过这些分析，我们由此确定符合自己兴趣和特长的生涯路线，正确设定自己的职业生涯发展目标，制订行动计划，运用科学的方法化解人生发展中的危机和陷阱，使自己的才能得到充分的发挥，从而实现人生理想。

2. 鞭策个人努力工作

职业生涯规划犹如人生之靶，当它树立在我们前方时，我们就有了一个奋斗的目标。它会时刻提醒、鞭策我们一步一步地向它靠拢。当我们一步一步地实现这些规划时，我们就会产生强烈的成就感，我们的思维方式和工作方式也会逐渐地发生变化。

3. 有助于个人抓住重点

生命有限，人生苦短，没有职业生涯规划，我们很容易陷入日常生活的琐事而浪费宝贵时光。有人说："智慧就是懂得该忽视什么东西的艺术。"职业生涯规划能够使我们紧紧抓住学习、工作和生活的重点，增加我们成功的可能性。

4. 引导个人发挥潜能

职业生涯规划能帮助我们集中精力，全神贯注于自己的优势和能取得高回报率的方面，这样有助于最大可能地发挥自我的潜能。另外，当你不停地在自己的优势方面努力时，这些优势会得到进一步的发展，你最终会成为一个充分实现自我的人。

5. 评估目前的工作

如果我们的职业生涯规划是具体的，我们就可以根据规划的进展情况评估自己目前所取得的成绩。失败者面临的共同问题就是他们极少评估自己所取得的进展，他们中的大多数人不明白自我评估的重要性，无法度量取得的进步。

（二）职业生涯规划促进人的终身发展

孔子说："吾十有五而志于学，三十而立，四十不惑，五十而知天命，六十耳顺，七十而从心所欲不逾矩。"成功人士的智慧和才干未必绝对优于常人，他们成功的秘诀恰恰在于能很好地经营自己，有自己的发展规划，谋求终身发展。

第五节　职业生涯规划的步骤

其实，职业生涯规划并不难，它和制订一份旅游计划有很多相似之处。如目标的制定、实现的过程，都与一个人的兴趣爱好和自身条件等相关。对目标和过程的选择没有绝对的好坏之分。俗话说，条条大路通罗马。不同的路有不同的风景，所以在旅游行程的选择上，没有哪条路是绝对好的，只有对某人某时比较适合的路。对个人的职业生涯来说，也是如此。对目的地信息的了解，可以让行程更有把握。无论对信息有多么细致的了解，也要有对风险和意外的心理准备。你能否如愿以偿地实现目标，这在很大程度上取决于你是计划的推动者还是依赖别人或环境，后者常常让人陷入抱怨而无所作为。通常职业生涯规划有以下几个步骤。

一 确定志向

志向是事业成功的基本前提，没有志向，事业的成功也就无从谈起。俗话说："志不立，天下无可成之事。"立志是人生的起跑点，反映着一个人的理想、胸怀、情趣和价值观，影响着一个人的奋斗目标及成就的大小。所以，在制定生涯规划时，首先要确立志向。这是制定职业生涯规划的关键。

二 评估自我

评估自我的目的，是认识自己、了解自己。因为只有认识了自己，才能对自己的职业做出正确的选择，才能选定适合自己发展的职业生涯路线，才能对自己的职业生涯目标做出最佳抉择。自我评估包括对自己的兴趣、特长、性格的了解，也包括对自己的学识、技能、智商、情商的测试，以及对自己思维方式、道德水准的评价等。

我们怎样才能看清自己呢？以下步骤可以帮助我们认识真实的自己。

第一步，深刻了解自我。

要深刻了解自我，可以从生理自我、心理自我、社会自我三个方面来考虑。可以考虑为自己建立一份完整的个人档案来了解自己，即把自己曾经接受的教育和社会实践记录在一张表格上，并且描绘出在这个过程中，自己所承担的特殊的责任和义务、所拥有的技能和取得的主要成果，以及所获得的奖励和荣誉。同时要记下自己能力、性格、技能等方面的优点与强项、缺点与缺陷，优点对自己有哪些帮助，缺点对自己有什么影响及其导致的后果。

这样，我们应该能够总结出自己最突出的特点。

（1）拥有的最强技能。

（2）最精通的知识领域。

（3）最突出的性格优点。

（4）最擅长做的事。

（5）取得的最重要的成绩。

第二步，客观评价自我。

（1）进行纵向比较：将现实的自我和理想的自我做比较，看到自己的差距；同时，也要将现实的自我与过去的自我对照，看到自己的进步。

（2）进行横向比较：与超过自己的、和自己相似的、比自己稍差的人做比较，例如，与自己班上的同学比较，或者与最优秀的学长比较，要将上述各个方面获得的信息进行综合分析，以获得较为客观的评价。既不妄自菲薄，也不夜郎自大。

（3）独立客观：在评价自我时，要避免盲目地接受他人的暗示，以及对权威、群体性心理的完全依赖。要有独立的意志，同时还要避免一时、一事作为衡量评价自我的尺度，要对自己有一个稳定的、概括的评价。

第三步，经常反省自我。

经过前面两个步骤，你对自己已经有了较全面的了解，但仍要对下面几个问题进行深入的思考。

（1）我具备哪些核心优势？哪些方面的实力、成就、技能和知识能充分展示我的潜能？我具有什么样的背景才能使我在众多的竞争者中脱颖而出？

（2）我还有哪些可以提升的空间？我还需要学习哪些方面的知识？

（3）我应该采取什么样的措施弥补自己的不足？

对自己的观察与思考也是自我认知的一个重要方面。他人对你的评价不等于你对自己的评价，两者往往存在着较大的差距。因此，还必须经常反省自我，对自己做一分为二的辩证剖析，敢于批评自我。

三 评估职业生涯机会

职业生涯机会的评估，主要是评估各种环境因素对自己职业生涯发展的影响。每个人都处在一定的环境之中，离开了这个环境，便无法生存与成长。所以，在制定个人的职业生涯规划时，要分析环境条件的特点、环境的发展变化情况、自己与环境的关系、自己在这个环境中的地位、环境对自己提出的要求以及环境对自己有利的条件和不利的条件，等等。只有充分了解这些环境因素，才能在复杂的环境中避害趋利，使自己的职业生涯规划具有实际意义。

四 选择职业

职业选择正确与否，直接关系到人生事业的成败。据统计，在选错职业的人当中，有 80% 的人在事业上是失败者。由此可见，职业选择对人生事业发展是何等重要。如何才能选择正确的职业呢？至少应考虑以下几个方面：性格与职业的匹配、兴趣与职业的匹配、特长与职业的匹配和内外环境与职业相适应。

五 选择职业生涯路线

在职业确定后，向哪一路线发展，此时要做出选择，是向行政管理路线发展，还是向专业技术路线发展；是先走技术路线，再转向行政管理路线……由于发展路线不同，对职业发展的要求也不相同。因此，在职业生涯规划中，须做出抉择，以便使自己的学习、工作以及各种行动措施沿着你的职业生涯路线或预定的方向前进。通常职业生涯路线的选择须考虑以下三个问题：我想往哪一路线发展？我能往哪一路线发展？我可以往哪一路线发展？对以上三个问题进行综合分析，以此确定自己的最佳职业生涯路线。

六 设定职业生涯目标

职业生涯目标的设定是职业生涯规划的核心。一个人事业的成败很大程度上取决于有无正确适当的目标。没有目标如同驶入大海的孤舟，四野茫茫，没有方向，不知道自己走向何方。只有树立了目标，才能明确奋斗方向。目标犹如海洋中的灯塔，引导你避开险礁暗石，走向成功。

目标的设定，是继职业选择、职业生涯路线选择后，对人生目标做出的抉择。其抉择是以自己的最佳才能、最优性格、最大兴趣、最有利的环境等信息为依据的。通常目标分短期目标、中期目标、长期目标和人生目标。

七 制订行动计划和措施

在确定了职业生涯目标后，行动便成了关键的环节。没有达成目标的行动，目标就难以实现，也就谈不上事业的成功。这里所说的行动是指落实目标的具体措施，主要包括工作、培训、训练、教育、轮岗等方面的措施。对应自己的行动计划可将职业目标进行分解，即分解为短期目标、中期目标和长期目标。其中，短期目标可分为日目标、周目标、月目标、年目标；中期目标一般为 3 ～ 5 年；长期目标为 5 ～ 10 年。分解后的目标有利于跟踪检查，同时可以根据环境变化制订和调整短期行动计划，并针对具体计划目标采取有效措施。职业生涯中的措施主要指为达成既定目标，在提高工作效率、学习知识、掌握技能、开发潜能等方面选用的方法。行动计划要对应相应的措施，要层层分解、具体落实，细致的计划与措施便于进行定时检查和及时调整。

八 评估、修订与完善规划

俗话说:“计划赶不上变化。”影响职业生涯规划的因素有很多，有的变化因素是可以预测的，而有的变化因素难以预测。在此状况下，要使职业生涯规划行之有效，就须不断地对职业生涯规划进行评估与修订。首先，要对年度目标的执行情况进行总结，确定哪些目标已按计划完成，哪些目标未完成。其次，对未完成目标进行分析，找出未完成原因及发展障碍，制定相应的解决障碍的对策及方法。最后，依据评估结果对下年的计划进行修订与完善。如果有必要，也可考虑对职业目标和路线进行修正，但一定要谨慎考虑。其修订的内容包括职业的重新选择，职业生涯路线的选择，人生目标的修正，实施措施与计划的变更，等等。

相关链接

职场新秀露锋芒

沉稳、上进、谦虚，这是黄东杰给人的第一印象。身材并不高大的他，心中却蕴藏着远大的梦想和追求。这从黄东杰求职中便可以看出。他从找工作开始便把目标锁定在大中型企业。他认为，大中型企业在管理等方面都已形成一套固定的机制和模式，学到的东西会更多。虽然要面对的竞争也更激烈，但他还是希望自己在初入社会时能接受更多的磨炼。在进马士基前，黄东杰已经在厦门一家著名国企工作过一个月，但为了追求更广阔的发展空间，他放弃了辛苦打下的基础，从零开始，经过3轮面试，进入马士基。比起国企，外企更能吸引黄东杰的挑战欲望。而且，外企能为双学位的他提供更多施展才华的舞台。黄东杰告诉我们，就像一个演员在上台表演前，关键的是要先找寻适合自己的舞台。

在谈到如何打开面试这块“敲门砖”时，黄东杰的话匣子就打开了。他说，其实面试真的是有一些技巧的。首先，要充分自信。其实，很大程度上，面试的时候已经抛开了你在校的成绩，公司更注重的是你的个人能力。在平时，就应该尝试一些与面试相关的交流，及时总结，以提升自己的交流应对能力。其次，很关键的一点就是在面试前，你要先仔细揣摩你将要面试的公司的工作和用人风格。可以通过上网了解公司的产品、新闻、制度等各方面，然后清楚自己的定位，寻求应对的优势。不同企业对应聘者的需求是不同的，我们要懂得投其所好。最后，就是在做简历时要与众不同。针对不同的公司，黄东杰设计了不同版式的简历，这是他成功的第一步。只有在那么多的简历中吸引住招聘者的眼球，才能争得面试的机会，所以一定要用心去展现自己最好的、最特别的一面。

经历了社会的磨炼，面对随处存在的竞争，黄东杰更加深刻地体会到能依靠的只有自己，再不能指望有人帮助你，再不能去偷懒，必须学会为自己寻找一支拐杖，自己去摸索，去前进。

思考与练习

一、基础题

1. 什么是职业？什么是生涯？什么是职业生涯？它们之间的区别与联系是什么？
2. 职业生涯通常分为哪几个发展阶段？
3. 为什么要做职业生涯规划？职业生涯规划对人生成功有什么影响？

二、测试题

我的生命线

①请在白纸上写上你的名字，后面写上“的生命线”。

②请在白纸上画出一条直线，这条直线代表了你的生命的长度。思考一下，你期待自己活到多少岁？将直线的一端视为你的生命的开始，另一端写上你期待可以活到的年龄。

③在这条生命线中找到你现在的年龄点，并标记出来，写下你现在的年龄。

④回顾你过往生命历程中发生的重大事件，在直线上方写出两到三件对你有积极影响的事件，并在直线相应位置上标明年龄，在直线下方写出两到三件对你有消极影响的事件，并在直线相应位置上标明年龄。

⑤思考一下这些事件对你的影响，即这些事件如何使你成为今天的你。

案例：

陆泉龙的生命线

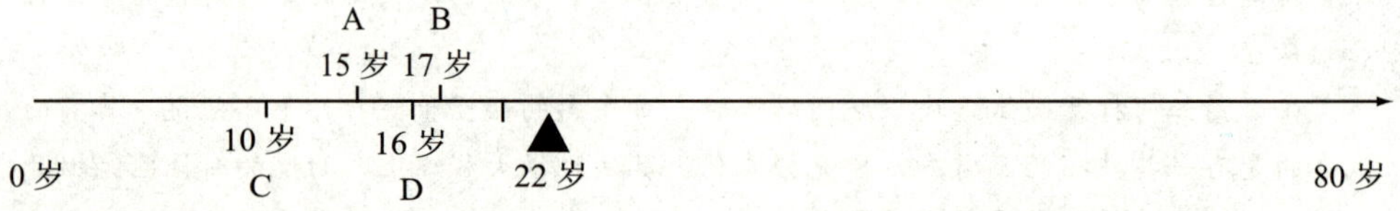

积极事件：

A. 15 岁时我担任班长，第一次组织的全班活动是去敬老院做志愿者。这次活动组织得很成功，让我对自己的组织能力有了很多信心，所以到现在我都乐于组织一些公益性的活动。

B. 我上高二以前语文成绩一直不太好，作文也写得一塌糊涂。高二时我的语文老师不知何故特别喜欢我，他为我们推荐了一些课外读物，不知是否和这个相关，那段时间我突然找到了写作文的感觉，有一篇作文还被老师作为范文推荐给同学们。

消极事件：

C. 10 岁时，被一个最好的朋友误会，虽然我后来知道是别人在他面前说了我坏话，但我们的关系一直都没有恢复到以前那么好。这件事给我留下了很深的印象。原来世界上还有这么坏的人！有段时间，我就觉得人是很难被信任的，至今也认为“防人之心不可无”。

D. 我小学和初中的学习成绩虽然说不上拔尖，但都是在中上的水平。刚上高中时，觉得数学特别难，竟然没有及格。从小到大，第一次出现这种情况，对我打击很大，主要是觉得自己已经学得很努力了，是不是自己对数学就是不开窍？直到现在，我都觉得数学对我来说太深奥了。

第二章 职业发展基础与职业理想

知识目标

1. 了解大学生的生理特点和心理特点。
2. 了解职业对性格和兴趣的要求。
3. 熟悉职业理想及其实现条件。
4. 熟知大学生择业期望值的种种误区。

技能目标

1. 学会分析自己已掌握的知识和技能以及所具有的经验。
2. 学会权变地调整自己的择业期望值。

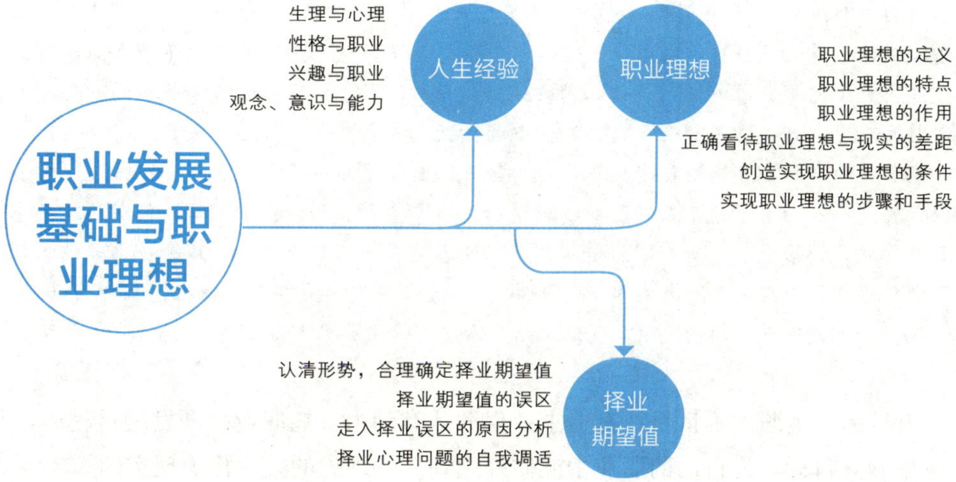

情境导入

不眠路上书为伴

夜已深，窗前却依然亮着灯。静谧的黑夜，你时常可以在诚毅10号楼某间宿舍里听见清脆的键盘敲击声。多少个不眠夜，就是这一行行计算机代码陪伴郭凯走过了大学四年。

很多人总觉得大学生活太清闲，然而好学者却总嫌时间过得太快。不像其他大学生放弃睡眠投入“网游”，郭凯却选择利用这宝贵的时间提高自己的专业技能。借用蔡学庸的“Java夜未眠”来形容郭凯的学习状态是再恰当不过了。

郭凯把时间视为大学里最应珍惜的东西。合理地安排时间是大学里必不可少的一课。在大学的学习生活中，有很多自学的时间与空间，因此郭凯建议：在课后，对自己感兴趣的学科或专业要多加关注，可以向老师询问适合自己水平的专业书籍。此外，也要去多多参加社会实践，获得实际经验。这样不仅扩大了知识面，而且有助于提高专业技能。理论结合实践，才能高分高能。

聪明人更加懂得付出

成功的人并非都有着过人的智慧，而是他们懂得成功来之不易，所以他们更懂得努力与付出。“机遇总是青睐有准备的人”，在别人抱怨机遇没有垂青自己的时候，郭凯却在尽力充实自己，在机遇来临时便能够从容不迫、脱颖而出。即使是面对苛刻的建发集团，郭凯也毫不畏惧，一路过关斩将。2020年7月，郭凯经过重重考验，赢得了在建发集团网络信息部实习两个月的机会，其间参与网络开发任务。这一经历为郭凯积累了相当丰富的工作经验。

学习是件快乐的事情

少了高考的压力和家人的管束，在大学里，学习似乎也随着高考的解脱而懈怠了。把学习当作一件快乐的事情，也许对很多人来说都是“爱在心头口难开”。可是在郭凯眼中，学习着实是件快乐的事情，尤其当一个久攻不破的难题因自己的不懈努力而宣告投降时产生的那种成就感，会让人由衷地感到开心。所以对于自己弄不明白的问题，郭凯常常花费通宵去思考，在一次次尝试中也发掘出很多解决问题的新方法。

郭凯的老师都评价他接受知识的能力很强，自学能力也很好。但是郭凯知道，学习仅仅靠一个人的力量是不够的，所以他选择了多与老师、同学探讨问题，倾听他人的意见与观点，博采众长。如今郭凯进入厦门东南融通系统工程有限公司成为一名软件工程师，他真正做到了一步一步踏踏实实地按自己的人生规划去奋斗。他把编程作为兴趣，吃过的苦都是实现梦想的过程。笑到最后的人自然是笑得最灿烂的人。

有目标，生涯才不盲目；有追求，生涯才有动力。在职业生涯发展过程中，我们应该确立目标，为自己的职业生涯做好规划，将理想的人生化为现实的人生。

第一节　人生经验

20 世纪 90 年代以来，全球化作为一种潮流已延伸到经济、政治、文化等领域。世界正在成为一个联系日益紧密的整体。全球化的趋势也使国家之间和国家内部产生了一系列问题，需要人们正视。联合国教科文组织提出了“学会生存”“学会共存”的理念，希望世界上的每个人在认识客观世界的同时，了解自己和他人，尊重不同的文化，促进相互的理解，以求实现彼此之间的和睦相处与协调发展。

伴随经济全球化、政治全球化、科学和技术全球化同步出现的是知识的全球化、文化的全球化。在这种背景下，个体获得信息的能力、信息的交流与共享的能力及对“地球村”事物的管理和参与能力尤为重要。这些能力的获得不是一蹴而就的，而是要经过不断的学习。学生学习的内容不单是书本上的知识，更要学习认知、学习做事、学习共处、学习生存和发展。受生理和心理特点的影响，大学毕业生在学习认知、学习做事、学习共处、学习生存和发展过程中，已具备相应的人生经验。

一　生理与心理

大学生处于一个独立走向社会生活的准备时期，他们的身心发展随着年龄的增长、知识的增加、阅历的丰富显得相对成熟、老练些，但在表现程度及关注的焦点上也有所差别。

1. 生理特点

生理发育上，大学生已基本成熟，但仍未完全成熟。由于性激素对脑垂体活动的抑制作用，他们的身高、体重及各器官的发育速度逐渐缓慢下来。其性机能的发育基本成熟，性激素的分泌使他们产生了性的冲动，明显地打破了原来的平衡，对性的体验较为敏感、丰富。这些成为其生理发育影响其心理变化的突出问题。

大学生的神经系统已经基本成熟，大脑皮层的结构和机能均已达到了成人水平，兴奋与抑制过程基本平衡，第二信号系统开始起着重要的调节作用，但是神经联系的复杂性和大脑机能仍在日趋完善之中。

2. 心理特点

（1）情感日益深厚，意志行动带有自觉性。大学生的责任感、荣誉感都有了较高的发展，自尊心进一步加强，友谊显得更为强烈、牢固，择友更为严肃、稳定。各种各样的非正式团体增多，有的可能拉帮结派组成不良小圈子。异性间的爱慕相吸心理突出，一般具有文饰性和内隐性，易出现单相思，有的坠入情网。但只要引导得当，经过自我教育与努力，其绝大多数能够控制住自己的情欲。由于该阶段学生处于性能量旺盛的时期，加上现代性文化的感染，生理及心理上的需求与社会规范的约束常使其处于冲动与抑制、需要与压抑的心理冲突之中。他们的意志行动的自觉性虽有所增强，但由于意志较薄弱，仍容易成为不正常情感的俘虏，陷入误区。如果教育不及时或不当，易出现轻率的、不计后果、不负责任的性行为。

（2）自我意识日趋成熟，自尊心日益增强。大学生自我意识更显成熟，表现在：能比较全面地观察、剖析自己，自觉进行反省和自我批评，有自我教育与不断进取的强烈愿望；对自己的过失能从动机、思想、心理根源上寻找原因，对于成功或失败能持比较谨慎的、冷静的态度，情感起伏的波幅减小；对他人的评价能从个性品质上进行；有追求他人特别是同伴及成人尊重的强烈愿望，对可能有损其自尊的言论、行为格外敏感。一部分学生的自我评价过高，感觉过于良好，容易自傲，好幻想，目标常脱离现实，期望值过高。这种人一旦遇到挫折就会走向另一个极端，变得忧郁、厌恶现实、玩世不恭，出现病态心理。另一部分学生因自我评价过低而自卑。

（3）认识能力增强，思维水平提高。大学生的观察记忆力增强，意义记忆已占相对优势；其想象力已能围绕问题进行丰富而连贯的构想。逻辑思维的组合作用在整个智力活动中开始占主导地位。

大学生思维上的独立性和批判性增强。一般不轻信他人或书本上的结论，喜欢怀疑、思考、争论和评论；在与人讨论问题时，不仅自己设法提出具体见解，也希望对方拿出有说服力的证据；对自己的观点或意见不轻易放弃或改变；思维从经验型向理论型急剧转化；对新事物敏感，接受快，思想活跃，爱赶时髦，追潮流，想象力丰富，创造想象占主导地位；学习动机较为稳定，学习兴趣明显分化，世界观初步形成。

大学生的独立性、自主意识进一步增强；观察力、注意力进一步发展，特别是思维水平有了进一步提高，具有更高的抽象性，已能逐步摆脱具体经验的限制，进行合乎逻辑的推理判断，独立思考和鉴别能力进一步增强，感情世界日趋丰富和复杂；对自然界和社会有初步的总的看法，具备了形成世界观的思想基础。

二 性格与职业

人的性格千差万别，或热情外向，或羞怯内向，或沉着冷静，或火爆急躁。职业心理学的研究表明，不同的职业有不同的性格要求。虽然每个人的性格都不能百分之百地适合某项职业，但可以根据自己的职业倾向来培养、发展相应的职业性格。对企业而言，不同的性格特征决定了每个员工的工作岗位和工作业绩；对个人而言，性格决定着自己的事业能否成功。近年来，一些教育学、心理学研究人员根据我国的实际情况，将职业性格分为八种基本类型（如表 2-1 所示）。

表2-1　职业性格的八种类型

类型	特征	适合的职业
变化型	在新的和意外的活动或工作情境中感到愉快，喜欢有变化的和多样化的工作，善于转移注意力	记者、推销员、演员
重复型	适合连续从事同样的工作，按固定的计划或进度办事，喜欢重复的、有规律的、有标准的工种	纺织工、机床工、印刷工、电影放映员
服从型	愿意配合别人或按别人的指示办事，而不愿意自己独立做出决策，担负责任	办公室职员、秘书、翻译
独立型	喜欢计划自己的活动和指导别人活动或对未来的事情做出决定，在独立负责的工作情境中感到愉快	管理人员、律师、警察、侦察员
协作型	在与人协同工作时感到愉快，善于引导别人，并想得到同事们的喜欢	社会工作者、咨询人员
机智型	在紧张和危险的情况下能自我控制、沉着应付，发生意外和差错时不慌不忙，出色地完成任务	驾驶员、飞行员、公安员、消防员、救生员
自我表现型	喜欢表现自己，通过自己的工作和情感来表达自己的思想	演员、诗人、音乐家、画家
严谨型	注重工作过程中各个环节、细节的精确性，愿意按一套规划和步骤工作，尽可能做得完美，倾向于严格、努力地工作以看到自己出色完成工作的效果	会计、出纳员、统计员、校对员、图书档案管理员、打字员

绝大部分职业都同时与几种性格类型特点相吻合，而一个人也可能同时具有几种职业性格类型的特点。在实际中，大学生应根据个人的性格与职业的要求，具体情况具体处理，不能一概而论。

三　兴趣与职业

兴趣对人生事业的发展至关重要，所以兴趣自然是职业选择应考虑的重要因素之一。为便于大家根据自己的兴趣选择合适的职业，这里介绍一下加拿大职业分类词典中各种职业兴趣的特征与相应的职业（如表 2-2 所示）。

表2-2　职业兴趣特征与相应的职业

职业兴趣特征	适应的职业
愿与事物打交道，喜欢接触工具、器具或数字，而不喜欢与人打交道	制图员、修理工、裁缝、木匠、建筑工、出纳员、记账员、会计、勘测员、工程技术员、机器制造人员等

续表

职业兴趣特征	适应的职业
愿与人打交道，喜欢与人交往，对销售、采访、传递信息一类的活动感兴趣	记者、推销员、营业员、服务员、教师、行政管理人员、外交联络人员等
愿与文字符号打交道，喜欢常规的、有规律的活动，习惯于在预先安排好的程序下工作，愿干有规律的工作	邮件分类员、办公室职员、图书馆管理员、档案整理员、打字员、统计员等
愿与大自然打交道，喜欢地理地质类的活动	地质勘探人员、钻井工、矿工等
愿从事农业、生物、化学类工作，喜欢种养、化工方面的实验性活动	农业技术员、饲养员、水文员、化验员、制药工、菜农等

职业生涯规划设计要求根据自身的兴趣、特点，将自己定位在一个最能发挥自己长处的位置，可以最大限度地实现自我价值。这个设计过程实质上是追求最佳职业生涯的过程。最佳的职业生涯就是带给自身最大满足的职业生涯。

四 观念、意识与能力

1. 初步形成正确的世界观、价值观、人生观

世界观是指对自然、社会和人类思维形成的观点体系，是个性倾向性的最高层次。大学阶段是富于想象和渴望创造的时期，是个性特征逐渐稳定和初步形成的重要时期，也是世界观开始形成的关键时期。大学生由于身心发展已接近成人，他们表现出更广泛、更强烈的社会积极性及社会责任感，对个人的远大理想及人类的共同命运都表现出美好的憧憬和极大的关怀。他们理想中的主流成分是健康上进的。

价值观是社会成员用来评价行为、事物以及从各种可能的目标中选择自己合意目标的准则。价值观通过人们的行为取向及对事物的评价、态度反映出来，是世界观的核心，是驱使人们行为的内部动力。它支配和调节一切社会行为，涉及社会生活的各个领域，是人们对社会存在的反映。人们所处的自然环境和社会环境包括人的社会地位和物质生活条件，决定着人们的价值观念。处于相同的自然环境和社会环境的人，会产生基本相同的价值观念。每一社会都有一些共同认可的普遍的价值标准，从而发现普遍一致的或大部分一致的行为定式，或曰社会行为模式。

人生观是对人生的目的、意义和道路的根本看法和态度。内容包括幸福观、苦乐观、生死观、荣辱观、恋爱观等。它是世界观的一个重要组成部分，受到世界观的制约。人生观的核心问题是如何认识和处理个人发展同社会进步的关系，即私与公的关系问题。马克思主义认为，各种人生观都是一定的社会生产力和生产关系的产物。由于各个时代的各个阶级所处的社会地位不同，生活经历和境遇不同，对人生的意义和目的认识不同，人生观也就必然不同。评价一种人生观是

进步的、革命的，还是落后的、反动的，根本标准就是看它是否符合社会发展的要求。资产阶级人生观的特点是个人主义，一切从自我出发，一切以个人为中心，把剥削他人和追求最大限度的利润视为人生的根本目的。无产阶级是人类历史上最先进的生产力和生产关系的代表，它代表着广大被压迫被剥削者的利益，担负着建设社会主义和共产主义的伟大历史使命。因此，无产阶级的人生观是革命的、科学的人生观，它与历史上一切剥削阶级的人生观根本对立。无产阶级人生观的特点是集体主义，一切为了无产阶级和人民群众的集体利益，把大公无私、舍己为人、全心全意为人民服务视为人生的根本意义和价值，把实现社会主义和共产主义理想视为人生最高的目标。

2. 自觉维护国家尊严和利益，继承中华民族的优良传统，弘扬民族精神

当前大多数大学生具有很强的国家意识、爱国热情和开放意识，在关心祖国的前途和命运、维护国家主权独立及国家统一等方面表现出很高的认同度。在观看一些国际重大比赛时，只要有中国代表队参加，他们都能自发地为中国队加油，并十分关心比赛的结果。绝大多数学生关心国家大事，关心党的路线、方针、政策，关注社会进步和重大改革举措。在一些重点学校，提出入党申请和参加党课的人数逐步上升。绝大多数学生认为每周一的升国旗仪式有必要举行。

3. 具有民主与法制意识，遵守国家法律和社会公德，维护社会正义

大多数大学生都有一定的民主和法制意识，是非界限较清晰，能够遵守国家法律和社会公德，维护社会正义。例如，上海教育学院课题组在对“假如你家人或亲戚触犯了法律，你可能采取什么态度”一题的调查中，61.71% 的学生选了“劝其自首，争取宽大处理”，持“事不关己，听其自然”的占 16.10%，选择“帮助隐瞒或躲藏”的只占 4.44%。

4. 具有初步的科学与人文素养、环境意识、创新精神和实践能力

在大学阶段，为深入实施以培养创新精神和实践能力为核心的素质教育，教师的教学方式和学生的学习方式有所改变，为学生构建了开放的学习环境，提供了获取知识的多种渠道，并能将学到的知识加以综合应用于实践，促进学生形成积极的学习态度和良好的学习策略；改革了教材和考试方式中不利于创造性人才培养的因素，注重学生独立思维和强烈的创造意识、创新精神的培养，开阔他们的思路，鼓励他们思维的批判性；允许他们标新立异、大胆质疑，对现有的知识提出疑问，对旧的学术权威提出挑战，在积极发现和创造新的知识方面充分发挥独特个性；教他们在知识的海洋和日益膨胀的信息中，如何按照新的方式把已有的知识和新信息结合起来加以利用，从而学会如何去思维，如何去创造。同时，注重学生强烈的进取心、坚韧的意志力、高尚的品德修养、勤奋的创造作风和优良的创造品质的培养，以全面提高学生的创造素质，为他们创新精神的培养和创造能力的增长奠定基础。

5. 具有强健的体魄、顽强的意志，形成积极健康的生活方式和审美情趣，初步具有独立生活的能力、职业意识、创业精神和人生规划能力

大学生的身心发展特征对人的选择权利提出了新的要求。但是，不同年龄阶段的孩子对选择权的要求是有差异的。大学生批判性思维空前发展，想象力异常丰富，其人格独立感和成就体验日益增强。这是一个需要做出独立选择，也能够做出独立选择的阶段。大学生独立生活的能力、职业意识、创业精神和人生规划能力已经初步具备。

6. 正确认识自己，尊重他人，学会交流与合作，具有团队精神，理解文化的多样性，初步具备面向世界的开放意识

大学生有自己的生活空间，有自己特定的内心世界，因而，也就形成了独特的心理特征。他们的心理发展正处于由不成熟最后走向成熟的转变过程的后期，心理可塑性与脆弱性兼而有之。可塑性提供了培养优秀心理素质的可能性，脆弱性也带来了学生的心理敏感，因此大学阶段学生对学校心理环境的依赖性明显高于成人。学生心理发展水平的最终结果很大程度上受到学校心理环境的制约与影响。

现实中，由于国家经济已经发展到一定阶段，教育理论研究与应用也提高到一定水平，学校往往能够提供一个适合学生身心发展的良好的学习环境，营造浓厚的学习氛围，并能采取一定的措施，开展丰富多彩的活动，培养学生的团队精神，让学生学会交流与合作，并具备面向世界的开放意识。

7. 对自己的行为负责，具有社会责任感

北京大学的老校长蔡元培先生曾经说过："我们人类在生物中无角无爪，很是柔弱，而能发达者，全在彼此互助。只顾一人，是断不能生存的。自己要人家帮助，同时也需要帮助人家。这样大家互助，世界上的事情才办得好。"

社会责任感是社会成员对社会和他人应该负责的最基本、最起码的公共生活准则。当今，不论价值观和生活观如何多元，不论物质生活如何丰富，社会责任感都不可移易。精神文明建设、和谐国家的建立尤其需要全体公民把社会责任感作为道德情愫认真坚守，使之形成引人向上的舆论场。市场经济的发展对社会责任感提出了更多新要求，多数国人适应这些要求与时俱进。

对点案例

（一）张某是独生女，某师院二年级学生。在一次英语过级考试前，她给自己定了一个目标，可是考试结束后，分数距离她定的目标相差甚远，遭到同学的嘲笑。因此，她十分苦恼，难以自拔，最后跳楼身亡。张某父母哭得死去活来，痛不欲生。

（二）大连市公共汽车联营公司 702 路双层巴士司机黄志全在行车途中突发心脏病。在生命最后一分钟，他做了三件事：把车缓缓停在路边，用生命的最后力气拉下了手动刹车车闸；把车门打开，让乘客安全下车；将发动机熄火，确保车和乘客的安全。最后，他趴在方向盘上停止了呼吸。

这两则报道形成强烈对比，大学生杨某的心理脆弱，对自己的父母、家庭的责任感不强，走上不归路，而黄志全在最后一分钟所表现的对人民生命和国家财产高度负责的强烈责任感，使许多人牢牢记住了他的名字。

大学生肩负着实现中华民族伟大复兴的重大历史使命，他们中大多数都把今天的学习同个人的前途和国家的命运联系起来，明白当今社会竞争的激烈，作为一名现代的在校学生，应该为中华民族在激烈竞争中取胜而做出努力和贡献，所以，在学习和生活中，他们具有较强的主人翁责任感、集体责任感、家庭责任感和社会责任感，能够对自己的行为负责。

第二节　职业理想

简单来说，职业理想是人们对未来的专业、工作部门、工作种类以及事业成就大小的向往和追求。它应该建立在个人的专业知识与能力、兴趣和职业激情的基础上，只有三个圆重叠的部分，才可确立为自己的职业理想。

有人说，现在找工作赚钱就行，尤其是在就业形势非常严峻的情况下，没有必要再谈职业理想了。这种看法是不对的。实际上，在任何情况下，一个人都应该有一个长远而又切实的职业理想。在实际生活中，现实往往与职业理想发生矛盾。很多人不能按照自己的理想标准选到合适的职业，于是有的人索性不就业，坐等理想职业的出现；有的人随便谋个有收入的职业混日子；也有的人对与自己的职业理想不相符的工作怨天尤人，无所作为。这些现象发生的根源，皆在于择业者没有正确认识职业理想与现实的关系。

一　职业理想的定义

职业理想是人们依据社会要求和个人条件，借想象而树立职业理想，绘就精彩人生确立的奋斗目标，即个人渴望达到的职业境界。职业理想是人们实现个人生活理想、道德理想和社会理想的手段，并受社会理想的制约。职业理想是人们对职业活动和职业成就的超前反应，与人的价值观、职业期待、职业目标密切相关，与世界观、人生观密切相关。

二　职业理想的特点

1. 差异性

职业是多种多样的。一个人选择什么样的职业，与他的思想品德、知识结构、能力水平、兴趣爱好等都有很大的关系。政治思想觉悟、道德修养水准以及人生观决定着一个人的职业理想的方向。知识结构、能力水平决定着一个人职业理想追求的层次。个人的兴趣爱好、气质性格等非智力因素以及性别特征、身体状况等生理特征也影响着一个人的职业选择。因此，职业理想具有一定的个体差异性。

2. 发展性

一个人的职业理想会因时因地因事的不同而变化。随着年龄的增长、社会阅历的增多、知识水平的提高，一个人的职业理想会由朦胧变得清晰，由幻想变得理智，由波动变得稳定。因此，职业理想具有一定的发展性。孩提时代想当一名警察，长大后却成了一名教师的事实就说明了这一点。

3. 时代性

社会的分工、职业的变化是影响一个人职业理想的决定因素。生产力发展的水平不同、社会实践的深度和广度不同，人们的职业追求目标也会不同。因为职业理想总是一定的生产方式及其所形成的职业地位、职业声望在一个人头脑中的反映。比如，计算机的诞生演绎出与计算机相关的职业，如计算机工程师、软件工程师、打字员等。

三 职业理想的作用

1. 导向作用

理想是前进的方向，是心中的目标。人生发展的目标通过职业理想来确立，并最终通过职业理想来实现。俄国的托尔斯泰曾说过:“理想是指路的明灯，没有理想就没有坚定的方向，就没有生活。”一旦学习目的不明确，学习的热情就会低落，学习的效果就不明显。因此，有了明确的、切合实际的职业理想，再经过努力奋斗，人生发展目标必然会实现。

2. 调节作用

职业理想在现实生活中具有参照系的作用，它指导并调整着我们的职业活动。当一个人在工作中偏离了理想目标时，职业理想就会发挥纠偏作用，尤其是在实践中遇到困难和阻力时，如果没有职业理想的支撑，人就会心灰意冷、丧失斗志。此外，如果一个人只把自己的追求定位在找到“好工作”上，即便是将来有实现的可能，也不能算是崇高的职业理想，因为这样的理想一旦实现，他就会不思进取，甚至虚度年华。

3. 激励作用

职业理想源于现实又高于现实，它比现实更美好。为使美好的未来和宏伟的憧憬变成现实，人们会以坚韧不拔的毅力、顽强的拼搏精神和开拓创新的行动去为之努力奋斗。12 岁时，周恩来就发出“为中华之崛起而读书”的誓言，表达了他从小立志振兴中华的伟大志向。大学生应树立一个崇高的人生目标，然后，为实现这个目标坚持不懈，奋斗不止，为人民、为国家做出贡献，这样的人生才有意义。

四 正确看待职业理想与现实的差距

在大学生毕业后的前两年，大多数人都会感觉到现实与自己职业理想的落差非常大，这段时期被我们称作“职业探索期”。在这段时间里，职业理想与现实发生冲突非常正常。大学生应该用这段时间积累经验、提升能力，调整自己的职业理想，积极寻找机会，从而为自己的长期发展奠定基础。

对于即将毕业的大学生来说，职业理想与“饭碗”的矛盾更会经常发生。这种现象一旦发生，大学生既不要怨天尤人，也不要心灰意冷，而是要冷静地看待。

第一，要认真地分析一下自己的职业理想定得是不是脱离实际；自己的职业素质符合不符合你所选择的职业的要求。职业理想虽然因人而异，没有绝对的标准，但必须指出的是，理想职业必须以个人能力为依据，超越客观条件去追求自己的所谓理想是不现实的。这就要求大学毕业生在选择职业之前一定要正确估价自己，给自己一个合理的定位。

第二，我们把职场分为“天堂团队”“人间团队”“地狱团队”，很多人以为不能进入“天堂团队”就是不理想的。实际上，很多真正有能力的人是从“人间团队”，甚至“地狱团队”走出来的。因为当一个人的职业生涯并不是一帆风顺的时候，往往可以使一个人多方面的能力得到更好的锻炼。

第三，要懂得职业理想不等于理想职业。一般认为，当个人的能力、职业理想与职业岗位三者有机统一时，这个职业才是你的理想职业。只要你的职业理想符合社会需要，而自己又确实具备从事那种职业的职业素质，并且愿意不断地付出努力，迟早会有一天实现自己的职业理想；而理想职业却带有很大的幻想成分。

第四，如果你所选择的职业岗位已无空缺，而你又需要立即就业，那就先降低一点自己的要求。因为如果没有工作，即意味着没有实现职业理想的可能。而就业以后，可以凭主观努力向自己的职业理想靠近，例如对自己的兴趣、爱好进行一定的调整。

五 创造实现职业理想的条件

1. 了解自己

大学生更容易把自己放在很高的起点去观察自己的周围环境，思考自己的职业未来，甚至还想将来所从事的工作条件要比别人好一些，付出的劳动比别人少一些，拿的工资却要比别人高一些的。显然，这种失去自我的职业憧憬是“空中楼阁”，可望而不可即。只有从自身出发，从自己所受的教育、能力倾向、个性特征、身体健康状况出发，才能够准确定位，瞄准适合自己的岗位不懈努力。

2. 了解职业

每种职业都有与之相适应的职业能力要求。除了具备观察、思维、表达、操作、公关等一般能力之外，一些特殊行业还有特殊要求。对于会计、出纳、统计、建筑师、工业药剂师等职业来说，从业人员必须具备很强的计算能力。与图纸、建筑、工程等打交道的工作，以及牙科医生、内外科医生等职业，对空间判断能力的要求较高。对于图形的阴暗、线的宽度和长度能做出视觉上的区别和比较的人，就能够从事美术装潢、电器修理、动植物检疫等工作。因此，有选择地、有针对性地培养自己的能力，主动去适应并接受职业岗位的挑战是十分重要的。

3. 了解社会

了解社会的需求是成功择业并就业的关键。了解社会主要是要了解社会需求量、竞争系数和职业发展趋势。社会需求量是指一定时期职业需求的总量。这是一个动态的又相对稳定的数量。例如，有的职业有很高的社会名望，但需求量很少；有的职业不为多数人看好，但有发展前途，且需求量较大。竞争系数是指谋求同一种职业的劳动者人数的多少。在其他条件一定的情况下，竞争系数越大，就业概率越小。社会地位高、工作条件好、工资待遇优的职业，想要谋取的人数多，相应地竞争系数就大。职业发展趋势是指职业未来发展的态势。有些职业一时需求量大，竞争激烈，但随着社会的发展将日趋衰落；有些职业暂时需求量小，但随着社会的发展会日益兴旺。因此，加强对社会职业需求的分析和预测，了解社会职业岗位需求情况是极其重要的。

4. 树立正确的人生观

人生观是人们对于人生目的和人生意义的根本看法和根本态度。不同的人生观会产生对人生的不同看法和不同态度，而对人生的不同看法和不同态度会导致人们选择不同的人生道路。

由此可见，持不同人生观的人，其职业理想也一定不同。正确的人生观会产生正确的职业理想，错误的人生观则会产生错误的职业理想。因此，大学生要根据时代的要求，根据社会发展的要求，坚持以辩证唯物主义和历史唯物主义的立场、观点和方法看待人生，坚持以最广大人民群众的根本利益为核心，坚持以实现社会主义的共同理想为目标，不断加强学习，不断提高自己的思想素质、文化素质、能力素质，不断地完善自我，做到自尊、自爱、自强，树立正确的价值观、苦乐观、幸福观、荣辱观，进而树立为人民服务的正确的人生观。只有这样，才能使自己的职业理想符合人民群众的根本利益，把选择职业与选择人生道路有机地结合起来，使自己在从业或创业的过程中，既实现自己的人生价值，又为人民、为社会做出应有的贡献。

5. 树立正确的职业观

职业观是人们在选择职业与从事职业时所持的基本观点和基本态度，是理想在职业问题上的反映，是人生观的重要组成部分。职业观具有三个基本要素：一是维持生活，二是发展个性，三是承担社会义务。在三个基本要素中哪一个要素占主导地位，将决定一个人职业观的类型与层次。正确的职业观是把三个基本要素统一起来，以承担社会义务作为主导方向。

对点案例

黄文秀：坚定的初心，闪光的青春

黄文秀同志生前是广西壮族自治区百色市委宣传部干部。2016年硕士研究生毕业后，她自愿回到百色革命老区工作，主动请缨到贫困村担任驻村第一书记。她自觉践行党的宗旨，始终把群众的安危冷暖放在心间，带领群众发展多种产业，为村民脱贫致富倾注了全部心血和汗水。2019年6月17日凌晨，黄文秀同志在突发山洪中不幸遇难，献出了年仅30岁的宝贵生命。黄文秀同志被追授“全国三八红旗手”“全国脱贫攻坚模范”等称号。

点评：那份不变的初心从哪里来？答案并不难寻。黄文秀饮水思源，不改本色。党的扶贫政策让黄文秀一家摆脱贫困，更让她坚定了铭记党恩、跟党走的决心。她敬重先烈，不忘历史。她的家乡百色市是革命老区，红色基因深深融入她的内心，孕育了她坚定的信仰。她勤于学习，细悟笃行。“习近平总书记关于‘六个精准’的重要论述，一直是我开展扶贫工作的方法论”，这是她的扶贫心得。内化于心，才能外化于行；不忘初心，才能践行使命。不忘初心，黄文秀用奋斗锻造开拓创新、真抓实干的作风，用真情践行心系群众、公而忘私的奉献精神，用毕生书写坚决打赢脱贫攻坚战的使命担当。

六 实现职业理想的步骤和手段

（一）实现职业理想的步骤

1. 择业

我国现阶段实行的是双向选择的就业方式，即个人和用人单位的相互选择。这就要求大学生在择业时必须树立正确的就业观。首先，要形成“自找市场”的就业观。就业凭竞争，上岗靠技能。想就业就要勇敢地投身于就业竞争的劳动力市场中，这是实现就业的必由之路。其次，要确立先求生存、再求发展的就业观。不要把既舒适又赚钱作为择业的必要条件，而是要先找到岗位，融入社会，然后才能实现自身价值。

在择业时要做好遭受挫折的准备。在激烈的劳动力市场的竞争当中，择业的成功和失败是并存的，机遇和挑战是同行的。因此，在择业时要做好遭受挫折的准备，不要因一时的挫折让自己陷入困境，因为阳光总在风雨之后。实践亦证明，成功的最大敌人不是挫折本身，而是被挫折击倒的我们自己。

2. 立业

求职不易，立业更难。立业有两种理解：一是指选定一个可赖以谋生的职业，亦即谋生。这是低层次上的但又是最基本的需求，因为就业是人生存和发展的基本手段。二是不仅指谋生，而且求发展，说的是一个人有抱负、有追求，并且事业有成，即所谓谋业。这是高层次上的立业。对大学生而言，谋求生计很重要，因为必要的物质生活资料必须通过就业来获得，此外别无他法。因此，当成功择业后就须热爱就业岗位，同时还要使自己尽快进入角色，适应就业岗位。只有这样，才能使自己在较短的时间里适应工作岗位的需要。

3. 创业

有的大学生可能在某个时期通过创业来实现职业理想。创业，顾名思义，就是创建一份自己的事业，是创业者运用知识和技能，以创造性的劳动把理想转化为现实的过程。创业包括两层意思：一是在自己所从事的职业活动中，以有别于以往、有别于常规、有别于他人的思维方式和行为方式开展工作。二是自主创业，不仅解决自己的生存问题，而且为别人提供就业岗位。在激烈的市场竞争下，创业已经成了我们这个时代的特征和潮流。对大学生而言，开展创业不仅要有理论，更重要的还要有实践经验。以下是有关专家总结出的创业的七大必备条件。

（1）充分的资源（Resources），包括人力和财力，创业者要具备充足的经验、学历、流动资金、时间、精神和毅力。

（2）可行的概念（Ideas），生意概念不怕旧，最重要的是可行，有长久性，可以继续开发、扩展。

（3）适当的基本技能（Skills），不是行业中的一般技能，而是通常性的企业管理技能。

（4）有关行业的知识（Knowledge）。

（5）才智（Intelligence），创业者不一定要有高智商，但要善于把握时机去做出明确的决定。

（6）网络和关系（Network），创业者需要有人帮助和支持，不断扩大朋友网络，搞好人际关系，会带来不少方便。

（7）确定的目标（Goal）。

非常巧的是，将七大条件的首个英文字母串在一起，恰好是“RISKING”（冒险）一词，这也反映出创业是要冒风险的。

（二）大学生实现职业理想的手段

当代大学生要成长成才，实现自己的职业理想，就要努力做到以下几个方面。

第一，要坚定理想和信念。从总的情况看，当代大学生思想政治状况的主流是积极、健康、向上的，当前，全国各族人民正在党的领导下朝着全面建设小康社会的宏伟目标迈进。当代大学生应该胸怀远大理想，自觉以振兴中华为己任，愿意为国家、为人民奋斗终生；应该具有坚定的信念，遇到困难不退缩，遇到挫折不气馁，在前进道路上矢志不渝、一往无前；应该了解祖国悠久的历史、灿烂的文化，了解国情、省情，培养爱国主义情感，树立国家利益至上的思想，增强民族自尊心、自信心、自豪感。

第二，要加强学习，提高本领。加强学习、提高本领是当代大学生成长成才的坚实基础。在一个学习型社会里，大学生应该把学习作为生活习惯，作为人生态度，持之以恒，坚持终身。研究表明，在农业经济时代，只要 7 ～ 14 岁接受教育，就足以应付往后40年生涯之所需；工业经济时代，求学时期扩展到5～22岁；在知识经济时代，学习必须是终身制。青年时期是一个人学习的黄金阶段，而大学期间更是一生中最为宝贵的学习阶段，大学生要认真学习理论知识，注重学技术、学技能，不断丰富自己、开阔视野、提高素质。

第三，要立足本职，大胆实践。“纸上得来终觉浅，绝知此事要躬行。”大学生要取得事业的成功，就必须了解社会，了解现状，把所学的书本知识与基层的丰富实践结合起来，在实践中汲取营养，检验知识、丰富阅历、增强本领。

第四，要开拓进取，艰苦创业。开拓进取、艰苦创业是当代大学生成长成才的人生状态。古往今来成就事业者，无不是披荆斩棘、勤奋进取之人。一是要弘扬创新精神。青年时期是最富有创造力的时期，青年是最具有创造热情和创造潜力的群体。创新既是青年成长成才的重要途径，也是青年人才所应具备的重要素质。二是弘扬创业精神。党的十七大提出，实施扩大就业的发展战略，促进以创业带动就业；完善支持自主创业、自谋职业政策，加强就业观念教育，使更多劳动者成为创业者。创业是当代大学生成长成才的重要途径。

第五，要砥砺品质，修身养德。砥砺品质、修身养德是当代大学生成长成才的道德基石。一是无私奉献的品德；二是艰苦奋斗的品德；三是诚实守信的品德；四是勤俭节约的品德；五是遵纪守法的品德。当代大学生要把好正确的人生方向，不随波逐流、不虚度光阴，踏实走好人生的每一步。要以社会主义核心价值观为引领，自觉践行社会主义荣辱观，大力弘扬爱国主义、集体主义、社会主义思想，倡导基本道德规范，打好道德修养根基。

第三节 择业期望值

择业期望值是大学生对职业在多大程度上能够满足个人愿望的评估。适中的期望值是大学生正确择业的关键条件。

一个人的择业目标能否实现，除了个人素质、专业、社会需求、机遇条件外，主要取决于自己对择业期望值高低的选择。当毕业生根据自身条件和社会需求确定了自己的择业目标之后，如何把握择业期望值，就成为毕业生择业目标能否实现的关键问题。如果把握不好，就难免走入择业误区。

一 认清形势，合理确定择业期望值

2020 年，国际劳工组织发布的一份报告显示，目前全球大约有 4.7 亿人口处在失业或工作不稳定的状态，约占全球劳动力的 13%。其中，在 15 ～ 24 岁的年龄层中，有 2.67 亿人没有就业。

我国的就业形势同样严峻。人社部最新数据显示，2020 年 1—5 月，全国城镇新增就业人数 460 万人，城镇失业人员再就业人数 166 万人，就业困难人员就业人数 55 万人。对比 2019 年 1—5 月城镇新增就业人数 597 万人，2020 年就业人数减少 137 万人。

首先，高校连续几年的扩招，增幅较大，势必造成高校毕业生高存量、高膨胀，给高校毕业生就业带来新的压力和难度，加之疫情等因素，我国就业受到了一些冲击。大学生的社会地位也随着形势的变化而发生变化，大学生应认清形势，做好调整。

（1）大学毕业生的就业由“精英”走向“大众”。自 1999 年起，我国高校连续扩大招生规模，毕业生数量急剧增长，中国进入大众化教育阶段。在这个阶段，接受高等教育将成为相对多数人的权利。因此，大众化教育阶段与精英教育阶段相比，普通大众均可进入大学，大学生由“天之骄子”变为“天之焦子”，不存在统包统分的问题，而是要公平地参与社会竞争。这样一来，一部分大学生通过竞争进入社会的精英岗位，同时也必然有一部分大学生从事与大众化相适应的“蓝领工作”，成为高级蓝领。在扩招与市场经济条件下，大学毕业生与下岗工人同台竞争的现象已经屡见不鲜。

（2）大学生就业市场进一步由“卖方”走向“买方”。当高等教育处在精英教育阶段时，高等学校毕业生供给小于社会需求，是毕业生的卖方市场。随着高等教育的迅速发展，大学毕业生数量急剧增加，大学毕业生供给紧缺的时代已经一去不复返，大学生与社会需求之间的关系由供不应求转为供需平衡，直至供大于求。大学生就业市场化，价格机制在就业市场中的调节作用越来越大。在社会需求总量增加不大的一段时间内，毕业生层次间的挤占岗位的效应将趋强；同层次、相同专业毕业生的名牌高校与普通高校之间，培养质量和特色的竞争也格外激烈；毕业生整体求职的成本和时间也在扩大和延长；毕业生整体的薪酬水平也在下降。

（3）大学生毕业初期失业率相对较高。根据西方一些国家由精英教育向大众化转变过程中的经验和特点来看，大学生毕业后 1 ～ 5 年内失业人数比较多一些，失业率高一些，有时甚至高于社会平均失业率，但是总体上受过高等教育的人的就业率要高于社会的平均就业率，而且待遇高于社会其他非受高等教育的人。今后几年内，大学生待就业的人数将会逐渐增加。

（4）高校毕业生就业向第三产业倾斜。现代化的第三产业是以知识和高科技为支持的，其中的金融保险业、法律、审计、财会、投资、心理、出国留学等方面的咨询服务业，各类经纪人和中介机构，文化教育等服务产业的发展，要求其从业人员绝大多数取得大学学历。应当说，在这些行业中的从业人员多数是在第一线工作的。大学毕业生大量转移到第三产业一线岗位就业，也是大学毕业生就业大众化的表现。

其次，国内产业结构总体不平衡。主要表现为：一是地理不平衡性。地区各种因素差异明显决定着我国的就业形势在不同地区的差异性，人才需求也因而显现出一定的地区差异。二是结构性矛盾突出。买方市场形成，长短线的矛盾一时难以根本解决，不同学科、不同专业的就业乐观程度差异明显。

对点案例

案例一：张某，2022 届机械设计制造及自动化专业毕业生，成绩一般，表现平平，无不良记录，也无特长或突出表现。于某，2022 届机械设计制造及自动化专业毕业生，成绩优异，多次获得国家级、校级奖学金，积极参加各类科技竞赛并获奖。校园招聘会刚启动不久，小张便成功签下一份工作，小于则每场招聘会都去，却迟迟不签。

案例二：机械设计制造及自动化专业的应届毕业生共 10 个班，每班约 36 人。其中，9 班的整体成绩较好，班级超过 1/2 的学生获得过奖学金，在各类科技竞赛中获奖的次数较多。10 班的整体成绩较差，班级超过 2/3 的学生均存在不同程度的挂科记录，且没有表现突出的学生。据统计，截至 2021 年 10 月 30 日，9 班的就业率约为 39%，而 10 班的就业率将近 90%。

通过了解发现，出现上述差异的根本原因来自学生就业期望值的差异。在校期间成绩一般，表现平平的学生表示只要有招聘单位愿意要他们，他们便会考虑；而成绩优异的学生往往持观望态度，徘徊在各大招聘单位之间，迟迟下不了决心。

毕业生求职失败的主要原因是择业指导思想上的偏差。具体说，就是毕业生的择业期望值、择业标准与社会需求之间出现了断裂。这种情况在大学生中是一种较为普遍的现象。要纠正思想上的偏差，就必须充分认识其表现，分析其成因，从而采取有效的措施，顺利实现就业。

相关链接

国考经验分享

笔试篇：

1. 加强真题练习。相比市面上无数模拟题，真题最能体现国家公务员考试的出题思路，所以要做真题，而且要反复做，才能领悟国考的出题方式、意图以及解题技巧。

2. 做题时要有大局意识，敢于放弃。国考题目很多，时间很短，分摊到每题大约只有50秒，对于难懂或者一时反应不上来的题目类型要敢于放弃，记住超过1分钟的执着意味着牺牲对后面简单题目的把握。

3. 养成关注时事以及相关评论的习惯，提高申论中挖掘问题、分析及解决问题的能力。

面试篇：

1. 加强自信心的培养，克服紧张心理。一个人精神焕发源于内心的平稳和自信，通过平时模拟面试，克服紧张心理，有助于更好地展现自己。

2. 着装得体，大方。考官的第一印象相当重要，不排除有的考官在你步入考场的那一刻已经在心里为你打分，同时着装也有助于展现自身的气质。

3. 答题思路严谨、语速适中、言语谦恭。表达是为了让对方了解，所以，思路严谨，意思表达就一清二楚；语速适中展现了你的沉稳自信，让考官明白你的思路；谦恭不自大，会提升你的印象分。

4. 加强面试中审题、解题能力的练习，这功夫在平时，可以结合申论分析、解决实际问题的能力一起训练。

二 择业期望值的误区

要正确把握好择业的期望值，就应防止下述问题的出现。

1. 不顾客观条件限制，一味贪图虚荣

由于虚荣心作怪，一些毕业生在选择职业时不顾客观条件的限制，一心只想找一份人人羡慕的职业，至于自己能否胜任，是否适合自己，能不能有所发展则不予考虑。其结果要么因超越现实而无法实现，要么在工作岗位上因无法施展才干而业绩平平。

2. 贪图享受和安逸，对收入和生活条件期望过高

优越的待遇和条件往往对大学生最具有诱惑力，但也是导致毕业生择业失败的误区之一。客观地讲，毕业生希望自己有一个较好的工作环境，这种期望是可

以理解的，问题是有部分毕业生对这类单位的职业活动特点知之甚少，对其收入和生活条件期望过高，甚至有部分毕业生崇拜金钱，贪图实惠，只要生活条件好，不惜放弃自己的专业知识和抱负。这种只图一时实惠和享受，不考虑国家需要和个人发展的思想倾向，不仅是不可取的，也是不现实的。

对点案例

（一）信心不足，缺乏主动

毕业生小刘学习成绩和其他方面条件都不错，在就业的初期满怀信心。但由于专业冷门等原因，找过几家单位都碰了壁，结果产生了自卑感，在后来的择业过程中表现越来越差，陷入恶性循环而不能自拔，以致到了新的用人单位那里，只能被动地问人家："学某某专业的要不要"，其他什么话都不敢讲，最终未能落实就业单位。

分析：小刘的失败是由于自卑心理在作怪。他在择业遭受挫折后，一蹶不振，对自己评价过低，丧失了应有的自信心，择业时缺乏主动争取和利用机遇的心理准备，不敢主动、大胆地与用人单位交谈，也就不能很好地表达自己。越是躲躲闪闪、胆小、畏缩，越不容易获得用人单位的好感。这种心理严重妨碍了一部分毕业生正常的就业竞争，使得那些原本在某些方面比较出色的毕业生也陷入不战自败的困惑。

（二）自负而失败

毕业生小董口才不错，在与用人单位代表面谈时自我感觉良好。一番高谈阔论以后，当对方问他的个人爱好是什么时，他竟得意扬扬地宣称是"游山玩水"，结果被用人单位毫不犹豫地拒之门外。

分析：小董的失败是典型的自负心理造成的。自负在心理学上指过高地估计个人的能力，从而失去自知之明。在这种心理的支配下，不少毕业生在求职过程中总是自以为是、自负自傲，自以为自己什么都懂，什么都会，夸夸其谈，胡吹海侃，结果留给用人单位的是浮躁、不踏实的印象。试想，有哪家单位肯要一个不知天高地厚、自命不凡、眼高手低的毕业生呢？

不少大学生不愿到基层和经济欠发达地区就业，而把就业目标锁定在大城市、大公司，特别是经济发达地区的大城市。他们认为大城市物质丰富，交通便利，信息畅通，以后更有发展机会，而回到城镇或到大公司下面的子公司，则条件会很艰苦，因而对下基层有很大顾虑，根本没有到基层建功立业、磨炼意志、锻炼思想的心理准备，认为到基层是大材小用，是屈尊，难以实现自身价值。欠发达地区与发达地区比，确实存在着不小的差距，但由于产业分布、区域特点不同，仍然有其独特的优势。大学生到欠发达地区就业并不是没有用武之地，既可以以自己的知识和能力为当地优势产业、特色经济的发展等方面做出积极贡献，又可以在艰苦的环境中得到更大的磨炼。

3. 偏离自己的择业目标

择业目标的确定要从自身素质和社会需要来考虑，确定择业期望也应如此。大学生在确立自己的择业期望值的过程中，如果偏离自己的职业兴趣、专业特长和实际能力，就失去了自己的优势，从而偏离了自己的择业目标。有的毕业生明明在某一方面的素质好，却轻易地放弃了能发挥自己特长的单位或岗位，这不仅不利于自身的发展和成长，而且对国家和人民的利益也是不利的。

4. 超越个人实际，期望值过高

有的毕业生在择业过程中不顾自身条件的限制，只盯着“好单位”，宁愿待在“上面”无所事事，也不愿到“下面”较适合自己的地方去施展才华。实践表明，择业期望值过高最容易使人陷入两种困境：一是由于期望值超出现实而使自己在择业时屡屡失败；二是即使侥幸获胜，也会因自身能力不济、工作无法胜任而处于被动之中。

对点案例

要求苛刻令单位无法接受

某名校毕业生与某集团公司经过双选、面试考核，终于进入签约阶段。协议书首先由毕业生本人签署应聘意见，该生在“应聘意见”一栏中写下了以下6条要求：(1) 从事财会工作；(2) 每周工作五天，每天工作八小时；(3) 解决户口，提供单身住房；(4) 住房公积金、劳动保险、养老保险等相关支出均由公司负担；(5) 每半年调薪一次；(6) 公司不限制个人发展（如考研等）。单位鉴于以上条件不能完全答应，将协议书退回，并建议修改后再签。最终，该生因坚持自己的意见而未能被录用。

分析：该生未被上述单位录用，根本原因在于所提要求过于苛刻。笔者曾与该集团人事部负责人取得联系，了解以上条件为什么不能完全答应。该负责人说，这位同学提出的6条要求，有些我们是可以满足，也应该做到的。比如，安排专业对口的工作，八小时工作制，解决户口，提供各种福利等。但有的款项就无法答应，如每半年调一次薪，这种要求恐怕任何单位都无法答应。又如“公司不限制个人发展”一条，从毕业生角度来看，提出这样的要求可以理解，但从用人单位来讲，在不影响正常工作的前提下，单位鼓励个人提高自身素质，但如果服务期内想考研就考研，不受单位任何约束，单位肯定是不能答应的。尽管这位同学各方面条件都不错，但这种苛刻的条件单位是无法接受的。

该生未被上述单位录用，根本原因在于择业期望值过高。近年来，由于受多种因素的干扰与影响，不少大学生在就业过程中往往不能客观地认识自己，不能摆正自己的位置，常常不考虑社会需要与个人实际，追求超越个人素质的职业。部分大学生认为留在大城市、大单位才能体现自己的人生价值，才能实现自己的理想和抱负，很少考虑到自己的择业期望值是否符合实际情况，所选择的职业是否符合社会需要，是否能够发挥自己的才能。

三 走入择业误区的原因分析

造成大学生走入择业误区的原因是多方面的，归纳起来，主要有社会、学校及学生个人三个方面的因素。

1. 社会因素

我国高职教育起步晚，起点高，理论与实践经验不足，没有形成系统科学的大学生人才观和成才观。在推动中国从“制造大国”向“制造强国”迈进的新形势下，我国要狠抓职业教育，抓出成效。基于此，企业为了追求社会声誉，“尊重知识，尊重人才，尊重劳动”，把需求量较少、待遇丰厚的短缺高级技术人才大肆渲染，给社会、学生造成误导。同时，由于我国劳动力资源丰富，劳动力市场供大于求的现实，为用人单位挑肥拣瘦地招聘人才提供了条件。大学生认为中等职业技术学校培养的是中等技术人才，而高等职业技术院校培养的是高等技术人才，从而形成一种错误的人才观念。大学生较高的学习目标和理想不能如愿实现，又不愿意从基础的、底层的、最现实的学习和实践活动做起，学习心理矛盾而复杂，造成大学生高不成低不就的茫然和浮躁心态。

2. 学校因素

《教育部关于加强高职高专教育人才培养工作的意见》中指出，高职高专教育是我国高等教育的重要组成部分，培养拥护党的基本路线，适应生产、建设、管理、服务第一线需要的，德、智、体、美等方面全面发展的高等技术应用性专门人才。由于各高等职业院校把自己定位在普通高等院校，所以大学生为了维护自己的自尊和虚荣，在择业时就必然以“大学生”自居，认为岗位必须与自己的身份相符，待遇要与自己的名声相配，工作环境要优越等。这些想法为大学生就业和择业提高了心理门槛。大学生的高考成绩处在最后录取分数段，他们的文化素质基础相对较差，由于任课教师熟知和了解大学生的知识基础和心理特点，为了不挫伤学生的积极性，在上课、集会等活动时都以“大学生”称呼学生，增强了大学生“我是大学生”的心理暗示，强化了大学生的错误定位，间接提高了大学生的择业期望值。

3. 个人因素

大学生正处于青春期，心理发展迅速趋向成熟但又未真正成熟，理想化特点最为突出。他们有较高的文化层次，富有理想，对未来的生活道路产生种种设想，这些设想多数可能与现实有一定的距离。由于生活阅历有限，社会实践能力不强，他们在思考就业问题时往往带有幻想的色彩，不能十分切合实际，表现出一定的片面性和幼稚性，与他们极强的自我概念不相协调。这种不协调可能会成为就业的障碍。高职院校的大学生没有考上理想的大学，有无能与失败感，认为上高职是不得已的选择，往往自责、贬低或惩罚自己，潜意识中自卑和压抑，心理负担和精神压力很大，但青年人争强好胜，不轻易接受挫折和失败，在社会压力、家庭压力和自己不甘心的矛盾心理下，为了维护自尊，往往在就业时通过反向心理表现出来。也就是想通过找到一个让同学们羡慕的理想的职业，实现自己的价值，维护自尊和心理平衡。

同时，对自己情况的不了解也是大学生走入择业误区的原因。2022 年 5 月的高校大学生毕业择业态度调查显示，有三成的毕业生已经完成签约，有近二成的毕业生投了超 50 份的简历。对于择业标准，有近八成的毕业生都表示最看重“薪资水平”，其次是“福利待遇”和“个人发展空间”。有 52.1% 的受访者接受偶尔加班，而有 36.3% 的受访者表示“只要能满足加班补贴或调休，都可以”。

四 择业心理问题的自我调适

（一）大学生择业的心理动机

职业是人类社会发展到一定阶段的产物，是劳动者稳定地从事某项有酬工作而获得的社会角色。选择职业是人生的一件大事，是每个大学生必须面对的共同课题。虽然职业选择各不相同，就业形势比较严峻，但从心理学角度，择业主要有以下三个方面的意义。

1. 生存的需要

劳动作为人们谋生的手段，是人类社会的普遍现象，有劳才有得，不劳就无获。我国作为一个发展中国家，实行的是按劳取酬的制度，并辅以其他分配形式。人们劳动的主要目的是获取经济利益。所以，大学生通过获得职业，进而得到赖以生存的物质基础。在以前的计划经济时代，劳动的经济功能受到了人为的抑制和分离，从而大大挫伤了劳动者的积极性。在今天的市场经济时代，劳动逐渐恢复了它的本来面目。选择就业是大学生生存的必要手段。

2. 个人的发展

在人的一生中，职业占有举足轻重的地位，它对于个人的发展意义重大，择业为每个大学生提供了实现人生价值和意义的途径。以前的统招统分，职业意向被忽视，大学生的个性也因此被扼杀，从事什么样的职业，不在于个人能否发展，而是要服从国家和组织的安排。改革开放以后，为了搞活经济，促进人才流动，大学生们开始注重自己的职业意向，关注岗位与自己的契合度，并努力寻找适合自己专业特长和兴趣爱好的工作岗位，以更好地发挥自己的潜能。

3. 社会的责任

大学生就业一方面是为了满足生存及实现个人价值的需要，但这并非全部的目的，从更大意义上来说，是在为社会尽自己应尽的责任和义务。因为一个人要生存，所需要的各种生活资料不可能完全由自己一个人来实现，而需要把个人劳动转变为社会劳动，然后通过劳动成果的互换，在满足自己需要的同时，也满足社会上其他人的需要。此时，我们表面上是在为自己服务，而实际上也在为社会尽义务。这是个人劳动的客观构成，也是义不容辞的社会责任。从更大的意义上来说，每一位大学生都应该把个人的事业融入中国特色社会主义建设的伟大事业中去，为全面实现小康社会而忠于职守、爱岗敬业，以更强的职业责任感完成本职工作。

（二）大学生心理的自我调适

心理调适是指改变或扩大原有认知结构，以适应新情境的历程。大学生的心理调适主要指自我心理调适。所谓自我心理调适，就是自己根据自身发展及环境的需要，对自己的心理进行控制调节，从而最大限度地发挥个人的潜力，维持心理平衡，消除心理困扰。大学生学习自我心理调适，能够帮助自己在择业遇到困难、挫折和心理冲突时，进行自我调节与控制，化解困境，排除困扰，改善心境，寻找最佳途径实现自己择业的理想和目标，不至于因受挫折而使情绪一落千丈或丧失信心。

大学生应充分认识心理调适的积极作用，提高自我调适的自觉性，增强承受挫折，化解冲突和矛盾的能力，及时调整自己的心理状态，保持心理健康，顺利择业。大学生可以试着从以下几个方面来进行自我心理调适。

1. 永远充满自信

知人为聪，知己为明。大学生应该对自己有充分的认识，将主观愿望和客观条件结合起来，充满自信地择业。在平时就应注意培养自己良好的人格品质，改变那些不适应发展的不良的人格品质，培养自信乐观、自强不息、宽容豁达、开拓创新等品质，树立自信心。在求职遇到困境时，要相信自己的能力，不被暂时的困难所吓倒，正视现实，放眼未来，要相信未来是美好的，前途是光明的。对自己抱有合理而坚定的信心，定能达到理想的彼岸，找到自己满意的工作。同时要适时调整自己的不良心理，对择业的期望值不要太高，保持实事求是、知足常乐的心理。有理想、有抱负的青年大学生更应该怀着一腔热血，到基层，到祖国最需要的地方去建功立业。

2. 正视社会现实

就业市场化、自主择业给大学生带来了机遇与实惠，但许多大学生对市场残酷的一面认识不足，对就业市场的客观实际了解不够。经过对就业市场、就业形势的客观了解与深刻体验后，我们必须明白无论是抱怨还是气愤都没有用。与其成天怨天尤人，浪费了时间，影响了心情，还不如勇敢地承认和接受当前所面临的现实，彻底打破以往的美好想象，脚踏实地地寻求解决问题的好办法。

要树立长远的职业发展观念，放弃过去那种择业就是一次到位，要求绝对安稳的观念。要知道现在再好的单位，将来也有失业的可能。因此，在择业时要看得长远一些，学会规划自己整个人生的职业生涯。在当前获得一个理想职业的时机还不成熟时，应采取“先就业，后择业，再创业”的办法。先选择一个职业，不断提高自己的社会生存能力，增加工作经验，然后再凭借自己的努力，通过正当的职业流动来逐步实现自我价值。许多大学生不愿意去经济落后的地区工作，可是随着西部大开发的进行，西部地区将成为经济发展的热点，也将给大学生提供更多的发展机会，因此抢先到这样的地区去工作可能会更有利于自己的职业发展，取得事业的成功。

3. 培养独立意识

社会并不把大学生当作学生或未成熟的青年看待，社会要求大学生对自己的行为负完全的责任。因此，大学生在校期间有意识地培养自己的独立意识是十分重要的。

首先，要培养自己独立生活的能力。从纷繁琐碎的日常小事开始，训练独立处理问题，发展各种基本生活技能的能力，摆脱家庭的关怀呵护，学会自立。其次，要注重培养独立学习、生活、工作的能力。最大限度地发挥自己的创造性，而不是等老师安排和指导才去做，要学会顺应环境，改变环境。最后，要在思想上和心理上走向独立。在思想上，要意识到大学生要有自己的路，要有自己独立的见解，寻求自己的奋斗目标，独立处理各种问题，不断完善自己的思想体系；而心理上的独立，很重要的一方面是要有自信心，无论成功与否，无论身处顺境还是逆境都能坦诚地对待自己，都要相信自己的能力，做到自尊、自爱、自信、自强，保持乐观进取、积极健康的心态。

4. 正确对待挫折

挫折是块试金石。心理健康的人勇于向挫折挑战，百折不挠；心理不健康的人知难而退，甚至精神崩溃，行为失常。大学生在求职过程中应保持稳定的心理、积极进取的态度，遇到挫折不要消极退缩，要认真分析失败的原因，是主观努力不够，还是客观要求太高，是主观条件不具备，还是客观条件太苛刻，经过认真分析，才能心中有数，调节好心态。

5. 准确自我定位

大学生就业中的许多心理困扰都与大学生不能准确地自我定位有关，因此，正确地认识自我的职业心理特点并接受自我是调节就业心理的重要途径。要知道自己喜欢什么样的职业、需要什么样的职业、自己的择业标准以及依自己目前的能力能干什么样的工作，这样才能知道什么样的工作更适合自己。许多同学通过亲身的求职活动就会发现自己的能力与水平并不像自己想象的那么高，并容易出现各种失望、悲观的情绪。因此，在认识自我特点后还要接受自我，对自我当前存在的问题不能一味抱怨，也没有必要自卑，要承认自己的现状，学会扬长避短。

另外，要用发展的观点来看待自己，要知道有些缺点并不可怕，可以先就业然后在工作岗位上不断发展自己。在了解并接受了自我特点以后，还要学会抓住属于自己的机遇，这样才能保证以后的求职顺利。要抓住机遇，首先必须多收集有关的职业信息，多参加一些招聘会，并根据已定的择业标准进行选择。其次，需要注意的是，机遇并不是对任何人都适用的。一份工作的好与不好是相对的，对别人合适的，对自己不一定合适，因此一定不能盲从；要时时记住，只有合适自己的才是最好的。最后，要注意机遇的时效性，在发现就业机会时要主动出击，不能犹豫，也不要害怕失败，应有敢试敢闯的精神。

6. 促进人格完善

在求职时，自己或身边的同学出现一些不健康的心态是正常的，没有必要过度担心、害怕自己有心理障碍。当然，对于这些不良心态也要学会主动调适，必要时还可以寻求有关心理专家的帮助。进行自我心理调适的方法有很多。首先，可以进行积极的自我心理暗示，鼓励自己、相信自己，帮助自己渡过难关。其次，可以向朋友、老师倾诉，寻求他们的安慰与支持。最后，可以通过体育锻炼、听音乐、郊游等方式转移自己的注意力，排解心中的烦闷，放松自己的心情。

通过对自己在就业时出现的种种不良心态的分析，可以发现自己平时不容易察觉的一些人格缺陷。应该说这些人格缺陷是产生这种就业心理问题的根本原因，如果现在没有很好地完善自己的人格，那么这些问题还会在今后的工作、生活中继续带来困扰。因此，有关问题其实是暴露得越早越好，同时也不必为自己存在的人格缺陷而懊恼，因为很少有人是绝对人格健全的，关键是要在发现自己问题的基础上积极改变自己、发展自己，使自己的人格更加成熟，使自己将来的人生道路更宽阔。

思考与练习

1. 结合本章内容，谈谈对自己的认识。
2. 作为当代大学生，你如何理解自己所处的位置？
3. 你了解自己所学的专业吗？想一想，从现在开始如何学好专业知识？
4. 谈谈你的职业理想。

第三章 职业生涯规划的理论依据

知识目标

1. 了解人职匹配理论中各学派的基本观点、辅导策略。
2. 了解职业决策理论中各学派的基本观点、辅导策略。
3. 了解职业发展理论中各学派的基本观点、辅导策略。

技能目标

1. 学会辩证地分析各理论的优点、适用范围及其局限性。
2. 学会应用不同的职业生涯规划理论指导自己的职业生涯规划实践活动。

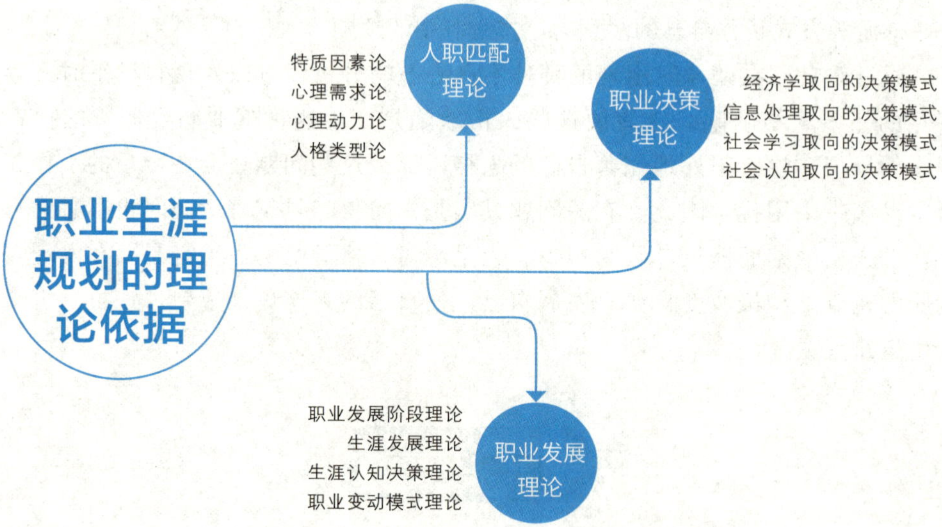

情境导入

影片《中国合伙人》对大学生职业生涯规划的启示

《中国合伙人》是2013年上半年比较火爆的一部电影，影片描述了以成东青、孟晓骏和王阳等为代表的一代人的奋斗历程，对于当代大学生进行职业规划具有明显的借鉴作用。

1. 知己

人无论处在什么阶段，需要做什么事情，第一步都需要深刻认识自己（知己）。影片中，成东青刚进入大学的时候，一直缺乏自信，原因在于他不仅两次高考落榜，而且英语水平很差。当别人都想去美国的时候，他最初的梦想是天安门。然而时过境迁，若干年后，不善言辞的成东青取代曾经滔滔不绝的孟晓骏，真正成了那个“希望有一天会让我嫉妒”的人，他依然不清楚自己想要什么，依然认为自己就是一个“土鳖”。自我认知的方法多种多样，包括360度分析法、橱窗分析法、成功故事法、工具测试法等。

2. 知彼

很多时候，生活、工作不如意，不是因为我们不够优秀，而是因为我们不了解外在的环境。比如说签证，很多人实话实说准备增加收入，但换来的却是被拒签，因为这已经脱离了受教育的初衷，这才是美国人的思维。除了外在的大环境，还有身边的小环境，如自己所在的工作单位。成东青由于想去适应“外面卖茶叶蛋的都比自己赚得多”的大环境，从做家教开始，渐渐在校外私自办培训班，终于触动了工作单位的红线，被开除。大学生初入职场的时候，通常有个大学到职场的过渡期，其间特别容易出现不适应的状况，比如企业文化不认同、企业纪律不执行等。这从根本上找原因，还是没有真正认识到外在环境的重要性。不是环境去适应我们，而是我们应该主动适应环境。

3. 目标

每个人时时刻刻都在面临目标的选择，有的拖延挣扎，有的直觉冲动，有的顺从依赖，有的计划综合。不同的选择成就了不同的明天。孟晓骏的爷爷是1925年回国的留美博士，爸爸是1955年回国的留美博士。自入大学以来，他一直以留美为目标。有了这个目标，他的大学生活一直有个主心骨，一直知道自己想要什么，不想要什么。反观成东青和王阳，大学生活，甚至刚毕业的几年，一直是得过且过的生活状态。对照大学生，太多的同学过着“大一不知道不知道什么、大二不知道知道什么、大三知道不知道什么、大四知道知道什么”，大学到了快结束的时候才明确自己毕业后做什么，匆忙工作后，仍然找不到自己想要的生活，于是频繁就业、跳槽、失业、再就业。

4. 执行

如果孟晓骏停留在听到过的“年轻人你还年轻，而他一辈子只能留在这里”这个阶段，没有去付诸行动，一直留在美国坚持自己的所谓美国梦，就不会有后来的新梦想三人行。同样，大学生从不缺乏想象和目标，缺少的一直都是行动和执行。孟晓骏坚持不懈地推动新梦想上市，就是一种行动。为了实现自己的目标，必须行动起来，从身边开始，对人真诚，做事认真；遇到挫折，不气馁；遇到困难，迎难而上。需要提醒的是，在校园里，执行更多的是为了实现自己的就业大目标努力学习，而工作中时刻牢记的是，执行、完成任务是公司对员工的基本要求，也是员工获取公司报酬的保证。

第一节　人职匹配理论

我们每天穿衣着装，穿上自己喜欢的衣服总是有种舒服感。其实，选择职业亦是如此，只不过意义更为重大，难度更大。在越来越重视职业自我选择的今天，我们怎么选择适合自己的职业呢？除了考虑职业声望与经济等因素，还要考虑什么因素呢？我们看看人职匹配理论各学派的阐述。

一　特质因素论

（一）基本观点

1. 帕森斯的观点

特质因素论是职业指导中历史最早的理论，是被誉为“职业辅导之父”的帕森斯（1909）提出的。帕森斯指出，选择一种职业的时候，有三个明显的因素：准确地了解自己，包括人格、能力、兴趣、资源、限制及其他特质；懂得在不同领域获得成功所需要的条件、优缺点、环境和发展前途；对于这两部分事实相互关系的准确认知。这就是职业辅导的三大原则，它为帕森斯的模式奠定了基础。

帕森斯强调的职业辅导，首先，要在做出选择之前先评估个人的能力，因为个人选择职业的关键就在于个人的特质与特定行业的要求条件是否相配，这在当时是颇有见地的。其次，要进行职业调查，即强调要对工作进行分析，包括研究工作情形，参观工作的场所，与工人和管理人员亲身交谈，这些都是非常重要的。最后，要以个人和职业的互相配合作为职业辅导最终目标。帕森斯认为，只有这样，人才能适应工作，并且使个人和社会同时得益。帕森斯还鼓励辅导人员去收集有关职业领域中具有领袖地位的人在年轻时代的传记，以确定年轻时的个性和未来职业发展的相关性。

2. 威廉姆逊的观点

威廉姆逊在明尼苏达大学从事学生辅导工作，他在帕森斯理论的基础上，形成了一套独特的辅导方法。由于这套方法教导意味很重，所以威廉姆逊的观点及采用的方法又被称为指导学派。威廉姆逊（1939）认为，经过心理测验，指导咨询主要有以下三种方法。

（1）直接建议。辅导人员直接告诉个体最适当的选择或必须采取的计划与行动。

（2）说服。辅导人员以合乎逻辑的方式向个体提供他对各项心理测验的结果所做的诊断和预测，让个体根据辅导人员的指导推断出自己应该做的抉择。

（3）解释。辅导人员向个体说明各项资料的意义，让个体可以就每一项选择做系统化的分析、探讨，并依据各种心理测验所显示的结果推测成功的可能性。

3. 工作适应理论的观点

该理论起源于美国明尼苏达大学，由罗圭斯特和戴维斯等在20世纪60年代提出的强调人境符合的心理学理论。简单来说，就是只有当工作环境能满足个人的需求（内在满意），个人也能满足工作的技能要求（外在满意）时，个人在该工作领域才能够得到持久发展。

选择职业或生涯发展固然重要，但就业后的适应问题更值得注意，尤其对障碍者而言，在工作上能否持续稳定，对其生活、信心与未来发展都是重要的课题。基于此种考虑，戴维斯等从工作适应的角度，分析适应良好与否的因素。他们认为，每个人都会努力寻求个人与环境之间的符合性，当工作环境能满足个人的需求，又能顺利完成工作要求时，符合程度随之提高。不过个人与工作之间存在互动的关系，符合与否是互动的过程的产物，个人的需求会变，工作的要求也会随时间或经济形势而调整，如个人能努力维持其与工作环境间符合一致的关系，则个人工作满意度越高，在这个工作领域也越能持久。

对点案例

小陈是某校水产专业的博士研究生，学习成绩非常优秀，在校期间发表了几篇有影响力的学术论文。依据小陈的专业背景和学术成绩，朋友都觉得他要么攻读博士后，要么进高校或研究所继续做科学研究。但令小陈自己也没想到的是，他关注的都是些企业招聘信息，对科研所却提不起兴趣。这种反差令小陈感到很迷茫：“我到底喜欢什么工作？我今后的职业发展方向是什么？难道我真的要放弃科研之路？”带着这些疑问，小陈来到职业辅导室。下面是咨询师与小陈的对话。

“读书期间，有没有不想做科学研究的时候？”

“读书期间就一心想把学习、研究做好，顺利取得博士学位，所以也没有去考虑兴趣、职业发展这些问题。”

“除了专业学习，还有没有其他感兴趣的课程？”

“我对管理类课程比较感兴趣，有时间就去听听这方面的讲座。”

“业余时间喜欢做什么？”

“我喜欢体育运动，尤其是乒乓球和足球。也喜欢和朋友打牌、聊天。”

“你的人际关系不错吧？”

“是的。实验室或系里同学、老师有什么事情都爱找我帮忙，而且我也喜欢和人打交道。”

看得出来，小陈在人际交往和助人的过程中获得了满足。咨询师辅助小陈做的霍兰德职业兴趣测试显示是社会型和企业型，而科研型得分不高。

小陈还陈述了他的求职经历，目前有一家房地产公司给了他人力资源的职位。咨询师和小陈一起分析了该职位对能力的要求及可能的发展路径，也分析了科研院所的工作特征和发展方向。小陈还是比较中意人力资源这个职位，但他同时也担心一旦进入房地产行业，他的水产博士的专业背景恐怕就完全派不上用场了。这时，咨询师指导小陈用SWOT分析法针对人力资源职位分析自己的情况。通过分析，小陈更加坚定了在企业工作的想法。

分析：小陈的例子在生活中并不少见，学习好，学术做得也不错，但对科研没有真正的兴趣。他们择业的时候，往往受传统观念或周围人的影响进退两难。这时，求职者应该听听自己内心的声音，用科学的手段找到自己的兴趣、能力等特质。同时，也要进行职业分析，预测放弃科研选择其他职业的发展前景。只有自我特质和职业合理匹配才能达到人职和谐。

（二）辅导策略

在心理学（特别是心理测量）的科学取向影响之下，特质因素论极为强调理性作用对了解个人的重要性，而个体极可能欠缺这种理性，往往无法做出合适的抉择。因此，实际进行职业辅导时，对职业选择有困难的个体，辅导人员必须先诊断，协助个体收集资料，并提供各种可能有用的信息，进而帮助他们做出最佳的选择或决定。特质因素论的辅导策略包含使用心理测验和提供与测验结果有关的职业咨询服务。由于辅导人员教导意味很浓，所以特质因素论的辅导步骤与解决问题的过程十分相似，辅导人员必须理性地逐步开展下列工作。

1. 分析

通过各种途径及主观、客观的测量工具，收集有关个人的兴趣、能力倾向、态度、家庭背景、教育程度及社会经济地位等方面资料。

2. 整理

按测验的剖面图及个案记录要求，综合个人的资料，以显示个人的特性。

3. 诊断

描述个人独特的特质或问题所在，比较各项剖面图与测验常模或组型等资料，必要时再进一步探索问题的成因。

4. 预测

依据各项测验结果预测个人职业成功的可能性，或针对问题来判别其可能发生的后果及调适的可能性，作为选择职业及未来调适的根据。

5. 咨询（处理）

协助个人了解、接受并运用各项有关个人与职业方面的资料，进而与个体讨论有关择业或调适的计划。

6. 追踪

协助个体执行计划，若产生新的问题，再重复上述步骤。

上述六个步骤中，前四个步骤主要由辅导人员实施，而个体则参与最后两个步骤，直至完成整个辅导。

因此，有关资料的收集、处理与解释均是辅导人员的任务，其中测验工具的使用和有关职业资料的提供这两方面是特质因素论所强调的重心。

二 心理需求论

心理需求论认为个人通过职业选择而致力于满足其内在的需求。20 世纪 60 年代初期，罗伊依据其临床心理学的经验及早年对有关各类杰出人物的适应、创造、智力等特质的研究结果，综合精神分析论、人格理论与马斯洛的需求层次理论，来探求生存、安全、爱与归属、肯定尊重、自我实现等不同层次的心理需求是否获得满足或遭受挫折的经验，如何影响个人选择特定的职业，这构成其心理需求论。此理论认为，人格的发展大多取决于个人在儿童早期基本需求获得满足或受到挫折的经验，而这些经验常受到家庭文化背景的影响，因此，又称为养育关系论。

（一）基本观点

（1）每个人天生就有一种扩展心理能量的倾向，个人心理能量的运作会影响个人能力的发展，这种内在的倾向配合不同的儿时经验，塑造出个人需求满足的不同方式，这种方式对于职业选择的行为都有不同的意义。

（2）心理能量的发展方向受到遗传与环境的交互作用影响，特别是早年所受的挫折与满足的经验对其心理需求的发展会有重大影响（这是企图以此说明遗传因素和儿时经验对于未来职业行为的影响）。

（3）如果心理需求在儿童的成长过程中稳定而充分地获得满足，则较少会变成潜意识中主导职业行为的主要影响源。

（4）如果儿童早期经验中，需求的满足不稳定或经常被延误，则该需求就会变成潜意识的驱动力，主导其用于满足需求的职业行为，其影响力视需求的强度、延误的时间长短及环境的价值评断情形而定。

（5）如果儿童早期经验中，较高层次的心理需求（如尊重、自我实现等）从没有机会获得满足，这些需求很可能会消失。

（6）如果较低层次的心理需求（如生存、安全、爱与归属等）没有在儿童早期获得满足，那么这些需求很有可能成为个人后期职业选择的最大主宰力量，并妨碍其高层次需求的发展。

（7）个人在现实世界中主动寻求能满足其心理需求的标志物，称之为“工作价值”或“生涯价值”。

（8）个人对工作特定层面的重视程度不同，形成不同的工作价值，主导着个人的职业选择与生涯发展方向。职业选择是个人通过价值的实现，扩大其心理需求满足的尝试。个人的生涯价值观决定了需求在工作中被满足的方式。

（9）个人早期的家庭气氛与成年后的职业选择有密切的关系。如个人成长过程中，父母对他是接纳还是拒绝，家庭气氛是温暖的还是冷漠的，父母对他的行为是自由放任还是保守严厉，这些都会反映在个人所做的职业选择上。

（二）亲子关系与职业选择

罗伊认为，父母对个体早期的教养方式对其今后的职业选择有很大的影响。她把父母对孩子管教的态度从“温暖”和“冷漠”两个基本方面，大致划分为三种类型、六种情况，并非常形象地把亲子关系和职业选择的关系用图 3-1 来表示。从图 3-1 中，我们可以清楚地看出亲子交互反应的形态与人际倾向之间的关系，而此两者的关系又取决于需求满足的方式与程度。

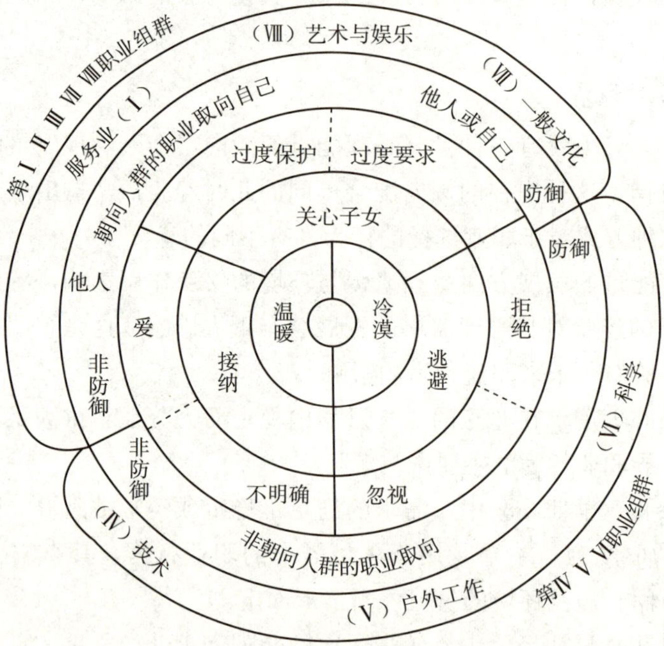

图3-1　亲子关系与职业选择关系

第一型“关心子女型”中的“过度保护型”父母，会毫无保留地满足子女的生理需求，却不见得能满足子女对爱与自尊的需求，即使这些需求都能得到满足，子女的行为未必表现出社会认可的行为。所以，在这类氛围下长大的子女，日后显示出较多的人际倾向，而且不是出自防御的心理机制。而“过度要求型”的父母，对于子女需求的满足往往附加某些条件，也就是当子女表现出顺从的行为，或表现出父母认可的成就行为时，其生理需求或爱的需求才能得到满足，这种在父母的高标准严要求下长大的孩子会变成完美主义者。他们会为表现得不够完美而焦虑，因而在做职业选择时较为困难。

在第二型“逃避型”父母的教养态度下，无论是受到拒绝或忽视，儿童需求满足的经验都是痛苦的，即不论生理需要还是安全需要的满足都会有所欠缺，更谈不上高级需要的满足。所以，这类儿童日后会害怕和他人相处，宁可在自己的工作岗位上，靠自己的努力满足自己的需求。

第三型“接纳型”家庭的氛围大体上是温暖的。在温暖、民主气氛下长大的孩子，各类层次的需求不会缺乏，长大之后也能做独立的选择。

总之，童年的经验与职业选择有极大的相关性。每一个家庭对于子女的养育方式都不尽相同，养育方式的差异致使个人各种心理需求的满足方式与程度也会有层次上的出入。因此，父母的教养态度对孩子的职业选择有重要的影响力，应该让孩子从小发展自己的能力倾向及职业兴趣，这样他们对终身的择业行为才有正确的观念及选择的能力，也愿意承担选择后的责任。

（三）辅导策略

1. 了解个体的心理需求

罗伊主要强调的是个人心理需求与职业选择的关系，所以辅导人员必须真实地了解个体的心理需求及其满足的情形。心理需求可以通过谈话或测量等方法了解，如使用“家庭关系量表”“亲子关系问卷”等调查个体早年家庭经验的评量工具，便于辅导人员了解个体的心理需求状况。

2. 协助个体选择职业

当确定个体的需求后，辅导人员可进一步根据罗伊的职业分类系统及各种职业所需的能力水准及责任层次，来协助个体选择适合其需要的职业或分析目前的工作是否能满足个体的需求。

3. 重组需求形态

经过上述的分析和诊断后，如果发现个体的需求无法获得满足，就需要以相应的咨询或治疗方式协助个体重组需求形态。例如，辅导人员可以协助个体了解早期经验对其心理需求的影响，特别是父母管教方式及态度与需求满足间的关系；也可借助心理动力论或个体中心学派的方法，重组个体的需求形态，以协助个体发展高层次的心理需求，再根据重组后的需求形态，结合罗伊的职业分类系统考虑其适合的职业方向。

三 心理动力论

心理动力论起源于心理学上的精神分析论，然而弗洛伊德虽承认工作对社会的重要性，却并不特别重视职业方面的问题，甚至认为工作对个人而言，是一个不愉快但仍需完成的责任。新弗洛伊德学派却十分重视工作的意义，并认为它是满足需要、促进个人心理发展的要素。将此观点应用于职业辅导者有鲍丁、拿休曼和西歌等，他们强调人内在动力与需要等动态因素的心理作用在个人选择职业历程中的重要性，即早期亲子互动会影响后来需求层次的建立。换句话说，职业选择主要是用于满足早期建立起的需求（约在 6 岁建立），由此称为心理动力论。鲍丁等的心理动力论于 20 世纪 60 年代提出，至今仍在发展。

（一）基本观点

1. 心理动力与职业选择

鲍丁等（1963）认为，职业是用以满足个人需要的，如果个人有自由选择的机会，必定会选择以自我喜好的方式来寻求满足需要，而避免焦虑的职业。在选择的过程中，每个人早期经验所形成的适应体系、需要等人格结构是最重要的心理动力来源。近年来，鲍丁（1984）更强调好奇、权利、表达、是非价值观及抚育等自我需求方面在职业选择上的功能。

2.“游戏”的需要

鲍丁（1984）认为，人格与工作或生涯的关系在于“游戏”所扮演的角色，“游戏”是一种自我表达、自我实现的表现方式，也是一种需要，会刺激个人在寻求自我满足的职业时，把工作与“游戏”糅合成一体。生涯发展的关键在于个人人格发展历程反映了对双亲的认同，若亲子双方交互关系良好，则外在要求与“游戏”的需要满足融合在一起，工作即成为愉快有趣的经验。否则，将会使工作变成负担。

（二）辅导策略

1. 问题与诊断

心理动力论强调的是需求的满足与焦虑的降低，所以辅导人员必须首先了解个体的人格动力状态。诊断时要从动态的观点出发，对个体的问题做详尽的分析。鲍丁认为，个体的问题可能会有五种情况，即依赖、缺乏知识、自我矛盾、选择上的焦虑、求证。

鲍丁等（1973）又提出一套诊断系统，从以下七个方面帮助个体更深入地辨认所面临的问题。

（1）认知统整的困难：个体无法澄清或了解真实状况。

（2）自我认同的问题：个体缺乏正确或者健全的自我认识。

（3）心理需求满足的矛盾：对各种工作所能给予的满足产生矛盾。

（4）企图改变的倾向：个体不满意自己，企图以选择职业的方法来改变自己。

（5）明显的精神疾病（使个体无法抉择）。

（6）有动机上的冲突，但又不属于前五项者。

（7）既不属于前五项原因，也没有动机冲突。

问题的诊断是辅导措施的前奏，辅导人员只有在仔细观察及诊断的基础上，才能制订出完善的辅导措施。

2. 辅导过程

心理动力论特别重视发展的过程，所以职业辅导的过程类似个人职业发展历程的缩影，辅导过程分为三个阶段，即探索、人格与职业的整合、改变。

3. 辅导方法

心理动力论的咨询技巧兼容精神分析学派、特质因素论及当事人中心学派的精华，辅导时主要采用澄清、比较等方法。

（1）澄清。在咨询初期，辅导人员应围绕开放式的问题，协助个体描述、思考与其困扰有关的资料，即澄清问题的真实情况。由于这种方法威胁性较小，且可加强彼此的联系，故不会因辅导人员过早的解释，引发个体的抗拒反应，而个体也会有更多的机会参与到咨询过程中，负起责任来。

（2）比较。辅导人员将个体有关的情况与职业问题并列研究，找出其相似或相异之处，并通过此种对比，使个体面对真实情况，引起对问题的进一步了解。在咨询过程中这是常用的方法。

四 人格类型论

（一）霍兰德的类型论

霍兰德的类型论源于人格心理学中的人格类型说，并将职业选择看作个人人格的延伸，试图以职业生活的范畴说明个人行为的实际表现，强调个人的行为是人格与环境交互作用的结果，职业选择也是人格的表现，人格形态与行为形态影响人的择业及其对生活的适应。

1. 基本观点

霍兰德（1973）提出了四项核心假设与三个辅助假设。

（1）核心假设。第一，在我们的文化里，大多数的人可以被归纳为六种类型：现实型（Realistic Type，R）、研究型（Investigative Type，I）、艺术型（Artistic Type，A）、社会型（Social Type，S）、企业型（Enterprising Type，E）和传统型（Conventional Type，C）。这六种类型按照一个固定的顺序可排成一个六角形（RIASEC）（如图 3-2 所示）。

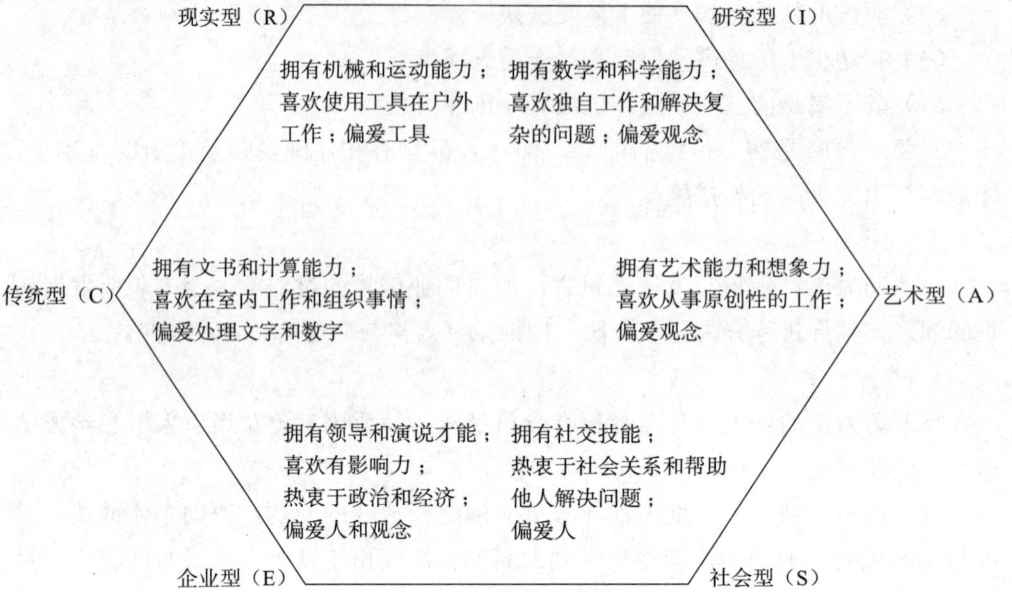

图3-2　人格类型的六角模型

第二，在我们的社会环境中，有六类职业：现实型、研究型、艺术型、社会型、企业型和传统型。同样，这六大职业类型按照一个固定的顺序可排成一个六角形（RIASEC）（如图 3-3 所示）。

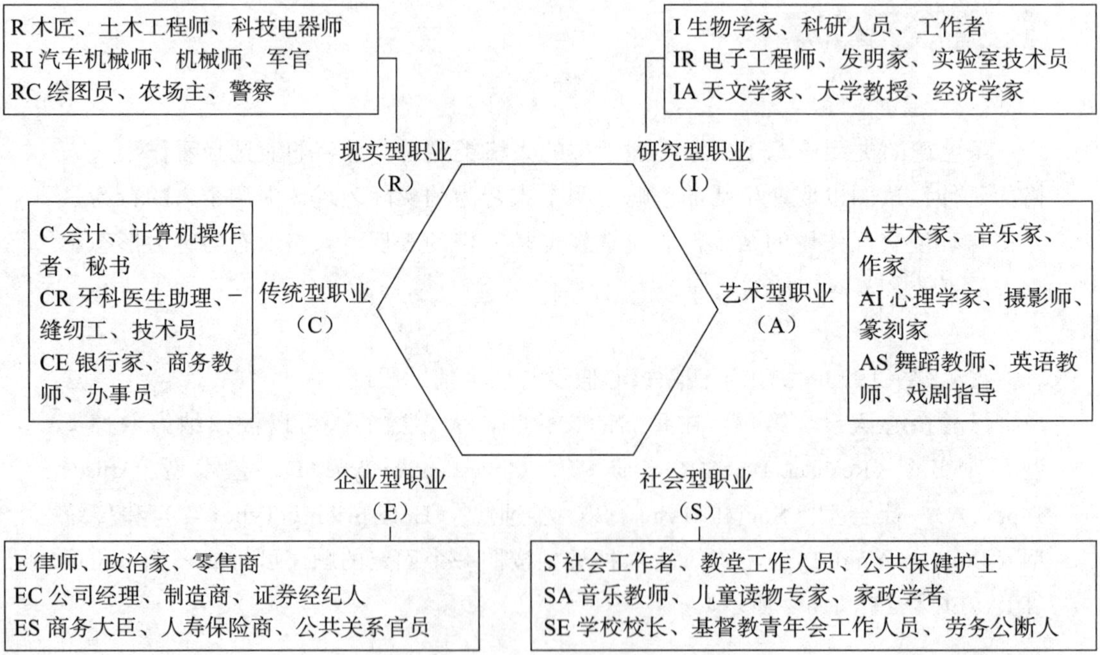

图3-3　职业的六角模型

第三，人总是寻找适合个人人格类型的环境，锻炼相应的技巧与能力，从而表现出各自的态度及价值观，面对相似的问题，扮演相应的角色。

第四，一个人的行为表现是由他的人格和他所处的环境交互作用决定的。

（2）辅助假设。下述假设不仅可用来解释人，也可用于解释职业。

第一，一致性。一致性指的是类型之间在心理上一致的程度。譬如，现实型和研究型在某些性质上有共通的地方，表现为不善交际、喜欢做事而不善于与人接触，较男性化等，我们称这两种类型的一致性高。反之，传统型和艺术型的一致性偏低，因为两者所具有的特点是完全不同的，如前者顺从性大，后者独创性强。各类型的一致性程度可以用它们在六角模型上的距离表示。一致性高的，它们在六角模型上的位置是临近的。如 RI、RC、IR、IA、AI、AS、SA、SE、ES、EC、CE 和 CR。一致性中等的，它们在六角模型上的位置是相隔的，如 RA、RE、IS、IC、AR、AE、SC、SI、EA、ER、CS 和 CI。一致性低的，它们在六角模型上的位置是相对的，如 RS、IE、AC、SR、EI 和 CA。

第二，区分性。某些人或某些职业环境的界定较为清晰，较为接近某一类型，而与其他类型相似甚少，这种情况表示区分性良好；若有些人与多种类型相近，则表示他们的区分性较低。

第三，适配性。不同类型的人需要不同的生活或工作环境，例如，研究型的人需要研究型的职业环境，因为只有这种职业环境才能给予他所需要的机会与奖励，这种情况称为适配（如表 3-1 所示）。

表3-1　人格类型与职业环境的适配

类型	人格倾向	典型职业
现实型	具有顺从、坦率、谦虚、自然、坚毅、实际、有礼、害羞、稳健、节俭的特征，表现为： 1. 喜爱实用性的职业或情境，愿意从事所喜好的活动，避免社会性的职业或情境。 2. 用实际的能力解决工作及其他方面的问题，较缺乏人际关系方面的能力。 3. 重视具体的事物，如金钱、权力、地位等。	工人、农民、土木工程师
研究型	具有分析、谨慎、批评、好奇、独立、聪明、内向、条理、谦逊、保守的特征，表现为： 1. 喜爱研究性的职业或情境，避免企业性的职业或情境。 2. 用研究的能力解决工作及其他方面的问题，即自觉、好学、自信，重视科学，但缺乏领导方面的才能。	科研人员、数学及生物方面的专家
艺术型	具有复杂、想象、冲动、独立、直觉、无秩序、情绪化、理想化、不顺从、有创意、富有表情、不重实际的特征，表现为： 1. 喜爱艺术性的职业或情境，避免传统性的职业或情境。 2. 富有表达能力和直觉、独立、具创意、不顺从（包括表演、写作、语言），并重视审美的领域。	诗人、艺术家

续表

类型	人格倾向	典型职业
社会型	具有合作、友善、慷慨、助人、仁慈、负责、圆滑、善社交、善解人意、说服他人、理想主义等特征，表现为： 1. 喜爱社会型的职业或情境，避免实用性的职业或情境，并以社交方面的能力解决工作及其他方面的问题，但缺乏机械能力与科学能力。 2. 喜欢帮助别人、了解别人，有教导别人的能力，且重视社会与伦理的活动与问题。	教师、牧师、辅导人员
企业型	具有冒险、野心、独断、冲动、乐观、自信、追求享受、精力充沛、善于社交、获取注意和知名度等特征，表现为： 1. 喜欢企业性质的职业或环境，避免研究性质的职业或情境，会以企业方面的能力解决工作或其他方面的问题。 2. 有冲动、自信、善社交、知名度高、有领导与语言能力，缺乏科学能力，但重视政治与经济上的成就。	推销员、政治家、企业家
传统型	具有顺从、谨慎、保守、自控、服从、规律、坚毅、实际稳重、有效率、缺乏想象力等特征，表现为： 1. 喜欢传统性质的职业或环境，避免艺术性质的职业或情境，会以传统的能力解决工作或其他方面的问题。 2. 喜欢顺从、规律，有文书与数字能力，并重视商业与经济上的成就。	出纳、会计、秘书

适配性是霍兰德三个辅助假设理论中最为重要的一个假设，不同的人需要不同的工作环境。人与职业配合得当，如 R 型的人在 R 型的职业环境中，其适配性就高；如果 R 型的人选择了 I 型、C 型的职业环境，则适配的程度次高；如果 R 型的人选择了 A 型、E 型的职业环境，则适配的程度适中；反之，如果 R 型的人选择了 S 型的职业环境，则适配的程度最低。根据霍兰德的假设，适配性的高低可以预测个人的职业满意程度、职业稳定性以及职业成就。

2. 辅导策略

（1）自我探索。霍兰德等认为，如果没有严重的心理困扰或精神异常，只要有丰富的资料和探索的机会，大部分人都可以自行解决职业上的问题，所以辅导人员主要的角色应充当一个咨询者，鼓励个体自我探索并寻求解答，只有在个体做过各种尝试后，辅导人员介入才较妥。

（2）诊断与评定。霍兰德（1973，1979）编有“职业偏好问卷”及“职业自我探索量表”，可用来评定个人所属人格类型，分析其一致性、区分性及适配性。其中“自我探索量表”更可作为自我辅导的有用工具。

在实际应用上，辅导人员不应过于强调人格（兴趣）测评所得出的评量结果，而应将注意力放在测评过程中所引发的对个体的刺激作用上，引导个体深入探究其生涯发展的情况，并为未来发展做出审慎的规划。

（3）问题与解决措施。由于个人人格发展的方向受遗传与环境的影响，其发展层次又与智力、成就及自我评量有关，因此若不了解职业环境状况，则可能遭遇选择上的困难。若自我评价出现矛盾现象，也会导致选择摇摆不定，因而均需要加以诊断和处理。

在职业选择及生涯发展上，最可能产生的问题有以下三点。

①对自己的兴趣、能力或自我意识的了解不足或相互矛盾。

②对职业环境资料的学习不足或相互矛盾。

③缺乏自我了解或自信，发展较迟缓，各项特质不十分明确，可发展路径复杂，决策较迟缓。

辅导人员可针对上述问题分别给予适当的辅导。具体措施包括以下三方面。

①提供模拟的工作经验，让个体试探六种不同类型的模拟活动，据试探的情况，确定偏好哪种类型，再进一步就各类型做深入的探索。

②利用“职业自我探索量表”等工具，刺激个体对自己及工作做深入的试探与评估。

③根据个体在“职业自我探索量表”上所提供的资料，辅导人员可与个体共同探讨其整个生涯发展的背景、家长对他（她）的态度，进一步协助个体梳理其奋斗目标、价值观、社会关系和动机等。

（二）施恩的职业锚理论

所谓职业锚，又称职业系留点。锚，是使船只停泊定位用的铁制器具。职业锚，实际就是人们选择和发展自己的职业时所围绕的中心，是指当一个人不得不做出选择的时候，他无论如何都不会放弃的职业中的那种至关重要的东西或价值观。

职业锚以员工习得的工作经验为基础，产生于早期职业生涯。员工的工作经验进一步丰富发展了职业锚。1978 年，美国施恩教授提出的职业锚理论包括五种类型：技术型职业锚、管理型职业锚、自主型职业锚、安全型职业锚、创业型职业锚。后来由于逐渐发现职业锚的研究价值，越来越多的人加入了研究的行列。在 20 世纪 90 年代，又发现了三种类型的职业锚：服务型、挑战型、生活型职业锚。

1. 技术型

技术型的人追求在技术领域的成长和技能的不断提高，以及应用这种技术的机会。他们对自己的认可来自他们的专业水平，他们喜欢面对来自专业领域的挑战。他们不喜欢从事一般的管理工作，因为这将意味着他们放弃在技术领域的成就。

2. 管理型

管理型的人追求并致力于工作晋升，倾心于全面管理、独自负责一个部分，可以跨部门整合其他人的努力成果。他们想去承担整个部分的责任，并将公司的成功与否看成自己的工作。具体的技术或功能工作仅仅被看作通向更高、更全面管理层的必经之路。

3. 自主型

自主型的人希望随心所欲地安排自己的工作方式和生活方式。追求能施展个人能力的工作环境，最大限度地摆脱组织的限制。他们宁愿放弃提升或工作扩展机会，也不愿意放弃自由与独立。

4. 安全型

安全型的人追求工作中的安全与稳定感。他们可以预测将来的成功，从而感到放松。他们关心财务安全，例如，退休金和退休计划。稳定感包括诚信、忠诚以及完成老板交代的工作。尽管有时他们可以达到一个高的职位，但他们并不关心具体的职位和具体的工作内容。

5. 创业型

创业型的人希望通过自己的能力创建属于自己的公司或创造完全属于自己的产品（或服务），而且愿意去冒风险，并克服面临的障碍。他们想向世界证明公司是他们靠自己的努力创建的。他们可能正在别人的公司工作，但同时他们在学习并评估将来的机会。一旦他们感觉时机到了，他们便会自己走出去，创建自己的事业。

6. 服务型

服务型的人一直追求他们认可的核心价值，例如帮助他人，改善人们的安全，通过新的产品消除疾病。他们一直追寻这种机会，即使变换公司也要实现这种价值。

7. 挑战型

挑战型的人喜欢解决看上去无法解决的问题，战胜强硬的对手，克服无法克服的困难障碍等。对他们而言，参加工作的原因是工作允许他们去战胜各种不可能。新奇、变化和困难是他们的终极目标。如果事情非常容易，他们马上变得非常厌烦。

8. 生活型

生活型的人喜欢允许他们平衡个人、家庭和职业需要的工作环境。他们希望将生活的各个主要方面整合为一个整体。正因为如此，他们需要一个能够提供足够的弹性让他们实现这一目标的职业环境，甚至可以牺牲他们职业的一些方面，如提升带来的职业转换，他们将成功定义得比职业成功更广泛。

第二节 职业决策理论

一 经济学取向的决策模式

决策理论源于经济学。经济学对于人类做职业决定早有论述，如凯恩斯的经济理论认为，人的生涯目标或职业的选择在于求得最大的收获和最小的损失。这种观点的意义是，必须预测每一个选择方案的结果及这些结果出现的概率，然后选择一个得到最大奖赏和最小失败概率的方案。

在经济学决策理论中，价值与概率（或可能性）二者为主要内涵，个人的决策取决于效用价值。决策时对每一种可能的选择方案要搜集各种资料，分析出每一个方案的预期效用。弗鲁姆曾指出职业决定是个人效用价值、期待、力量交互作用的结果，其中效用价值指个人对不同的可能结果的偏好程度，期待指估算行动实现结果的可能性，力量为认知因素。

经济决策论较注重环境的影响，他们认为，经济的因素在个人选择职业的过程中扮演主导的角色，这些因素包括社会经济地位、性别、种族、文化及教育机会等个体无法自主的变量；个体的职业决策体现的是“经济人”假设。

但是，效用价值是因人而异的，实际决策过程中，个人的年龄、经验、反应方式等因素都会对决策产生重要影响。因为个人的职业决策不等同于经济活动的决策，个人对职业的价值期望（如经济收入、兴趣爱好、自我发展、社会地位等）与经济决策的效用是不同的；另外，决策者个人的价值、态度、经验、认知方式等都是影响决策行为的重要因素。

因此，职业决策论者不断吸收认知科学、行为科学的思想，在个人与环境的交互作用中分析人的职业决策行为，产生了职业决策模式理论。

对点案例

毕业生小张因为不知道选择哪条路，于是到职业咨询室做咨询。小张是某知名高校会计专业的学生，最近同时接到两个单位的录取通知，一个是毕马威审计师职位，一个是美国 US News 会计专业排名第一的德州奥斯汀分校的录取通知。小张跟同学讨论，大家七嘴八舌，结论自然是五花八门。一时间小张头脑发胀，无法决策。

咨询师引导小张说：“先出去留学，或先去毕马威上班，都是为了实现同一个理想，要实现这个理想，需要哪些台阶？你自己有没有系统想过？”小张说他的职业目标是成为 CFO。CFO 要具备市场、财务、保险、税法等专业知识，具备管理知识和实践，尤其是风险管理，还有在长期工作中形成的市场预测、商机捕捉、沟通组织等能力。

咨询师进一步提示："在职业目标的指导下做决策是个关键点。但无论你做出何种选择都会有优劣得失。我们可以把两种选择的优劣两面都列举出来，根据下一阶段职业发展的侧重点，给不同项目以权重，加权起来一比较，就明白接下来的选择孰重孰轻了。"小张开展进一步的自我分析。毕马威有良好的工作氛围、规范的工作机制、完善的培训计划，可以锻炼工作技能。在那里工作的有些人工作一段时间后成为猎头公司争夺的对象。奥斯汀分校的会计专业在美国排名很高，深造后就业前景也很好，这样看两者差不多。但从知识和能力的锻炼看，在毕马威工作可以在实际工作中巩固会计学、金融学等专业知识，可以接触到不同企业的先进管理理念，锻炼协调沟通能力。出国留学提高了学历含金量，但会计学专业知识仍然是纸上谈兵，而 CFO 所需要的金融、管理等方面的知识无法得到有益补充。

小张的分析很全面，也似乎有了选择倾向，但咨询师还是协助小张运用平衡单进一步明确这次选择。最后小张选择在毕马威工作。

点评：小张同学很优秀，有明确的职业发展目标，对职业选择也进行过深入细致的了解，但是缺乏职业决策能力，在两个选择之间摇摆不定、焦虑不堪。咨询师引导小张以职业目标为圆心，分析两种方案对达成目标所存在的促进或阻碍作用，运用一些技术和方法综合评估比较两个选择的优劣，最终得出最优选择项。

任何人都会面临许多生涯抉择的情境，所以求学的时候，也需要学习做决定的技巧。职业决策理论认为，职业生涯发展是一连串的决策过程，适当的抉择有助于个人的生涯发展，因此职业指导应该注重决策能力的训练。

二 信息处理取向的决策模式

（一）描述型模式

描述型模式由台德曼和奥哈拉分别提出。基本内容是，职业生涯决策是一个完整的过程，由一系列不断递进的阶段组成。第一阶段是参与阶段，完成探索—定型—抉择—就业等工作，即了解和收集信息，确定几种可选择方案，并选择其中一种，再进一步给予检验；第二阶段是履行所做的选择，努力完成工作任务并希望得到发展，然后在这一过程中取得个人选择和职业环境要求之间的平衡。

台德曼和奥哈拉认为，生涯发展的历程事实上就是个人所做的一连串抉择的综合。他们认为，职业选择过程有预期与实践两大时期，其中预期时期需借助丰富多样的探索活动来了解自己的兴趣、能力及职业世界，并逐步建立一种个人与工作平衡统整的状态。就大学生而言，其择业也应经历这两个时期，先做一番探索，再进入实践阶段。

（二）希尔顿的职业决策过程模式

希尔顿对职业选择中个人决策的研究，参照了认知不协调论（个人的思想、态度、行为等认知因素之间出现不一致而产生心理上的紧张，会导致对行为的压力）的职业决策过程模式。

决策的过程，首先是从“前提”（即自己以及自己对职业的信念和期待等）和“环境”（即工资待遇、工作内容、劳动条件等）开始，但一开始两者之间就可能发生不协调。希尔顿的个人意志决策过程是朝着减少不协调的方向设计的。例如，一开始根据两者不协调的强弱程度可分两种流向：在强度高的情况下立即回避前进，退至原来的“前提”，重新调整自己；在强度不太高的情况下，重新推敲“前提”或制造新的“前提”，然后依次继续决策。

但是，希尔顿的职业决策过程模式必须在条件和选择对象充足的场合才有可能实现。

（三）伽列特的连续决策过程模式

此理论强调，决策是一连串的决定，任何一个决定都会影响其后的决定，亦会受先前决定的影响。因此，决策是一个发展的过程而非单一的事件。伽列特提出一个诊断模型，运用科学方法进行职业生涯决策。在强调主体价值观、期望值和客观可能的重要性的同时，以理性的方式进行决策，经过循环往复，以一定的标准计算出各方案的收益和投入成本之比，值最大即最优方案。

伽列特的决策模式特别强调资料的重要性，他将资料组成三个系统。

1. 预测系统

预测不同选择的行动可能会有的结果，以及由行动到结果的概率。例如，根据职业世界与心理测验等方面的客观事实资料，对未来工作（或升学）的成功概率做预测。

2. 价值系统

依据内在价值体系、态度等，判断不同结果之间的相对偏好。

3. 决策系统

评量判断的法则通常包括：职业策略——选择最需要、最希望得到的结果；安全策略——选择最可能成功、最保险、最安全的途径；逃避策略——避免选择最差的、有坏结果的方法；综合策略——选择最需要而又最可能成功、不会产生坏结果的方案。

（四）描述诊断混合模型

综合以上模型的特征，该模型指出谨慎的决策者具有七方面的特征：对各种选择方案进行广泛而全面的考虑；审查各种方案的价值和目标；认真权衡各种选择方案的正反两方面结果；获得相关信息；吸收所有得到的新信息；决策之前对选择方案进行反复审视；为实施方案准备条件。该理论运用了经济决策原理来分析和研究职业行为，为编制职业决策能力量表和计算机辅助指导提供了理论的基础。其中，理性地诊断职业选择和职业发展障碍的思维方法，成为职业设计和职业管理良好的工作思维方式。

相关链接

在《职业发展和服务：认知方法》一书中，美国心理学家彼得森（Peterson，1991）及其同事将来自于认知的信息加工研究用于职业发展理论。在决策技巧领域，彼得森等（1996）将个体加工自我和职业信息的能力看作一般信息加工技巧，包括沟通（communication）—分析（analysis）—综合（synthesis）—评估（valuing）—执行（execution）五个步骤，即CASVE循环（如图3-4所示）。

沟通（确认需求）：个人开始意识到问题的存在，开始通过交流接触各种内部和外部信息。

分析（将问题的各组成部分相互联系起来）：首先，检查自我知识和职业知识领域，这时个体注意到问题产生的原因并对问题做出反省；其次，检查价值观、兴趣、技巧和家庭状况；再次，了解新的职业信息，重新检查旧信息。

综合（形成选项）：个体接受信息并通过提炼或确认已经分析过的信息，对信息进行综合，形成选项。

评估（评估选项）：当潜在选项被确定或缩小范围时，个体评估与评价可能的行动或职业方向的过程，会按照第一选择、第二选择的先后顺序来评估职业或其他选择。

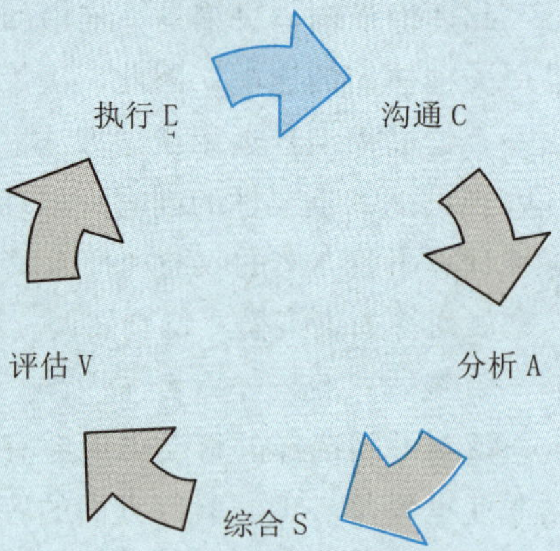

图3-4 职业生涯决策CASVE循环

执行（策略的实施）：通过采取小的或中等步骤进行，一旦选择被评估或处于评估中，个体将形成一个计划或策略来实施选择。

CASVE过程到此并没有结束，个体可能采取行动或执行某个特定选择。在按照计划执行的过程中，个体也可能遇到问题，产生预想不到的结果。那么，个体将重新回到循环的起始阶段——沟通，检查其探索性的经验，开始新的循环过程。

三 社会学习取向的决策模式

社会学派的研究成果丰富和完善了职业指导理论，指出个人如何在个性因素和社会因素之间取得平衡，使职业设计既能符合人的个性，又具有一定的可行性。此外，该学派理论也对职业设计有不可低估的影响，克朗伯兹的生涯决定社会学习论就是这种看法的体现。

（一）基本观点

不同学者研究的重点因所关注焦点的不同而存在差异。一般而言，社会学家、经济学家比较注重环境的影响。他们认为，机会的因素在个人选择职业的过程中扮演着主导的角色，这些机会因素包括社会经济地位、性别、种族、文化及教育机会等个体无法自主控制的变量。相反，心理学家则相对地强调个体内在的发展是主要的影响因素，他们研究非机会的变量，重视个体的兴趣、价值、人格和能力倾向等因素对个人生涯选择的影响。克朗伯兹兼顾心理与社会的作用，认为二者对个人生涯选择均有影响。20 世纪六七十年代，克朗伯兹和同事们一起对高中学生做了一连串的研究，于 1979 年推出《社会学习理论和生涯决定》一书，书中阐述了他的主要观点。

1. 影响生涯决定的因素

克朗伯兹认为四类因素影响到个人的生涯决定，这就是遗传因素和特殊的能力、环境状况和事件、学习经验和工作取向的技能。

（1）遗传因素和特殊的能力。个人由于遗传的一些特质，在某些程度内限制了个人对职业或学校教育选择的自由。这些因素包括种族、性别、外在的仪表和特征等。某些个人的特殊能力也会影响其在环境中的学习经验，伴随这些学习经验而来的兴趣和技能与个人未来的职业选择有相当密切的关系。个人的特殊能力包括智力、音乐能力、美术能力、动作协调能力等。

（2）环境状况和事件。克朗伯兹认为，影响教育和职业选择的因素中，有许多来自外部环境，而非个人所能控制。这些环境状况和事件来源于人类活动（如社会、文化、政治或经济的活动），也可能由自然力量引起（如自然资源的分布或天然灾害）。这些因素具体包括工作机会的数量和性质；训练机会的多寡和性质；职业选择训练人员和工作人员的社会政策和过程；不同职业的投资报酬率；劳动基准法和工会的规定；物理环境的影响，如地震、洪水、干旱、台风等；自然资源的开发；科技的发展；社会组织的改变；家庭的影响；教育系统和社区的影响。

（3）学习经验。克朗伯兹认为，每个人独特的学习经验在决定其生涯路径时扮演重要的角色。日常生活中，个体受到刺激与强化的类型、性质以及两者配合出现的时机错综复杂，因而没有一个理论能够很好地解释：这些不定的变量究竟是如何影响个人生涯偏好和生涯技能发展的，又是如何影响生涯选择的。以下两种学习是克朗伯兹社会学习理论中最简约的形式，可用来说明学习经验对生涯决定的影响。

①工具式学习经验。工具式学习经验的获得，与学习心理学中工具制约学习的过程有类似之处。工具式学习经验有三部分主要内容。

前因：包括我们前面提到的各种环境状况和事件，以及个人在生活中遇到的刺激（即工作或问题）。

内隐与外显的行为：包括内在的认知和情绪反应，以及外在的行动。

后果：包括直接由行动所造成的影响，以及当个体体验到这些后果时的认知与情感反应。

克朗伯兹的社会学习理论认为，凡是成功的生涯计划、生涯发展和职业或教育的表现所需的技能，均能够通过连续的工具式学习经验而获得。

②联结式学习经验。联结式学习经验综合了班杜拉社会学习理论的观察学习和学习心理学中的古典学习理论。联结式学习经验是指某些环境的刺激会引起个人情绪上积极或消极的反应。如果原来属于中性的刺激与社会上使个体产生积极或消极情绪反应的刺激同时出现，这种伴随在一起的联结关系，会使中性的刺激也具有积极或消极的情绪作用。克朗伯兹指出，我们对于职业的刻板化印象，诸如“医生都是有钱人”“军人和教师都是清苦的”等，都是通过这种联结式学习经验而习得。联结式学习经验对个体生涯的选择有着深远的影响。

（4）工作取向的技能。前面提到的各种因素，如遗传因素、特殊能力、社会上各种影响因素，以及不同的学习经验等，会以一种交互影响的方式使个人形成特有的工作取向技能，这些工作取向的技能包括解决问题的能力、工作习惯、工作的标准与价值、情绪反应、知觉和认知的历程等。

2. 各种影响因素之间交互作用的结果

按照社会学习理论的看法，上述四类因素不断地交互作用，其结果是形成个体对自我观察的推论、世界观的推论、工作取向的技能和行动。

（1）自我观察的推论。以过去的学习经验为基准，个人会对自己的表现做出评估与推论。评估的参照对象可能是自己以往的成就，也可能依据其他人的表现。克朗伯兹等认为，一般心理学家所测量的个人兴趣、工作价值都属于他们认为的自我观察的推论。在解释生涯决定方面，自我观察的推论最重要的内容之一是爱好。比如，喜欢教书而不喜欢做生意，或喜欢走入人群而不喜欢坐办公室等。这些爱好是学习经验的重要结果，也是生涯决定的衡量标准。

（2）世界观的推论。同样，基于自己的学习经验，个人也会对环境及未来的事物做出评估与推论，特别是在职业的前途与展望方面。世界观的推论和自我观察的推论一样，不一定完全正确，要视个人的学习经验是否丰富而定。

（3）工作取向的技能。前面在影响生涯决定的四类因素中已经提到工作取向的技能，所以，它既是因，又是果。在这里，工作取向的技能是个人所习得的各种认知与表现的能力，可应用在生涯决策的过程中。工作取向的技能对个人来说，随着环境变化，能用来解释这种变化与自我观察和世界观推论之间的关系，以及预测未来变化的方向。

（4）行动。个人的实际行动是综合以前所有的学习经验，自我与环境的推论以及具备的各种能力，并将这些引入未来事业发展的途径。生涯决定的社会学习理论所重视与关心的正是行为，它包括初步选定一种工作，选择一个特定的专业，接受一次职业训练的机会，接受升迁的职位，或是改变主修科目等。

（二）辅导策略

1. 对生涯选择的基本看法

个体如何选择一个生涯方向，是由一组复杂的因素交织互动而决定的。这些因素包括个人的遗传素质、环境状况和事件，以及各种学习经验。

生涯的选择是一种相互的历程。这种选择不仅反映个人自主的选择结果，也反映社会所提供的就业机会与要求。总之，人选择职业，职业也选择人。

生涯的选择是终生的历程。它不只是发生在一生中的某一时刻，而是由从出生到退休连续不断的各种事件与决定所决定的。

生涯的选择不是偶发事件，是由许多前因所造成的结果。鉴于前因事件的复杂性，前因对于预测任何人的职业选择往往不太可靠。

“生涯犹豫”现象主要是由于个人缺乏有关的学习经验，或者是由于个体尚未学到系统而有步骤的生涯决策方法所致。因此，对生涯方向的把握不定是缺乏某种学习经验的结果，个体没有必要为此愧疚或抑郁。

2. 辅导要点

基于对生涯选择的基本看法，克朗伯兹强调，个人在面对抉择时可能无法做出妥善的决策或决策方式不正确。产生这些困扰是由于世界观或工作取向技能的不足，所以生涯辅导不仅仅是个人特质与工作相匹配的过程，还应该扩展辅导对象新的学习经验，鼓励其多参加各种和生涯有关的探索活动。辅导人员应该做好以下几方面工作。

（1）帮助个体学习合理有序的生涯决策的技能。

（2）帮助个体按照适当的顺序，提供各种学习与经验探索，包括试探、角色扮演、模拟活动，如电脑化模拟活动以及提供书面或视听教材等，使个体能顺利进行各种和生涯有关的探索活动。

（3）指导个体评估这些学习经验对个人的影响。

3. 辅导模式

克朗伯兹等（1977）基于生涯决定的社会学习理论在中学和大学的实践，提出了生涯决策咨询的七个步骤。

（1）界定问题：描述必须完成的决策，以及估计完成该决策所需的时间。

（2）拟订行动计划：描述将采取哪些行动或步骤来做决策，如何实施这些步骤，并估计每一步骤所需的时间或完成的日期。

（3）澄清价值：描述个人将采取哪些标准来作为评价每一可能选择的依据。

（4）找出可能的选择：描述已找出的可能选择。

（5）发现（评价）可能选择的结果：依据所定的选择标准、评分标准，评价每一可能的选择。

（6）系统地删除不符合价值标准的可能选择：对每一个可能选择符合价值标准的情形做比较，从中选取最符合决策者的理想选择。

（7）开始行动：描述将采取何种行动以达到所选的目标。

四 社会认知取向的决策模式

社会认知职业理论（Social Cognitive Career Theory，SCCT）概念首见于 1981 年（Hackett & Betz，1981）。直到 1994 年，该理论才被完整阐述并发行出刊（Lent，Brown & Hackett，1994）。SCCT 首先吸收已有职业理论的成功之处，尽可能地结合已有理论中相似性较高的成分，主要以班杜拉（Bandura，1986）的一般社会认知理论（Social Cognitive Theory）作为其整合其他相关研究成果的主体思想，力图解释兴趣的形成、职业选择活动及表现的全过程（如图 3-5 所示）。

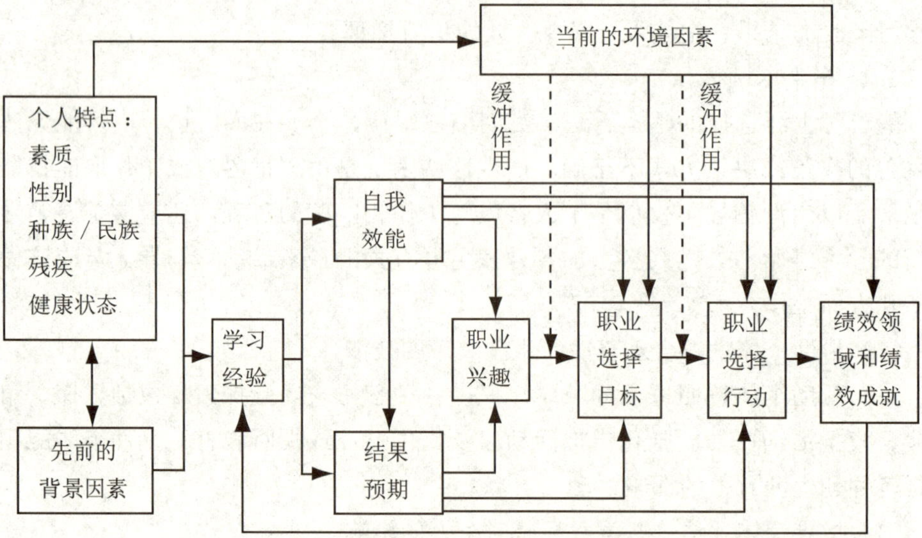

图3-5　社会认知职业理论模型

（一）主要观点

该理论强调个人—行为—环境交互作用，将心理、社会、经济等影响因素加以整合，动态地揭示人们是如何形成职业兴趣，做出职业选择，取得不同的绩效并保持职业的稳定性的。自我效能、结果预期及个人目标是它的三个核心变量。

该理论同时提出三个相互关联模型。

（1）职业兴趣模型：认为个人的职业兴趣由对特定职业的自我效能与结果预期共同决定。具体来说，如果人们认为自己擅长从事某种职业，并预期从事该职业将带来满意的回报，将会形成对职业的兴趣，进而形成个人目标、达成工作行动、取得一定的工作绩效，最后绩效又会反作用于自我效能和结果预期，形成一个动态的反馈环路。

（2）职业选择模型：认为职业兴趣形成后，与环境因素共同作用决定职业选择，通过职业行动实现个人目标后，形成反馈环路，影响个人未来的职业选择。

（3）工作绩效模型：认为人们的能力、自我效能、结果预期及绩效目标之间的交互作用共同决定工作绩效。工作绩效也会提供一个反馈环路，反作用于自我效能和结果预期。借助三个子模型，社会认知职业理论将个人职业心理特点、社会背景和学习经验联结起来，共同阐述职业选择 、适应和发展过程。

（二）辅导策略

1. 三个原则

（1）SCCT 建议，职业兴趣主要来源于从自我效能的信念及结果预期——可能符合或不符合客观的能力发展或强化因素指标，有些学生接受辅导时，已经因为错误的自我效能信念或结果预期而排除了一些职业可能性。

（2）由于 SCCT 理论假设障碍会减弱兴趣与职业选择之间的关系，所以当事人不可能知道实行这些选择会有无法克服的障碍，从而难以将兴趣转换为职业选择。

（3）由于自我效能及结果预期是来自表现的成就，检视先前的表现成就，经由这些经验有助于认知上的修正。所以，错误的自我效能概念及结果预期可协助当事人获得新的成功经验。

2. 具体策略

（1）找出先前排除的职业选项。可以与当事者共同探讨不感兴趣的职业，更完整地分析依据哪些经验和观念形成了当前兴趣，而非只是从已经表明或经由测量的兴趣中找出职业的可能性。

（2）分析差异。如果一个人的能力测试与兴趣测试所指向的职业类型之间存在差异，显示个人可能存在不正确的自我效能信念。分析这种差异，找出那些因为错误的自我效能信念或结果预期而被删除的职业选择。

（3）自我效能信念的修正。可以协助当事人在能力倾向高但自我效能感低的领域建构新的表现经验，以提高自我效能感，从而将当事人想要的生涯选项的成功机会发挥到最大。

第三节 职业发展理论

一 职业发展阶段理论

金斯伯格认为，职业在个人生活中是一个连续的、长期的发展过程。个体在童年时期就开始孕育职业选择的萌芽，随着年龄、教育等因素的变化，个体的职业选择也会表现不同的特征。

职业的发展如同人的身心发展一样，可以分为若干阶段，每个阶段都有不同的特点和任务。如果每一个阶段的任务能够完成，就能达到该阶段相应的目标；如果前一阶段的任务不能很好完成，就会影响下一阶段的成熟，最终导致在职业选择时产生障碍。

金斯伯格认为，职业选择经历是从模糊的空想走向现实。他将这一逐渐成熟的心理过程分为三个阶段。

1. 第一阶段：空想期（11 岁以前）

在这个阶段，个体希望快点长大，对职业选择的愿望既不考虑现实又受环境制约，他们憧憬引人注目、令人激动的理想化职业。此时，职业选择感情色彩很浓，带有很大的冲动性和盲目性，十分不稳定。

2. 第二阶段：探索期（11 ～ 17 岁）

这个阶段，个体开始考虑今后的职业和所面临的任务，并把这个任务作为奋斗的目标。这个阶段又包括分别由兴趣、能力、价值观起主导作用的三个时期。

十一二岁是兴趣期，在考虑未来职业时，个人的兴趣占优势，由于体格和精神处在成长发育不稳定时期，所以对职业的选择是模糊的。十三四岁为能力期，随着身心发展，个体逐渐认识到自己独立完成工作的能力和职业的关系。其后是价值期，个体开始认识到职业的社会价值，并试图把兴趣与能力统一到开始形成的价值体系中去，这是职业形成的最重要的阶段。

3. 第三阶段：现实期（17 岁至成人）

如果说上一阶段还是主观因素占主导地位，那么这一阶段则更注重现实，力求主观因素与客观因素协调统一。这个阶段可以分为三个时期：首先是试行期，个体尝试把自己的选择和社会的需求联系起来。其次是具体化时期，这时职业目标已基本确定，个体开始为之努力。最后是特定化期，为实现特定的职业选择，个体准备考入高一级学校，或接受专业训练，准备就业。就发展历程来看，大学生正处于职业发展的关键阶段。

1972年，金斯伯格对其理论进行了修正：职业的决策不限于青年期，而是伴随人的整个生涯；对职业选择来说，可能有反复，但那样将损失时间、精力、金钱；职业发展过程也是自我需求与现实相互适合的过程。

对点案例

孔子的人生阶段划分

《论语·为政篇》中论述了中国古代大思想家和教育家孔子的观点："吾十有五而志于学，三十而立，四十而不惑，五十而知天命，六十而耳顺，七十从心所欲不逾矩。"辛立洲认为，孔子的这一思想是将人生分为七个阶段。在此我们同意此观点，并补充解释如下。

第一阶段：学前期，即从出生到15岁。这段时期人的心智开始形成，已开始学习生活中的基本知识。这一时期的学习主要是靠家长的安排或受外界环境的影响，通常并非主动学习。

第二阶段：立志学习时期，并开始社会实践，即从15岁到30岁。与学前期相比，这一阶段的学习更为主动、积极，并与个人志向相结合，是有目的的学习和实践阶段。

第三阶段：自立时期，即从30岁到40岁。这一时期人的心智已完全成熟，懂得许多道理，并且在经济上和人格上独立。

第四阶段：不惑时期，即从40岁到50岁。经过多年的学习与实践已形成完整的个人见解，不被外界事物所迷惑，办事不再犹豫，行为果断。

第五阶段：知天命时期，即从50岁到60岁。丰富的人生经验可以让人认识自然规律，懂得自己的人生使命。

第六阶段：耳顺时期，即从60岁到70岁。总结经验，能够冷静地倾听别人的意见，分真伪，辨是非。

第七阶段：从心所欲、不逾矩时期，即70岁以上。从心所欲并非为所欲为，更不是为非作歹。处于这个阶段，能够做到言行自由，同时并不违背客观规律和道德规范。

可见，并不像以特质因素论为代表的职业选择理论认为的那样，职业选择是人在选择时刻的单一行为。一些职业指导专家认为，人们的职业意识和要求并不是在面临就业时才具有，而是在童年时就孕育了职业选择萌芽，随着年龄、资历和教育等因素的变化，人们选择的心理发生变化。这个过程变化有不同的层次阶段。职业倾向形成的各个不同发展阶段既与身心成熟程度密切相关，也是个人社会化的重要内容，这是职业发展理论的主要观点。

二 生涯发展理论

萨帕参照布尔赫勒的生命周期和哈维斯特的发展阶段论，发展出一个诠释职业发展的生涯发展概念模式。

（一）基本观点

（1）个人在能力、兴趣、人格特质上具有差异。

（2）职业形态或职业模式的性质由父母社会经济地位、个人心理能力、个人特质与机遇所决定。

（3）个人在生涯的某一阶段的成功基于前一阶段对此阶段的准备程度。

（4）个人生活阶段的发展可凭借个人能力、兴趣的发展及实际试探与发展自我概念而形成。

（5）职业发展的过程基本上是自我观念的发展和实现，是一种调和的过程。

（6）职业发展的过程是个人与社会环境之间、自我概念与现实之间的一种协调过程。

（7）工作满意与生活满意基于个人工作与其能力、兴趣、人格特质及价值观等适合的程度而定。

（二）生涯发展阶段

萨帕认为，可依据年龄将每个人的人生阶段与职业发展配合，将生涯发展阶段划分为成长、探索、建立、维持与衰退五个阶段。其中有三个阶段与金斯伯格的分类相似，只是年龄与内容稍有不同，萨帕增加了就业以及退休阶段的生涯发展。

在萨帕的生涯发展阶段中，每个阶段都有一些特定的发展任务需要完成，而且前一阶段发展任务的完成与否关系到后一阶段的发展。

在以后的研究中，萨帕对发展任务的看法又向前跨了一步。他认为，在人的生涯发展中，每一个阶段都要面对成长、探索、建立、维持和衰退的问题，因而形成了“成长—探索—建立—维持—衰退”的职业发展理论。例如，一个大学一年级的新生，必须适应新的角色与学习环境，经过“成长”和“探索”，一旦“建立”了较固定的适应模式，同时“维持”了大学学习生活之后，又要开始面对另一个阶段——准备求职。原有的已经适应的习惯会逐渐衰退，继而对新阶段的任务又要进行“成长”“探索”“建立”“维持”与“衰退”，如此周而复始（如表 3-2 所示）。

表3-2　生涯发展阶段及发展任务

	成长期	探索期	建立期	维持期	衰退期
描述	经过家庭、学校中重要人物的认同，开始发展自我概念，需要与幻想为此时期最主要的特质，随着年龄增长，社会参与及现实考验逐渐增加，兴趣与能力逐渐重要	在学校、休闲活动及各种工作经验中进行自我检讨、角色探索及职业探索	寻求适当的职业领域，逐渐建立稳固的地位；职位、工作可能变迁，但职业不会改变	逐渐取得相当地位，重点在于如何维持地位，很少有新意；面对新进人员的挑战	身心状况衰退，原工作停止，发展新角色，寻求不同方式以满足需要

续表

	成长期	探索期	建立期	维持期	衰退期
阶段	1. 幻想期（4 ～ 10 岁）：需要为主；幻想中的角色扮演甚为重要 2. 兴趣期（11 ～ 12 岁）：喜好是个体抱负与活动的主要决定因素 3. 能力期（13 ～ 14 岁）：能力逐渐具有重要性，并能考虑工作条件	1. 探索期（15 ～ 17 岁）：考虑需要、兴趣、能力及机会，做暂时的决定，并在幻想、讨论、课程中加以尝试 2. 过渡期（18 ～ 21 岁）：进入就业市场或进行专业训练，更重视现实的考虑，并企图实现自我概念；一般性的选择转为特定的选择 3. 尝试期（22 ～ 24 岁）：生涯初定并试验其成长为长期职业生活的可能性，若不适应则可能重新确定方向	1. 试验—承诺稳定期（25 ～ 30 岁）：寻求安定，可能因生活或工作上多次变动而尚未满意 2. 建立期（31 ～ 44 岁）：致力于工作上的稳固；大部分人处于最具创意时期，资深、表现优良	45 ～ 64 岁	65 岁以上
任务	发展自我形象，发展对工作世界的正确态度，并了解工作的意义	职业偏好逐渐具体化，职业偏好特殊化，实现职业偏好	调整、稳定并求上进	维持既有成就与地位	减速、解脱、退休

（三）生涯彩虹图

1976—1979 年，萨帕在英国进行了为期四年的跨文化研究，之后他提出了一个更为广阔的新观念——生活广度、生活空间的生涯发展观。这个生涯发展观，除了原有的发展阶段理论之外，萨帕加入了角色理论，将生涯发展阶段与角色间的交互影响描绘成一个多重角色生涯发展，为传统的职业指导注入新的概念，甚至使得“生涯辅导”一词取代“职业指导”（如图 3-6 所示）。

在生涯彩虹图中，横向层代表的是横贯一生的生活广度。彩虹的外层显示人生主要的发展阶段和大致估算的年龄。萨帕特别强调各个时期年龄划分有相当大的弹性，依据个体不同的情况而定。

在生涯彩虹图中，纵向层面代表的是纵观上下的生活空间，由一组职位和角色所组成。萨帕认为，人在一生中必须扮演六种主要角色，依次是子女、学生、休闲者、公民、工作者、持家者。不同角色的交互影响交织出个人独特的生涯类型。

每个人自上学之后，必然多数时候同时扮演不同的角色。从结婚、谋得第一个职业开始，不同角色先后或同时在人生舞台上出现，直至退休。之后，仍有几种角色延续至终老。

角色之间是交互作用的，某一个角色上的成功会带动其他角色的成功，反之，一个角色的失败也可能导致另一角色的失败。萨帕进一步指出，为了某一角色的成功付出太大的代价，也有可能导致其他角色的失败。

人的社会任务或职业生活不断变化，角色也随之变化，从一个角色进入另一个角色，这个过程称为角色转换。角色转换从根本上说是社会权利和义务的变化。大学生就业后的社会角色转换不是瞬间发生和完成的，而是有一个过程。

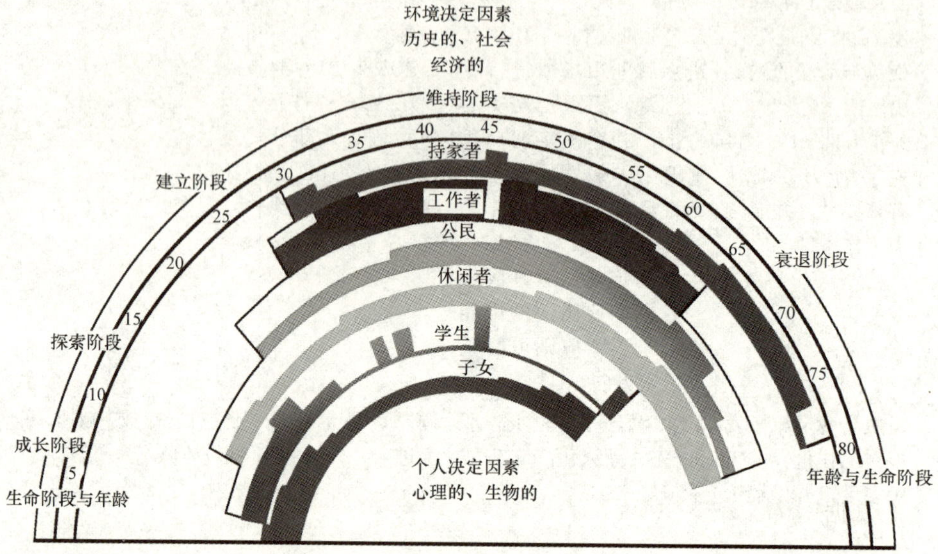

图3-6　生涯彩虹图

（四）辅导策略

1. 生涯评估

（1）前期的了解：包括收集资料、初步接触及初步评估。

（2）深度的探究：探究工作的重要性、各种角色的分量及对各种角色的价值观，并对生涯成熟（诸如计划、试探的态度、决策技巧、职业资料、适切性）、自我观念（诸如自尊、明确性、和谐性、认知复杂度、切实性）、能力与潜能的发展水准、兴趣范围与活动等进行深入评估。

（3）全部资料的整体评估：检验核实全部资料，并做评估与预测。

（4）咨询：共同讨论、修正评估结果，包括了解个体目前与下一阶段的自我观念，职业的重组，了解生涯角色的意义，为成熟而再探索，探索具体的范围、深入探索以求专精化、职业准备、训练或工作、寻求自我实现的途径等一系列过程与途径。

（5）讨论行动计划：将计划、执行、追踪评价结合起来，深入讨论如何具体实施。

由以上模式可以看出，生涯发展论特别强调必须深入地了解每个人的发展状况，特别是对工作观念、生涯成熟程度以及自我观念等方面的内容，包括有关能力倾向与兴趣的资料，必须经过辅导人员与个体共同讨论后，才能作为辅导与咨询措施的依据。

2. 辅导措施

通过以上的评估，咨询员可针对性地采取下列辅导措施。

（1）对于选择不确定的人，应特别注意其情绪反应，了解难以确定的各种文化、社会、生理因素，协助个体统整自我的各个方面，并做出适当的抉择。

（2）对于生涯成熟度不够者，应从协助个体了解个人、社会及其他与教育及职业选择有关的因素做起，使他认识这些因素与个人生涯发展的关系，并且参照生涯发展任务，逐步地发展对职业与生涯的自我观念。

（3）对于生涯成熟的人，要协助个体汇集、评估有关自己及环境的资料，做出一些初步的结论，以便为未来发展或决策做参考。

3. 指导性与非指导性方式

舒伯认为，生涯咨询必须同时涉及个人的理性与情绪，从而进行自我探索、做决定。在谈话的过程中，辅导人员可以通过重述、反应、澄清、摘要、解释等技巧，依据个体的问题性质，给予指导性及非指导性的咨询。

指导的方式主要用于咨询过程中汇集资料和进一步探索主题，并进行现实考验。非指导的方式强调与个体共同探讨行动方向与计划，主要用于协助个体探索问题、描述自我观念、澄清个体对自我接纳的感受、突破因现实考验而引起的态度和情绪感受。

4. 辅导方法

在辅导过程中，辅导人员可利用写生涯自传、抉择日记及画生涯彩虹图等方法，使个体回顾自己发展历程中一些特殊的经验，比如生活中重要人物的影响、个人的态度与感受，以及各个阶段所扮演的角色和个人目标间的差异，并对每一次的决定加以分析，以增进个体对自身发展历程的认识，引导他积极参与到解决问题及自己设计未来发展计划的行动中。

三 生涯认知决策理论

克内菲尔坎姆和斯列皮兹是美国马里兰大学的两位教授，他们从埃里克森的人格发展阶段说、皮亚杰和科尔伯格的认知发展学出发，综合多位学者实证研究的结果，于 20 世纪 70 年代提出了认知发展的生涯发展模式。

克内菲尔坎姆和斯列皮兹认为，认知发展心理学强调的循序渐进、逐步上升的发展阶段观念是不容忽视的重要因素。学生对于生涯发展、生涯决策的看法是从最简单的层级逐步向较复杂且多元的层级推进的。学生对这些不同层级的观点会影响到他们整个生涯发展的方式。生涯发展的过程会有一连串质变现象，共有九项，形成一个系列。由此构成从简单的二分法的观点，到复杂的多元化的生涯观点这一连续的认知过程，其发展逐渐朝向于个人的认同、个人的价值观以及整体的生涯（即生涯计划过程）这三者间关系的整体了解，这样个人就能做出更令人满意的生涯抉择与承诺。

（一）九个质变项

克内菲尔坎姆和斯列皮兹根据他们对大学生的实证研究，发现生涯发展历程中共有九项，构成一个发展系列，它们对个人生涯发展有重要影响作用。

1. 语义结构

个体讲话或写作时会逐渐从绝对的语义结构转变为较有弹性及开放性的动词及修饰的语义结构。

2. 自我处理能力

检查自我并了解影响自我的因素，此能力与分析能力的发展相似。

3. 分析能力

个体从不同观点了解问题的能力。

4. 对变通观点的开放

知觉、认识不同观点与可能的解释方法，能用开放的态度去了解、接纳与本身不相符的观点。

5. 承担责任的能力

个体愿意接受自己所做决定或行为的后果，而不计较一些未知或不可抗拒的阻碍因素。

6. 扮演新角色的能力

主动寻求扮演新角色的机会，并在新角色或活动的情境中扩展个人能力与行动的基础。

7. 控制点

个体对自己及环境的解释由强调外在因素为核心转变为以内在因素为核心。

8. 综合能力

将事物中不同的成分整合在一起的能力。

9. 自我冒险的能力

类似扮演新角色的能力，当一个新的适当的要求来临时，个体会不顾自我地冒险涉入，由于充满信心，他能接受新的学习及经验，而不担心自我是否受到伤害。

（二）四个时期、九个阶段的生涯认知发展

根据上述九个质变项，其所构成的生涯认知发展模式可分为四个时期、九个阶段，通过对发展层次的分析，个体对自我的认定、价值观与整体生活计划历程间的互动关系有更趋整合的了解，因此也就能做出更满意的生涯抉择。四个时期是指二元关系期、多元关系期、相对关系期和相对关系承诺期。这四个时期还可以分成九个发展阶段。

1. 二元关系期

二元关系期为认知最简单的时期，它可分为两个阶段，其特征是对生涯的计划只有简单、二分的思考形式。处于该时期的学生思考全然由环境的外在控制信念所左右。他们相信所谓正确而唯一的生涯抉择，必须由父母、教师、咨询员、兴趣测验、就业市场、经济景气程度，以及诸如职业愿望、权力和经济报酬等因素来决定。这时学生缺乏对各类信息综合与分析的能力，也不太能够处理自己的生涯抉择。对他们来说，生涯抉择的过程就是寻求权威人士提供正确答案的过程。这些权威人士也许是父母、师长、咨询员，也可能是心理测验（如兴趣测验），或者是任何能解开学生抉择困境的外在因素。

阶段 1：学生在生涯抉择方面没有认知失调现象，主要由于绝对顺从外在权威的建议，自我处理的能力不明显。学生只有一个可能的生涯决定，辅导老师被视为权威人物。

阶段 2：到了这个阶段，学生开始领悟生涯抉择也有好坏之分。由于这种认识能力出现，学生产生焦虑，并产生认知失调的情形。这一阶段只有在辅导人员提出生涯决策的方法时，学生对决策的过程才勉强有些概念。

处于二元关系期的学生表现为依赖外在权威的指引，对前途的发展惶惑不安，因而在生涯辅导时可以引导其对生涯决策过程的了解。原则上对这类过程的介绍应该是简单、直接与明确，重点是促使其接纳辅导人员和了解一般生涯决定的过程。

2. 多元关系期

在这个时期，学生认知内容趋于复杂，对于只有一个正确选择的可能性有更清楚的认识。认知的复杂程度升高，相对的认知失调的压力也越高。为了消灭或降低错误决定的可能性，转而求助于辅导人员所提供的决定历程。制控信念仍倾向于外在控制。

这时一个重要的改变是，学生由重视前途决定的结果转变到相信一个正确的前途决定必须基于正确的决定过程。这个时期的学生不再视权威的结论式忠告为完全正确的，开始注意到权威对其决定的过程是否有帮助。

阶段 3：这个阶段的学生对于对或错的前途决定有更多的了解，这种了解增加了个体内心的冲突与焦虑，因而对做一个好的决定的复杂性也有较清楚的认知。他们渐渐把自我也纳入这个决定的过程中，把自我当作重要的元素来分析。

这时正确的决定包括教育与职业决定过程以及辅导人员的协助。权威在这个阶段代表的是过程，学生认识到辅导人员的角色是提供这个过程，而参与者是自己，因而对自我层面有关的分析愈加重视。同时，在这个过程中也领会到应纳入更多因素，逐一考虑。

阶段 4：在这个阶段，正确或错误的决定基于对各种影响因素做更复杂的加权考虑。学生仍受外在因素的影响，自我的成分在决策过程中是和其他外因一起加以考虑的。他们的认知发展在这一个阶段还无法全然地承担起决定的责任。辅导人员在这一阶段的任务是协助学生排列各种考虑因素的先后次序。

3. 相对关系期

个体的发展到了这个时期有着较大而明显的波动，外在因素对个人的影响力逐渐消退，个人内在的主宰能力逐渐增加。举例来说，个体的制控信念由外控发展到内控，认定生涯决定的成功或失败应该归因于自己。到了这一个阶段，个人决策的重心转移到自己。

由于分析能力的增强，个人已能以较客观的态度接纳及处理不同的信息。对于自己的生涯发展方向，也能够进一步分析有利与不利的因素及对未来角色的影响。在预期决定献身于某个行业的时候，能够综合各种复杂的因素，同时也能对决定的结果负起责任。

阶段 5：这是一个探索和执行的阶段。在整个生涯决定的过程中，自我成了最主要的推动者。和阶段 4 有所不同的是，他们已知道将决策的过程“剪裁”得更适合自己的需要。辅导人员对这一阶段的学生而言，不再是一言九鼎的权威角色，而是知识与经验的来源。学生能够客观地分析，并且能够系统地检视不同的决策方案。

阶段 6：个体的发展在这一阶段会对前阶段各种决策方案的悬而未决感到厌烦。学生能了解解决这种烦躁不安的策略并做抉择，然而，他们的认知发展又未成熟到足以决定投身于某项事业。因此严格地说，这个阶段是一个深思熟虑的阶段，主要原因是个体必须考虑：建立自我和事业生涯的联结关系；选择任何事业生涯方向的后果将会如何；独自面对各种不同承诺所要承担的责任。对这一阶段的学生，咨询员所扮演的角色是协助他们顺利进行这一思考过程。

4. 相对关系承诺期

在这个时期，个人开始承担在生涯抉择过程中日益增加的责任感，同时，不仅能够分析在这个过程中的各种复杂问题，也能将不同的因素综合到自己的决定框架内。他们会逐渐认识到，选择一个职业生涯是个人对自我的承诺。开始时会惧怕外在世界突然缩小，后来发现这种承诺拓展了一个美丽的新世界。最重要的是个体在这个时期找到了一个立足点，能整合个人的价值、目的与同一性，这个立足点个人味道非常浓，而且与职业生涯有关。生涯的认同与自我的认同至此结合在一起了，成为一体。

阶段 7：在这个阶段可以体验到自我与生涯角色的整合。初期会因受到角色的限制而惧怕，后期则能体会到角色是自己界定的。这种认识会进一步肯定自我与职业生涯之间的关系，同时，也会渐渐形成自己独特的风格，扮演自己的角色。

阶段 8：这是一个收成的阶段，可能是一个愉快的结果，也可能是一个不愉快的结果；可能是意料之中的结果，也可能是意料之外的结果。不论收成如何，均具有挑战的意味：对自我重新定义或延续现有的承诺。会肯定“我是谁”“我到底相信什么”“我该如何作为”“我在这个世界中的位置”，同时也会遭遇新的挑战。这一阶段的个体能体验到生命中各较高层次的整合过程。

阶段 9：这个阶段显示出个人自我独特的角色的进一步扩展。个体能清楚而肯定地知道自己的存在，以及自己如何去影响周围的事物。这种认知包括自己对别人的影响，以及别人对自己的影响。

处于这一阶段的个体也会不断寻求新的方式、新的行动，积极地进行自我挑战与自我冒险，以求得潜能的充分发挥。换言之，他们对于新的事物、新的挑战、新的行为方式都会显示出高度的兴趣，乐于尝试。有别于盲目的冒险，他们对潜在的有利因素对自己和他人的影响有较沉着的把握，能在行动上自我节制，收放自如。

（三）辅导策略

根据上述论述，生涯辅导的目标在于促进个体对生涯发展各时期的认知，并以当前的时期和阶段为基准，提供一些挑战与支持，从而促使个体往下一个时期和阶段发展。除了参考上述各阶段所提及的辅导人员的角色和作用外，辅导人员可以用下列方式增进发展。

1. 对处于二元关系期的个体

（1）辅导个体寻求更多不同方向的资料，以突破“对—错”的二分观点。

（2）充分运用测验，以引导个体思考不同的解释方式及各种可能的抉择途径。

2. 对处于多元关系期的个体

（1）辅导的重点是各个因素的解释方式及各种可能的抉择途径。

（2）协助个体解决互有冲突的资料，进行自我澄清工作，以确定抉择历程中各种因素的重要程度及优先顺序，并作为个人负责及承诺的依据。

3. 对处于相对关系期和相对关系承诺期的个体

（1）协助个体整合职业自我和个体自我。

（2）协助个体扮演在生涯中将会承担的独特角色。

四 职业变动模式理论

1971年，美国心理学家施恩在对职业过程中组织与个体互相作用动力机制研究的基础上，提出相互作用的职业发展观。通过外职业、内职业的区分，职业发展分析及人力资源管理模型的建构，描述了职业发展与个体成长之间的关系。

（一）外职业、内职业的区分

职业生涯可分为外职业和内职业。外职业生涯指个人由上学开始直到退休所经历的职业道路，包括从事一项职业的工作内容、条件、待遇、职务、地点等因素的组合变化过程；内职业生涯指从事一项职业所需具备的知识、能力、经验和内心感受的组合及变化过程，是个体对职业道路主观方面的满足，使工作与他的需要、家庭责任和个体休闲得到平衡。人为什么喜欢或讨厌自己的工作？为什么工作的创造力有大有小？人为什么会跳槽？这些都与外职业、内职业的相互作用有关。如用人单位为维持其生存和发展而招聘、开发人力资源，求职者为在生活中寻求安全感、挑战性和自我发展机会而工作，社会的发展则需要这两者结合起来。

（二）职业发展与变动

施恩立足于人生不同年龄阶段面临的问题和职业工作主要任务，将职业生涯分为九个阶段。

1. 成长、幻想、探索阶段

一般0～21岁处于这一职业发展阶段。主要任务：发展需要和兴趣，发展能力和才干，为进行实际的职业选择打好基础；学习职业方面的知识，寻找现实的角色模式，获取信息，发展和发现自己的价值观、动机和抱负，做出合理的受教育决策，将幼年的职业幻想变为可操作的现实；接受教育和培训，开发工作世界中所需要的基本习惯和技能。在这一阶段所充当的角色是学生、职业工作的候选人、申请者。

2. 进入工作世界

16～25岁的人步入该阶段。首先，进入职业市场，谋取可能成为一种职业基础的第一项工作；其次，和用人单位之间达成正式可行的契约，个人成为一个组织或一种职业的成员，充当的角色是应聘者、新学员。

3. 基础培训

处于该阶段的年龄为 16 ～ 25 岁，与上一阶段不同，个人要担当实习生、新手的角色。也就是说，已经迈进职业或组织的大门。此时主要任务：一是了解、熟悉组织，接受组织文化，融入工作群体，尽快取得组织成员资格，成为一名有效的成员；二是适应日常的操作程序，应付工作。

4. 早期职业的正式成员资格

此阶段的年龄为 17 ～ 30 岁，取得组织新的正式成员资格。面临的主要任务：承担责任，成功地履行与第一次工作分配有关的任务；发展和展示自己的技能和专长，为提升或进入其他领域的横向职业成长打基础；根据自身才干和价值观，结合组织中的机会和约束，决定是否留在这个组织或职业中，或者在自己的需要、组织约束和机会之间寻找一种更好的匹配。

5. 职业中期

年龄一般在 25 岁以上。主要任务：选定一项专业或进入管理部门；保持技术竞争力，在自己选择的专业或管理领域内继续学习，力争成为一名专家或职业能手；承担较大责任，确定自己的地位；开发个人的成长职业计划。

6. 职业中期危险阶段

处于这一阶段的是 35 ～ 45 岁者。主要任务：现实地估价自己的进步、职业抱负及个人前途；就接受现状或者争取看得见的前途做出具体选择；建立与他人的良好关系。

7. 职业后期

从 40 岁以后直到退休，此时的职业状态或任务：成为一名良师，学会发挥影响、指导别人，对他人承担责任；扩大、发展、深化技能，或者提高才干，以担负更大范围、更重大的责任；如果求安稳，就此停滞，则要接受和正视自己影响力和挑战能力的下降。

8. 衰退和离职阶段

一般在 40 岁之后到退休期间，不同的人在不同的年龄会衰退或离职。此时主要的职业任务：一是学会接受权力、责任、地位的下降；二是基于竞争力和进取心下降，要学会接受和发展新的角色；三是评估自己的职业生涯，着手退休。

9. 离开组织或职业——退休

在失去工作或组织角色之后，面临两大问题或任务：保持一种认同感，适应角色、生活方式和生活标准的急剧变化；保持一种自我价值观，运用自己积累的经验和智慧，以各种资源角色，对他人进行传、帮、带。

需要指出的是，施恩虽然基本依照年龄顺序划分职业发展阶段，但其阶段划分更多地依据职业状态、任务、职业行为的重要性。正如施恩划分职业周期阶段是依据职业状态、职业行为和发展过程的重要性，又因为每一个人经历某一职业阶段的年龄差别，所以，他只给出了大致的年龄跨度，在职业阶段上所示的年龄有所交叉。

个人在某一职业中还有变动的问题。一个人的职业变动在组织内有三种流动方式，以实现个人职业生涯（见图 3-7）。

（1）横向流动模式。这种流动方式是职业组织内部个人的工作或职务沿着职能部门或技术部门的同一等级进行发展变动。如生产、市场、财务、技术、人事部门等之间横向流动。

（2）向核心地位流动模式。这种流动方式是由组织外围逐步向组织内圈方向变动。当发生这类变动时，成员对组织情况了解得更多，承担的责任也更为重大，并且经常会参加重大问题的讨论和决策。这种流动的原因可能有二：一是由于个人的能力和努力取得组织的认可，但却不适合于提升到组织的更高等级；二是准备让个人沿纵向上行，但暂时无法提供相应的职位。

（3）纵向流动模式。这种流动模式是指组织内部的个人工作等级职位的升降。在一般的观念中，只有纵向的上行流动才是得到发展和肯定。正常的向上流动如图 3-7 所示，在提升的同时向组织的核心靠拢。如果某个人得到职位等级的提高，但仍然没有列入组织重要的核心活动或决策之列，则意味着明升暗降或是一种待遇而已。

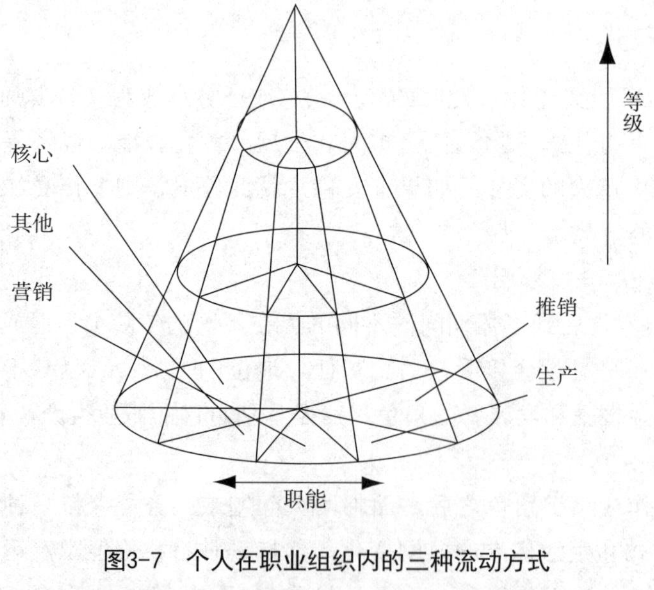

图3-7　个人在职业组织内的三种流动方式

在这个三维模式中，纵向的变动是一种上下升降的圆锥体；横向变动是围绕圆锥体周围，从一个职能或技术部门向另一个职能或技术部门变动；朝核心方向变动则是从圆锥体的外围向圆锥体的中心变动。事实中的流动安排是三种流动方式的有机结合。

思考与练习

1. 请试着阐述几种生涯决策理论的基本思想。

2. 认真理解萨帕的职业生涯发展理论，列举你大学阶段生涯发展的主要任务。

3. 职业生涯管理是一个理性、系统的过程吗？为什么？

4. 访问一个朋友，了解他有哪些职业生涯管理行动。你的这位朋友是否已经确定了职业目标、制定了职业生涯发展战略？不管是或否，都要问一下为什么。如果没有，请试着帮他分析下一步应当做什么。

第四章 职业生涯规划的个性基础

知识目标

1. 了解人职和谐匹配的重要意义。
2. 了解个性测评的分类。
3. 理解需要、兴趣、价值观与职业之间的匹配关系。
4. 理解气质、性格、能力与职业之间的匹配关系。
5. 理解个人生长环境与职业之间的匹配关系。

技能目标

1. 学会科学地评判自己的气质、性格、兴趣和能力特点。
2. 重视自我认知与探索训练，明晰职业倾向，形成初步的职业期望。
3. 学会结合自己所学专业及对职业的认知，科学地评判个人生长环境。

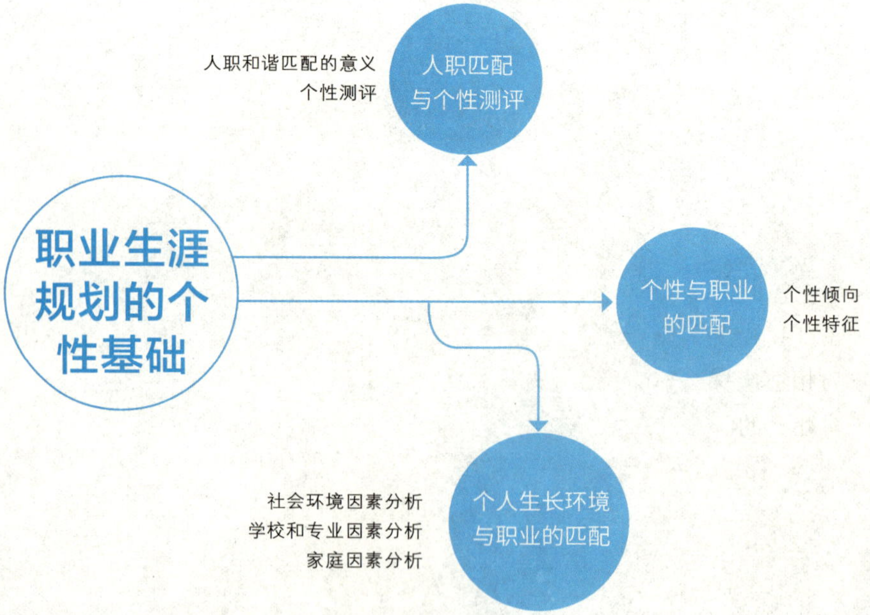

情境导入

每种性格都能成才

19 世纪末，一个男孩降生于布拉格一个犹太商人家庭。随着男孩一天天长大，人们发现他虽身为男儿身，却没有半点男子汉气概。他的性格内向、敏感、多虑，防范和躲避的心理在他身上根深蒂固。

父亲竭力想把他培养成一个男子汉，希望他具有刚毅勇敢的性格。在父亲严厉的教导下，男孩非但没有变得刚毅勇敢，反而更加懦弱自卑，以至于生活中的每一个细节、每一件小事对他都是一个灾难。他常常独自躲在角落，小心翼翼地猜度着会有怎样的伤害落到他的身上。

父亲对儿子彻底失望了，你能够让他去当兵冲锋陷阵吗？不可能，部队还没有开拔，也许他已经当了逃兵。你能够让他去从政吗？依靠他的智慧、勇气和决断力，要从各种纷繁复杂的矛盾中找出一种平衡妥当的解决方法，那更是不可能的事情。他也不可能当律师，内向懦弱的性格怎么可能面对法庭上紧张激烈的法庭辩论？懦弱内向的性格也许是人生的悲剧，即使想要改变也改变不了。

这个男孩后来成为一位举世闻名的文学家，他就是捷克的作家卡夫卡。

为什么会这样？原因在于卡夫卡找到了适合自己性格的职业。性格内向、懦弱的人往往有丰富的内心世界，能敏锐地捕捉到普通人感受不到的东西。他也许是外部世界的懦夫，却是精神世界的国王。在自己营造的艺术王国中，在这个精神家园里，卡夫卡的懦弱、悲观、消极等性格弱点反而使他对世界、生活、人生、命运有了更尖锐、敏感、深刻的认识。他以自己在生活中受到的压抑、苦闷为题材，开创了文学史上一个全新的艺术流派，给我们留下了《变形记》《城堡》《审判》等不朽的文学巨著。

第一节　人职匹配与个性测评

一　人职和谐匹配的意义

把握自我、把握职业，并依据人职匹配的原则、方法、策略来调整个人与职业之间的相适应关系，从而确定符合自己特点的职业发展方向和工作岗位，对于即将走向社会的学生来说具有重要的意义。

（一）最大限度地发挥个体才能、特长

个体差异和社会职业的多样性是职业生涯规划的前提。研究表明，人与人之间的差异主要表现在身体素质、智力和个体特征上，个体差异的存在决定了一个人对于某种职业的适应性不同，同时，不同的社会职业因其工作内涵、自身性质

的不同，使得它对求职者的要求也不同，职业选择和定向匹配能使个体充分自由地找到既符合自己的个性特征、兴趣，又能最大限度地发挥自身才能的职业，从而最大限度地发掘人的潜能，提高工作的绩效。

（二）人尽其能，合理地配置人力资源

每个人都具有一个由多种能力组成的能力系统，并且这个能力系统中各方面的能力发展是不平衡的。每个人都有比别人强的能力，也肯定有不如他人的能力，如有的人可能人际交往、组织能力比较强，但沉稳、细致并能静下心来做研究的能力就不一定强。人与人之间存在着能力类型的不同和水平的差异。

随着社会的发展，社会分工越来越细，现代职业对人的要求也越来越高。在这种情况下，一个人不可能在各方面都具有很强的能力，也就是个人的局限性在职业生活中逐渐地表现出来。职业生涯规划能够让人充分了解自己的优势所在，并尽可能地选择发挥其优势的职业，这就能扬长避短，最大限度地减少人力资源使用的失误。

（三）最大限度地满足社会需要

人和职业能否相匹配，对于个体和组织来说都是至关重要的，因为每一种职业都有其特定的社会地位和价值，某一个性类型的劳动者只有从事与其类型相同的职业，才能发挥所长，做好工作。如果因从业人员不称职导致某种职业在社会上的声望降低，则不仅会对该职业造成不良的社会影响，难以为社会提供更全面有效的服务，也会对从业人员发挥自己的能力造成影响。通过职业生涯规划，为每个个体找到最能发挥其能力也最适合他的职业，是对个体与社会负责任的做法。职业生涯规划不仅能帮助个体达到和实现个人目标，而且能帮助个体真正了解自己，并根据自己的能力特征，更好地开发自己的潜能，最大限度地帮助个体一步步走向完善。同时，也促进社会和相关职业取得最优化的发展。

职业生涯规划必须是在充分挖掘人自身的条件与相关职业环境的基础上才得以实现。对自我及环境了解得越透彻，职业生涯规划的客观性、有效性就越强，对社会提供的服务也就更全面和优化。同时，职业生涯规划既满足社会需要，也体现个体承担着社会责任，履行公民义务。

对点案例

某知名高校财务管理专业大四学生小朱，去参加马士基的招聘宣讲会，投了简历后被通知参加笔试。在笔试现场，招聘方给每个学生发了一份考题，进行职业倾向测试和智力测试。题量大，时间紧，小朱在规定的时间内勉强完成。在满怀期待中等了一周后，结果出来了：马士基挑了5个人，没有小朱。小朱很不解，也很委屈，“这种看起来无厘头的测试竟然可以决定一个人的职业和未来，企业竟然不管我的专业成绩和学科

背景，却只考查自然形成却又难以更改的智商和性格，这种做法真的是太草率了。”

点评：其实，通过心理能力的评估选取优秀人才，始于隋炀帝的开科取士，开人力资源运用之先河。现行西方某智力测试中的填字和模拟模块，相当于我国科举考试中的帖经和对偶，早在7世纪的唐代就有了。现代企业用标准心理测试来选拔人才、建设团队、进行职业规划更是通行做法，小朱大可不必如此惊异。这也提示同学们，平时除了专业学习外，要多参加集体活动、创新活动、实践活动等，这样可以培养自己成熟的心理品质。

人在职业生涯发展过程中总是面临着选择，对于自己的选择不可能一步到位，我们要逐渐使自己的个性特质与职业特质协调一致。

二 个性测评

人各有各的个性特征，不可能完全一样。依据不同的观察角度和评价手段，对自己和他人的看法自然又会不同。但怎样发现、区分、鉴别各自的差异呢？物理和生理现象可以测量和评价，这是人们熟知的。同样，个性方面也早就普遍应用比较的方法了。

个体差异的测量可以说是人事心理学的核心。正确的人事决策是以了解人的个性为前提的。而了解人的个性只有通过对人的气质、性格及各种能力、兴趣爱好进行系统而客观的测量才能达到。个性评价是随着心理测验而发展起来的一种心理学技术。这一技术的运用至今虽仅几十年，但它充实了心理学的研究方法，推动了心理学的发展。

（一）个性测评的类别

个性测评的分类标准是多种多样的。

1. 按测评内容分

（1）智力测评。在人事管理中，不同的职业与岗位有相应的智力要求。如教师这一职业要求的智力测评分值为100～140，也就是智力分数在100以下者难以胜任教师这一职业。目前国外常用的智力测评有奥蒂斯独立管理心理能力测验、旺德利克人员测验、韦斯曼人员分类测验和威克斯勒成人智力量表。各种测评的内容繁简和需要时间各不相同，应按照被测对象的岗位和工作要求加以选择。

（2）人格测评。人格测评以测评人格为目的。测验涉及人的心理状态、情感或行为的非智力方面的人格因素，通常包括对性格、情绪状态、人际关系、动机、兴趣和态度的测评。人格测量最常用的是问卷法、情境测评法和投射法。目前，人格测评已有几百种，但由于各国人格心理学家对人格构成分歧很大，没有一致的看法。而且人格是动态的，不是静态的，常常随着情景的变化而变化。因此，对人格的测评应综合运用多种方法，交叉使用，互相补充，互相印证，才能达到较好的效果。

（3）能力倾向测验。能力倾向测验是对人的不同能力因素水平和观测将来从事某种专业或工种活动能力的测验。它包括社会智能倾向测验、特殊能力测验以及创造力测验等。通过对受试者思维的流畅性、变通性和独特性进行评分，对其能力划分等级，判断其能力水平。

2. 按材料性质分

（1）文字的测评。测验项目是用文字表达的，回答时用文字进行，要求受试者有一定的文化水平。各种团体调查表、个人调查表以及其他许多测验多属这一类。

（2）非文字的测评。测验项目是用符号、图画、仪器、模型等实物做测验材料，并以非语言的方式来表达。回答时只要做简单记号、指点或者操作，而不用语言或书写，亦适用于不识字者。

有许多测验则既有文字部分也有非文字部分，如比纳量表、威克斯勒的智力测验等。

3. 按测评方法分

（1）问卷法。问卷法多以自我报告的形式出现，所以又称自陈量表。通常采用文字叙述的方法列出一些问答题或一个命题，后面有几种答案，让受试者选择，也可由受试者根据自己的评判在不同评价等级上表明某种程度，根据不同评价等级程度的分值，将原始数据统计处理后，即得到评判结果。

（2）投射测评法。投射法的特点是通过间接的方法来了解人们对某个事物的态度或内心世界，通常是利用某些材料，如一些模糊的人形或墨迹图，或让受试者自己画一个人，或给受试者一个场景，要受试者讲故事等，受试者在自由问答时不知不觉地把自己的思想、情感、态度等表露出来。投射法比自陈法的偏差一般要小些，其原因是受试者根本不知道测评什么？所以无法隐藏或伪装自己的内心世界。为此，曾有人给投射法下过这样的定义：投射技术是一种对行为的无意识或隐藏的内容尤为敏感的工具。其中著名的投射法有默里的主题统觉测验、罗夏的墨渍测验等。

4. 按被测评人数分

（1）个体测评。一个主试者在同一时间测验一个受试者，其优点是可以对受试者各方面情况做仔细观察，并且有充足时间与受试者合作，能激发受试者尽最大的努力，使测验结果可靠性更高。缺点是费时，并且手续复杂。一般需要面对面地观察测验情况的，都可归入个体测评。个体测评对主试者素质要求较高，一般应进行专业训练才能胜任。

（2）团体测评。一个主试者同时测验多个受试者。团体测评与个体测评的指导语不同，测评有时间限制，要求所有受试者同时开始、同时结束。在交代方法时不许看测评材料，不懂的可以提问，但在已经开始测评后则不能提问。这些都是与个体测评不同之处。此外，团体测评材料可以个体方式进行，但个体测评材料不能以团体方式进行，除非将实施方法和材料加以改变，使之适合团体测评。团体测评的优点是省时、速度快。主试者不必经过严格的专业训练，只要掌握了测评程度、方法、注意事项，知道如何解释测评结果就可以了。缺点是变量控制不严，测评结果粗一些。

（二）选择测评材料的原则

在进行个性测评时，一定要选择合适的测评材料，不然难以达到预期目的。一般可根据以下几个原则来选择。

1. 测评目的性明确

任何测评都有一定的目的性。例如，MMPI 是人格测评，主要了解人格有无异常，有何种异常；威克斯勒记忆量表测评成人的记忆，包括瞬时记忆、回忆、再认、新联想形成的较全面的记忆能力；罗夏测量是一种投射测验，主要用作临床诊断测量，同时可测智力、人格。因此，任何测评都有其特殊目的，在选用时一定要加以鉴别，慎重选用。

2. 要考虑测评适用范围

每个测评都有一定的适用范围，如智力测量，有的适用儿童，有的适用成人，故在选用时要考虑适用范围。

3. 测评要标准化

一般来说，标准化了的测评是比较可靠的，可以选用。标准化的测评一定要具备如下条件：第一，要有固定的实施方法、标准的指导语、一定的内容、标准的答案、统一的记分方法。第二，要有常模。所谓常模，就是比较标准。常模是从取样中得来的。取样要有代表性，数目要大一点，性别、出生地（城市、农村）、家庭经济情况、文化水平、民族等，都应按全国人口统计比率来取样。这样的取样有较好的代表性。

4. 可靠性要大

可靠性又叫信度，是指测评的稳定度。在同样条件下，同一受试者两次测评的结果一致，便说明此测评的性能稳定，可靠性大。如若两次结果相差甚大，便说明测评不稳定、不可靠。

5. 有效性要高

有效性又叫真实性或效度。如测评的是某一特殊能力，测出结果正是该特殊能力的状况而不是其他，这就是说此测评有效性高。

第二节　个性与职业的匹配

心理学将个性分为个性倾向和个性特征，而职业个性评价可以通过选取恰当的问卷和量表，对个体和人群进行测评，以评估区分不同的个性，预测个体未来的发展趋势。

职业中的个性反应为职业个性。职业个性的构成同样包括个性倾向和个性特征两大部分。个性倾向包括需要、兴趣、价值观等；个性特征包括气质、性格、能力等方面。

一　个性倾向

（一）职业需要

对于个体来讲，职业需要是与本身的需要相一致的。人的动机与需要紧密相连，一般说来，有什么样的需要便有什么样的动机。职业动机是人们从事一切职业活动的更为直接的动机或动因。

1. 需要与职业需要

需要是人的生理和社会的客观需求在头脑中的反映，也可以说是人维持自身生存和发展的需求在头脑中的反映。人之所以对某些对象有需要，是由于人的机体有所要求，但更主要的是由于人所生活的社会生活环境对人有所要求并为人所接纳。需要总是反映机体内部环境或外部生活条件的某些要求，正是基于这个意义，我们可以说需要是客观现实的反映。

心理学家将需要划分为生物性需要和社会性需要。生物性需要是指保存和维持个体生命和延续种族的需要，如生理需要、安全需要、运动需要。社会性需要包括基本社会性需要和高级社会性需要。基本社会性需要是指较少受教育影响、带有一定的先天成分的需要，如依恋需要、探究需要、交往需要、尊重需要、朴素的美的需要等，常在个体的早期出现。高级社会性需要是指更多地受到教育的影响，完全是后天发展的结果，为人类所独有的需要，如求知、成就、贡献需要等，往往是在基本社会性需要获得满足的情况下发展起来的。

需要具有动力性的特征，是人活动的基本动力，是个性积极性的源泉，常常以动机、兴趣、愿望、价值观等形式表现出来。它促使人朝着一定的方向，追求一定的目标，以行为去求得满足。

职业需要是个体需要在职业生活中的体现，既是推动人从事职业活动的内在动力，又是工作积极性的内部源泉。

人们在职业需要方面显然存在差异，不同社会阶层在需要的层次上有所不同。一般而言，一个真正社会化的人能够把社会的需要和自我需要统一起来，在满足自我需要的同时也能保证社会的需求。社会需要和自我需要的和谐统一是树立自我、发展自我的出发点。大学生应正确认识自己的社会地位和作用，正确对待自我需要与社会需要之间的差异，及时调整，努力适应社会职业生活。

2. 职业需要与职业匹配

马斯洛认为，人类的需要是分层次的，由低到高（如图 4-1 所示）。它们是：生理需要—安全需要—归属和爱的需要—尊重需要—自我实现需要。后来他又在尊重需要和自我实现需要之间添加了认知需要和审美需要。

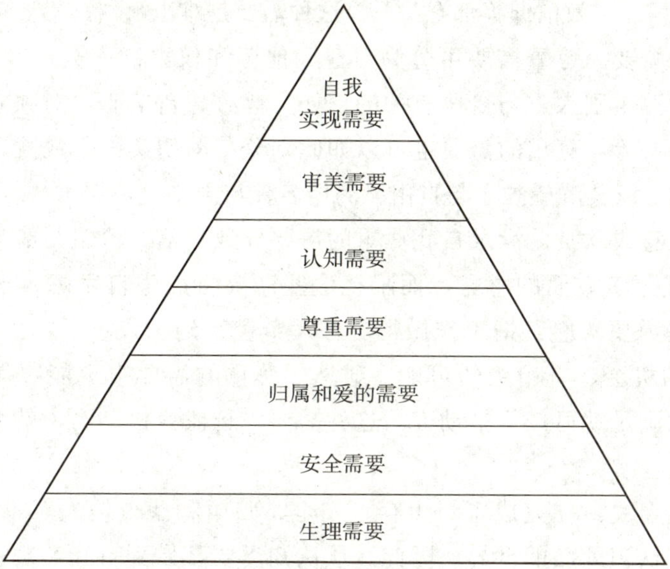

图4-1　马斯洛需要层次

（1）生理需要。生理需要是人们最原始、最基本的需要，如吃饭、穿衣、住宅、医疗等。若不满足，则有生命危险。这就是说，它是最强烈的、不可避免的最底层需要，也是推动人们行动的强大动力。显然，这种生理需要具有自我和种族保护的意义。当一个人存在多种需要时，如同时缺乏食物、安全和爱情，总是缺乏食物的吃饭需要占有最大的优势。这说明当一个人为生理需要所控制时，其他一切需要都被推到幕后。

（2）安全需要。安全需要要求劳动安全、职业安全、生活稳定，希望免于灾难、未来有保障等，具体表现在：物质上的，如操作安全、劳动保护和保健待遇等；经济上的，如失业、意外事故、养老等；心理上的，希望解除严酷监督的威胁，希望免受不公正待遇，工作有应付能力和信心。安全需要比生理需要较高一级，当生理需要得到满足以后就要保障这种需要。每一个在现实中生活的人都会产生安全感的欲望、自由的欲望。

（3）归属和爱的需要。归属和爱的需要也叫社会交往需要，是指个人渴望得到家庭、团体、朋友、同事的关怀、爱护、理解，是对友情、信任、温暖、爱情的需要。社交的需要比生理和安全需要更细微、更难捉摸。它包括社交欲望，希望和同事保持友谊和忠诚，希望得到互爱等；归属感，希望有所归属，成为团体的一员，在个人有困难时能互相帮助，希望有熟识的友人能倾诉心里话、说说意见，甚至发发牢骚。爱不单指两性间的爱，而是广义的，体现在互相信任、深深理解和相互给予上，包括给予和接受爱。社交的需要与个人性格、经历、生活区域、民族、生活习惯、宗教信仰等都有关系，这种需要是难以察悟，无法度量的。

（4）尊重需要。尊重需要可分为自尊、他尊和权力欲三类，包括自我尊重、自我评价以及尊重别人。与自尊有关的，如自尊心、自信心，对独立、知识、成就、能力的需要等。尊重的需要也可以如此划分：渴望实力、成就、适应性和面向世界的自信心以及渴望独立与自由；渴望名誉与声望。声望为来自别人的尊重、受人赏识、注意或欣赏。满足自我尊重的需要导致自信、价值与能力体验、力量及适应性增强等多方面的感觉，而阻挠这些需要将产生自卑感、虚弱感和无能感。基于这种需要，愿意把工作做得更好，希望受到别人重视，借以自我炫耀，希望有成长的机会、有出头的可能。显然，尊重的需要很少能够得到完全的满足，但基本的满足就可产生推动力。这种需要一旦成为推动力，就会令人拥有持久的干劲。

（5）认知需要。在完成了对生存、安全、归属和获得他人尊重的需求以后，个体开始试图认识外面的世界。因此，从认知需要开始到自我实现需要，马斯洛将其划为三种“成长性需要”，而前四种称为“基本需要”。

（6）审美需要。审美是一种高级需要，美在自我实现者身上得到最充分的体现。在人类初步学会了认识世界以后，开始有了这一更高的追求，也就是站在一个“美”的角度看待和理解自己及周围的万物。原始人类衣不掩体，从来不知道美与丑。随着文明的发展和智慧的进步，人们渐渐有了审美的需要。当然，对美的认识也引来攀比等心态，只是对心理学来说，仅仅客观描述，不做是非评价。

（7）自我实现需要。自我实现需要是最高等级的需要。满足这种需要就要求完成与自己能力相称的工作，最充分地发挥自己的潜在能力，成为所期望的人物。这是一种创造的需要。有自我实现需要的人似乎在竭尽所能使自己趋于完美。自我实现意味着充分地、活跃地、忘我地、全神贯注地体验生活。成就感与成长欲不同，成就感追求一定的理想，往往废寝忘食地工作，把工作当成一种创作活动，希望为人们解决重大课题，从而完全实现自己的抱负。

在马斯洛看来，人类价值体系存在两类不同的需要，一类是沿生物谱系上升方向逐渐变弱的本能或冲动，称为较低级的需要，包括生理需要和安全需要。另一类是随生物进化而逐渐显现的潜能或需要，称为较高级的需要。社会需要、尊重需要和自我实现需要都属于这个层次的需要。区分这两个层次基于这样的基础：较高级的需要通过内部（个体内在的内容）使人得到满足，较低层次的需要则主要通过外部（例如，通过报酬、工会合同、任职时间等）使人得到满足。

大学生在选择满足自己需要的职业时，应从以下方面全面考虑。

（1）需要的动力性。个体的需要具有动力性特征，促使人不断地活动。需要越强烈、越迫切，由它引起的活动就越有力。早期经验中需要的满足程度与人活动（包括职业选择在内的职业活动）的动力性不一定成正比，但一般来讲，未满足的低层次需要的动力性相对要强一些。

（2）需要的发展性。人的需要又是在人的活动中不断产生和发展的，随着满足需要的客观对象范围的扩大，满足需要的方式的改进，需要也不断发展变化。因此，需要具有发展性，只要生命存在，需要就不会停止和发展。

（3）需要的多重性。可以说，任何一种职业并非满足个体单一的需要，一种需要的满足可以体现在不同的职业上，同时，个体寻找某一职业也是有着各种需要的。也就是说，职业需要具有多重性。

（二）职业兴趣

“萝卜青菜，各有所爱”，说的就是生活中每一个人有自己的兴趣爱好。在职业生涯规划设计中，基于不同需要的个体同样也会有不同的职业兴趣。

1. 兴趣和职业兴趣

兴趣是建立在需要的基础上，带有积极情绪色彩的认知和活动倾向，是个人对环境中的人、事、物所产生的喜爱程度，是个人力求认识、掌握某事物，并经常参与该种活动的心理倾向。当个人对某种事物感兴趣时，会对它产生特别的注意力，对该事物敏感、记忆牢固、思维活跃、情感浓厚、意志坚强。兴趣是人们活动的重要动力之一，是活动成功的重要条件。

职业兴趣就是一个人对某种专业或职业活动的喜爱程度。职业兴趣在职业活动中起着重要的作用。包括大学生在内的每一个人对职业活动的兴趣往往会发展成为活动的内在动机，对职业活动产生持续作用。在包括职业活动在内的认知活动中，个体的需要得到满足，对该活动的兴趣不但不会减弱，反而会更加丰富和深化，产生与更高的认知活动水平相应的新的兴趣。当我们对自己所从事的学习、娱乐、教育、贸易、管理等职业活动真正感兴趣时，会全身心地投入其中，从中得到快乐和满足。反之，我们对所从事的职业活动缺乏真正的兴趣，即使外在表现不错，也会索然无味，难以得到真正的满足。

兴趣的发展一般经历有趣、乐趣、志趣三个阶段。对于职业活动，往往从有趣的选择，逐渐产生工作乐趣，进而与奋斗目标和工作志向相结合，发展成为志趣，表现出方向性和意志性的特点，使人坚定地追求某种职业，并为之尽心尽力。

2. 职业兴趣与职业生活

良好的、稳定的兴趣使人从事各种实践活动时具有高度的自觉性和积极性。个人根据稳定的兴趣选择某种职业，兴趣就会变成巨大的个人积极性，促使你在职业生活中做出成绩。反之，如果你对所从事的职业不感兴趣，就会影响你积极性的发挥，难以从职业生活中得到心理上的满足，不利于工作上的进步。

值得一提的是，需要是影响职业选择的重要且不易察觉的内在因素，动机是在需要支配下受到外界刺激影响而形成的综合性动力因素，从而影响职业规划及职业选择。兴趣是在需要基础上受到动机的影响，从而对职业规划及职业选择产生一定的影响的、变化的、较为外在的因素。当然，其中也会有相对持久的兴趣同时作为外延因素对动机的变化发展产生了一定作用。比如，一个人缺乏物质保障，便会有生理、安全需要，从而产生去工作、劳动，获取报酬，换取物质条件，满足自己需要的动机，因而会对能挣钱糊口、维持生存的工作感兴趣。当认为某项工作能挣大钱，报酬高时，会强化自己克服重重困难从事该项工作的动机。但若察觉或发现该项工作有生命危险时，便会减低或放弃这种兴趣，减弱想从事该项工作的动机。

3. 职业兴趣测评与职业匹配

对于职业兴趣，国内外心理学家开展了多方面的研究，提出了有助于我们认知自己的职业兴趣的观点，最典型的是霍兰德的类型论。霍兰德的类型论前文已详细阐述，此处不再赘述。

相关链接

活动1：兴趣探索

请详细地回答下列问题。回答时特别注意问题的第二部分，即“为什么”感兴趣。如有可能，请与一位同伴合作，相互讲述自己对问题的思考和回答。同伴可以提问，帮助讲述的人发掘细节和原因。这个练习的目的是帮助你回忆并梳理日常生活中有关个人的一些代表性事件，增进自我觉察，因此仔细思考和讲述的过程非常重要。

• 我的白日梦：请列举出三种你非常感兴趣的职业（摒除所有现实的考虑）。这些工作中哪些特征吸引着你？

• 请回忆三个从事某件事情时令你感到快乐（满足）的经历。请详细地描述这三个经历，是什么令你感到如此快乐（满足）？

•从小到大你担任过哪些职务？你喜欢的是哪些职务？不喜欢的是哪些？请具体说明为什么。

•你最崇拜（敬佩）的人是谁？他对你产生了什么影响？你最像他的是什么地方？最不像他的是什么地方？

•你最喜欢看哪种杂志？这些杂志中的哪些部分吸引着你？或者，如果你到书店看书，你通常会停留在哪类书架前（不是仅仅因为学习需要的情况下）？

•除了单纯的娱乐放松以外，你最喜欢看哪几类电视节目？节目中什么吸引着你？

•你喜欢浏览哪类网站？你喜欢看网站的哪部分内容？它们属于哪个专业？

•休闲的时候，如果只是出于兴趣的考虑，你最想做什么或学什么？这里面又是什么吸引着你？

•你最喜欢的科目是什么？为什么喜欢它（们）？

•我们生活中都有过某些时刻，因为全神贯注于做某件事情而忘了时间。什么样的事会让你如此专注？

•你的答案里面有什么共同点吗？是否可以归纳为什么主题或者关键词？这些主题或关键词可能和霍兰德的哪些类型相对应？你如何能够让这样的主题在你今后的生活中得到更充分的彰显？

说明：对最后一个问题的回答将有助于你总结和归纳前面所有的问题，并将你在日常生活中的一些表现与本单元所讲的职业兴趣类型挂起钩来。所归纳出的主题或关键词是你今后在做职业决策时需要尽可能纳入的一些关键因素。

活动2：我的岛屿计划

恭喜你！你获得了一次免费度假游的机会，有机会去下列六个岛屿中的一个。唯一的要求是你必须在这个岛上待满至少半年的时间。请不要考虑其他因素，仅凭自己的兴趣按一、二、三的顺序挑出你最想前往的三个岛屿。

•岛屿R：自然原始的岛屿。岛上保留有原始森林，自然生态保持得很好，有各种各样的野生动物。岛上居民生活状态还相当原始，他们以手工见长，自己种植花果蔬菜、修缮房屋、打造器物、制作工具，喜欢户外运动。

•岛屿I：深思冥想的岛屿。岛上人迹较少，建筑物多僻处一隅，平畴绿野，适合夜观象。岛上有多处天文馆、科技博览馆以及科学图书馆等。岛上居民喜好观察、学习、探究、分析，崇尚和追求真知，常有机会和来自各地的哲学家、科学家、心理学家等交换心得。

•岛屿A：美丽浪漫的岛屿。岛上有美术馆、音乐厅、街头雕塑和街边艺人，充满了浓厚的艺术文化气息。当地的居民很有艺术、创新和直觉能力，他们保留了传统的舞蹈、音乐与绘画，许多文艺界的朋友都喜欢来这里找寻灵感。

•岛屿S：友善亲切的岛屿。岛上居民个性温和、十分友善、乐于助人，社区均自成一个个密切互动的服务网络，人们重视互助合作，重视教育，关怀他人，充满人文气息。

•岛屿E：显赫富庶的岛屿。岛上的居民善于企业经营和贸易，能言善道，以口才见长，岛上的经济高度发展，处处是高级饭店、俱乐部、高尔夫球场。来往者多是企业家、经理人、政治家、律师等，曾数次在这里召开财富论坛和其他行业巅峰会议。

• 岛屿 C：现代、井然的岛屿。岛上建筑十分现代化，是进步的都市形态，以完善的地政管理、金融管理见长。居民个性冷静保守，处事有条不紊，善于组织、规划，细心高效。

如果是在团体内做这个活动，可以将房间分为 6 个区域，分别代表上述 6 个岛屿。按自己第一选择的岛屿就座。如果同一小组的人数太多，可分为两组。

同一岛屿的人交流一下：自己为什么选择这个岛屿，看看大家有什么共同的兴趣爱好，归纳为关键词。根据大家的交流给自己的小组命名并选取一个标志物，在大白纸上制作一张本小组的宣传图。每个小组请一位代表用 2 分钟时间展示自己小组的图，并在全班分享一下自己小组成员的共同特点。

• 我最想前往的三个岛屿：

• 我们的岛屿名称：

• 岛屿标志物及其含义：

• 岛屿关键词：

说明：这 6 个岛屿实际上代表着霍兰德提出的 6 种类型。做完这个活动后，你应当能得出自己最有兴趣的前 3 个类型，亦即你的霍兰德代码，并对 6 种类型的基本特征有所了解。

需要注意的是，这只是对你兴趣类型的一个初步判断。因为霍兰德理论比较复杂，初学者对霍兰德类型的掌握不深入，再加上社会期望和缺乏自我认识等原因，个人不易准确地判断自己的职业兴趣类型，因此最好通过职业兴趣测试来加以确认。

（三）职业价值观

事实上，一个人接受、拒绝什么，接近、疏远谁，都有其内在的价值标准，体现了不同的价值观。

1. 价值观与职业价值观

价值观是人们在考虑问题时所看重的原则和标准，是人们内在的驱动力。因此，价值观在人们的生涯发展中往往起到极其重要的、决定性的作用，甚至可能超过了兴趣和性格对个人的影响。在我们的生活中，我们可以看到价值观对我们的巨大影响，比如，你的父母是不是常常用他们的价值标准来影响你对专业、职业的选择？而当你的观点与他们的意见发生分歧的时候，这种冲突是否也是不同价值观之间矛盾冲突的体现？

职业价值观也叫工作价值观，是个人追求与工作相关的目标，亦即个人在从事满足自己内在需求活动时所追求的工作特质或属性，是个体价值观在职业问题上的反映。职业价值观具有如下特性。

（1）主体差异性。职业价值观与价值观一样具有主观性，是作为主体的人在选择职业时对职业意义的认识，对职业好坏的评价是出于人自身需要的。虽然在同一时代、同一社会生活环境中，人们的价值观有一定的共同特性，但由于先天条件和经历不同，价值观的形成受到的影响不同，彼此有相对独立的选择性，从而形成自己特有的职业价值观。

（2）相对稳定性。在家庭、社会环境、教育的影响下，在个体成长发展和寻找职业的进程中，职业价值观会逐步形成。个体一旦形成自己的职业价值观，便具有相对稳定性，能保持相当长的时间。在现实中，可能会遇到总是在不停地变换职业的人。如果寻找的职业是不同的职业，说明他的价值观在形成之中，尚未定型；如果寻找的职业是同类职业或相近职业，说明前者——寻找同类职业，体现了他的职业价值观的一致性、稳定性，后者——寻找相近职业，体现了他的职业价值观的综合多样性和相对稳定性。

（3）变化性。由于时代变迁、社会影响、个人的社会阅历与工作经验增加、知识的积累、立场的改变，甚至遭遇特别的生活、工作事件，都可能导致个体职业价值观的改变。由于时代的巨大变迁、多元价值体系的冲击以及个人的成长和发展所带来的变化，个人的价值观常常变得混乱，因此，个人需要对自己的价值观进行探索。一个人越清楚自己的价值观，越了解自己在工作和生活中想要寻求什么、什么对自己来说最重要，他的生涯发展目标也就越清晰。

2. 职业价值观与职业

根据不同的划分标准，人们对职业价值观的种类划分也不同。美国心理学家洛特克在其所著《人类价值观的本质》一书中，提出 13 种价值观：成就感、审美追求、挑战、健康、收入与财富、独立性、爱、家庭与人际关系、道德感、欢乐、权利、安全感、自我成长和社会交往。我国学者阚雅玲将职业价值观分为 12 类：收入与财富、兴趣特长、权力地位、自由独立、自我成长、自我实现、人际关系、身心健康、环境舒适、工作稳定、社会需要、追求新意。

职业价值观是人生目标和人生态度在职业选择方面的具体表现，也就是一个人对职业的认识和态度以及他对职业目标的追求和向往。它是一种明确的目的性、自觉性和坚定性的职业选择的态度和行为，对一个人的职业目标和择业动机起着决定性的作用。职业专家通过大量的调查，归纳出职业价值观与职业的相关性，如表 4-1 所示。

表4-1　职业价值观与职业

职业价值观	特点	相应职业类型
自由型（非工资生活者型）	不受别人指使，凭借自己的能力拥有自己的小天地，不愿意受人干涉，想充分施展本领	室内装修专家、图书管理员、摄影师、音乐教师、作家、演员、记者、诗人、作曲家、编剧、雕刻家、漫画家

续表

职业价值观	特点	相应职业类型
经济型（也称经理型）	断然认为世界上的各种关系都建立在金钱的基础上，包括人与人之间的关系，甚至父母与子女之间的爱也带有金钱的烙印。这种类型的人确信，金钱可以买到世界上所有的幸福	各种职业中都有这种类型的人，商人尤其如此
支配型（独断专行型）	想当上组织的一把手，飞扬跋扈，无视他人的想法，为所欲为，且视此为无比快乐	进货员、商品批发员、旅馆经理、饭店经理、广告宣传员、调度员、律师、政治家、零售商等
小康型	追求虚荣，优越感也很强，很渴望能有社会地位和名誉，希望常常受到众人尊重，欲望得不到满足时，由于过于强烈的自我意识，有时反而很自卑	记账员、会计、银行出纳、法庭速记员、成本估算员、税务员、核算员、打字员、办公室职员、统计员、计算机操作员等
自我实现型	不关心平常的幸福，一心一意想发挥个性，追求真理，不考虑收入、地位及他人对自己的看法，尽力挖掘自己的潜力，施展自己的本领，并视此为有意义的生活	气象学者、生物学者、天文学家、药剂师、化学家、科学报刊编辑、地质学者、物理学者、数学家、实验员、科研人员、科技作者等
志愿型	富于同情心，把他人的痛苦视为自己的痛苦，不愿干表面上哗众取宠的事，把默默地帮助不幸的人视为无比快乐	社会学者、导游、福利机构工作者、咨询人员、社会工作者、社会科学教师、护士等
技术型	性格沉稳，做事组织严密，井井有条，并且对未来充满平常心态	木匠、农民、工程师、飞机机械师、野生动物专家、自动化技师、机械工、电工、火车司机、公共汽车司机、机械制图员等
合作型	人际关系较好，认为朋友是最大的财富	公关人员、推销人员、秘书等
享受型	喜欢安逸的生活，不愿从事任何挑战性的工作	无固定职业类型

3. 职业价值观测评与职业匹配

职业价值观在为个体进行职业生涯规划设计的过程中非常重要，这是因为它是以人们实际的生活、工作经历和他人的反馈为基础形成的。即使面临非常困难的状况，职业价值观在职业选择过程中也往往不会被放弃。所以，进行职业价值观的测试，可以使个体更好地选择最适合他的工作环境和工作领域，并且更好地规划其职业发展方向。比如，通过测试，一名员工的职业价值观为“技术 / 职能型”，那么意味着其在实际工作中应尽量在“技术 / 职能”领域发展，而不一定朝着管理者的方向努力；又如，一个员工的职业价值观是“安全 / 稳定型”，那么该员工可能更加倾向于做一份稳定的工作，而不见得非要升到一个收入较高但同时责任也较大的工作岗位。

相关链接

练习1：有关“工作”的一分钟联想

请你在纸上写下“我希望做________________”。在一分钟的时间内尽可能多地写下你头脑中所联想到的任何短语。

____

____

请思考：你在工作中寻找的是什么？你判断工作“好”与“坏”的标准是什么？请将所写的内容、你的思考与同伴分享。

例如，能激发我的灵感，具有创造性，有较大成就感，不要总是重复、单调（多样性）；可以发挥自己的才能潜质；能够从中学习到很多东西；受人尊重，有一定的社会地位；机会多。

请大家注意用下画线标出的词语。它们都反映了个人在工作中所寻找的是什么、需要的是什么、用什么样的标准来判断工作的“好”与“坏”等。它们就是我们的工作价值观。

练习2：价值观拍卖

假设你正在参加一次有关工作、生活价值观的拍卖活动。所有拍卖物品的底价都是500元，每次竞拍报价需要以至少100元，但不超过1000元的幅度上升。每种物品只能由一个人购得。现在你手里有5000元。请浏览以下的拍卖品清单，然后决定你将如何参与竞拍。请好好把握这一生仅有的一次机会。

生活价值	为此项分配的金额	最高报价	成交价
家庭			
保健			
安全感			
成功			
爱			
和谐			
探险			
自然			
创造价值			
信仰			

工作价值	为此项分配的金额	最高报价	成交价
物质保障			
成就			
名誉			
独立自主			
服务他人			
多样性			

创造性 ________ ________ ________
挑战性 ________ ________ ________
人际交流 ________ ________ ________
担负责任 ________ ________ ________
发展与成长 ________ ________ ________

请列出你最想购买的物品以及你愿意为之付出的最大金额。

物品	最高报价

二 个性特征

（一）职业气质

俗话说：“物以类聚，人以群分。”在职业活动中，每个人会表现出自己的气质特征。

1. 气质

在日常生活中，有人性情急躁，易发脾气，喜怒形之于色，遇事缺乏三思；有人说话、做事总是慢条斯理，不轻易动肝火，遇事犹豫不决；有人活泼好动、善交朋友、易适应环境；有人则喜欢独处、安静，少言寡语，虽然内心不快，但不立即暴露出来。这些心理活动的差别是人们不同气质的表现。所谓气质，是指个体不以活动目的和内容为转移的典型的、稳定的心理活动的动力特性，是一个人心理活动在速度、灵活性、强度和指向性等方面特征的综合。心理活动的速度和灵活性主要指知觉的速度、思维的灵活程度、注意力集中时间的长短等；强度主要指情绪的强弱、意志努力的程度等；指向性即个体的心理活动是倾向于外部现实还是倾向于自己的内心世界。

气质是个体心理活动的动力特性，影响着个体活动的一切方面，仿佛使一个人的整个活动表现都涂上了个人独特的色彩。具有某些气质特征的人常常在不同的活动中显示出同样性质的动力特点。例如，有些学生上课时总是坐立不安，考试总是十分慌张，遇事总是沉不住气等。这说明这些学生具有情绪易激动的气质特征。无论干任何事情，气质总是表现为不以活动动机、目的为转移的稳定的心理动力特性。

气质是相当稳定的。当把气质同其他个性心理特征（如能力、性格）进行比较时，多数心理学家都认为气质是非常稳定的。“江山易改，禀性难移。”有人曾对同卵双生子进行 14 年的追踪研究，发现他们的气质几乎没有什么变化。当然，气质并不是一点不变，在生活条件和教育的影响下，它可以被掩盖并缓慢地发生变化，逐渐符合社会实践的要求，但其稳定性是主要的。

气质受遗传影响较大，主要决定于个体的生物学因素（如人的高级神经活动特征）。这也正是气质具有很强稳定性的原因。研究表明，新生婴儿已具有气质差异。在医院婴儿室，可以看到有些新生儿很爱哭，哭起来也很厉害，而有些则文静一些。盖赛尔、斯卡尔及我国心理学家林崇德（1982）等对同卵、异卵双生子的研究，均证实了气质的天赋性及个体间的差异性。

2. 气质类型

气质类型是指每一类人共同具有的各种气质特征的有规律的结合。气质类型说始于古希腊医生希波克拉底的体液说，以及后来的罗马医生盖伦提出的气质说。现代心理学借用最初多血质、胆汁质、黏液质和抑郁质的名称，根据气质的心理特征指标（如感受性、耐受性、反应的敏捷性与情绪的兴奋性的高低、大小，以及可塑性、内外倾向性等）进行了严格科学的划分，确定了相应的内涵。

四种基本气质类型在情绪和行为方式以及智力活动方面有不同的典型表现。

（1）胆汁质。胆汁质的人反应速度快，具有较高的反应性与主动性。这类人情感和行为动作产生得迅速而且强烈，有极明显的外部表现；性情开朗、热情、坦率，但脾气暴躁，好争论；情感易于冲动但不持久；精力旺盛，经常以极大的热情从事工作，但有时缺乏耐心；思维具有一定的灵活性，但对问题的理解具有粗枝大叶、不求甚解的倾向；意志坚强、果断勇敢，注意力稳定、集中但难于转移；行动利落而又敏捷，说话速度快且声音洪亮。

（2）多血质。多血质的人行动具有很高的反应性。这类人情感和行为动作发生得很快，变化得也快，但较为温和；易于产生情感，但体验不深，善于结交朋友，容易适应新的环境；语言具有表达力和感染力，姿态活泼，表情生动，有明显的外倾性特点；机智灵敏，思维灵活，但常表现出对问题不求甚解；注意与兴趣易于转移，不稳定；在意志力方面缺乏忍耐性，毅力不强。

（3）黏液质。黏液质的人反应性低。情感和行为动作进行得迟缓、稳定、缺乏灵活性；这类人情绪不易发生，也不易外露，很少产生激情，遇到不愉快的事也不动声色；注意稳定、持久，但难于转移；思维灵活性较差，但比较细致，喜欢沉思；在意志力方面具有耐性，对自己的行为有较大的自制力；态度持重，好沉默寡言，办事谨慎细致，从不鲁莽，但对新的工作较难适应，行为和情绪都表现出内倾性，可塑性差。

（4）抑郁质。抑郁质的人有较高的感受性。这类人情感和行为动作进行得都相当缓慢，柔弱；情感容易产生，而且体验相当深刻，隐晦而不外露，易多愁善感；往往富于想象，聪明且观察力敏锐，善于观察他人观察不到的细微事物，敏感性高，思维深刻；在意志方面常表现出胆小怕事、优柔寡断，受到挫折后常心神不安，但对力所能及的工作表现出坚忍的精神；不善交往，较为孤僻，具有明显的内倾性。

相关链接

苏联心理学家巧妙设计了“看戏迟到”的特定问题情境，对四种典型气质类型的人进行观察研究。结果发现，四种基本气质类型的观众在面临同一情境时有截然不同的行为表现，气质使其心理活动染上了一种独特的色彩。

胆汁质的人面红耳赤地与检票员争吵起来，甚至企图推开检票员，冲过检票口，径直跑到自己的座位上去，并且还会埋怨说，戏院时钟走得太快了。

多血质的人明白检票员不会放他进去，他不与检票员发生争吵，而是悄悄跑到楼上另寻一个适当的地方来看戏剧表演。

黏液质的人看到检票员不让他从检票口进去，便想反正第一场戏不太精彩，还是暂且到小卖部待一会儿，待幕间休息再进去。

抑郁质的人对此情景会说自己老是不走运，偶尔来一次戏院，就这样倒霉，接着就垂头丧气地回家了。

在现实生活中，并不是每个人的气质都能归入某一气质类型。除少数人具有某种气质类型的典型特征之外，大多数人都偏于中间型或混合型，也就是说，他们较多地具有某一类型的特点，同时又具有其他气质类型的一些特点。

上海师范大学卢家楣教授还从气质的情绪特性，即从情绪兴奋的敏感性、强度、速度、变化、外显性以及易控性六方面分析了四种典型气质类型的情绪特性，认为胆汁质的人情绪粗犷，多血质的人情绪丰富，黏液质的人情绪贫乏，抑郁质的人多愁善感，从一个新的视角对气质做了研究。

3. 气质对职业活动的影响

气质作为人行为方式的影响因素，虽对活动效果不起决定作用，但对职业活动，尤其是一些特殊职业活动来说却具有重要作用。了解气质，可以帮助大学生选择合适的专业和职业，也可以根据兴趣来改造或掩盖自己的气质。

（1）不同职业对从业者可能有不同的气质要求，不同气质的人对职业的适合度不同。社会上的职业林林总总，各具特色。有些需要从业者有较强的耐受性，注意力能长时间集中，而有些则要求从业者反应敏捷、动作灵活。例如，对于从事纺织工作的纺织女工，要求具有注意力稳定且善于转移、动作敏捷等品质。对医务人员则要求具有反应灵敏、耐心、细致等品质。一般来说，要求速度的工作，多血质和胆汁质特征的人更适合；要求稳定、持久性的工作，黏液质特征的人更适合；要求精细、敏锐的工作，抑郁质特征的人更能胜任等。在一般性的学习和工作中，这种影响并不显著，这是由于气质的积极方面对其消极方面有补偿作用。例如，多血质的人注意力转移灵活可弥补其注意力不稳定的特点；黏液质的人细致耐心可适当补偿其速度的不足。而且，后天形成的性格也会掩盖其某些气质特征。如一个胆汁质的医科学生可能因为专业的要求，而在后天培养起谨慎的性格特征，从而掩盖其粗心、冲动的一面。不同气质特质的人对不同类型职业活动的偏爱也有所不同。研究发现，在律师和图书管理员这两种具有不同刺激负荷的职业中，高、低反应性被试的分布不同：在 19 名喜爱律师职业的被试中，14 人为低反应性的；在 23 名喜欢图书管理员职业的被试中，15 人为高反应性个体。这说明气质特征与个体活动爱好有关，人可以通过选择活动、职业和环境来满足由自己气质特点决定的心理需求。

（2）气质与特殊职业。气质对人职业活动的影响在一般职业中表现得并不明显，而在一些特殊职业中，如宇航员、参加国际比赛的运动员、雷达观察员等，职业对其气质特质的要求则较为严格。从事这些职业的人必须经过气质特质的测定，进行严格的选择和培训，才能胜任这类活动。比如，一级方程式赛车手，其气质特质对其职业运动成绩起着非常重要的作用。苏联宇航员加加林在起飞前 7 分钟还能睡得很好，情绪稳定性是他成为宇航员的重要条件。英国学者艾森克指出，外向的人不能很好地担任警戒任务，据此雷达管理员应该由内向的人来担任。

（3）气质与职业成就。在一般职业活动中，气质并不决定一个人的职业成就，这已为众多气质心理学家所公认。在同一职业领域内，人们可以找出不同气质类型的代表；在不同领域的突出人员中，也可以找出同一气质类型的代表。研究发现，俄国四位著名文学家，普希金属于胆汁质，赫尔岑属于多血质，克雷洛夫属于黏液质，果戈理属于抑郁质，他们虽属不同气质类型，但都取得了突出成就。达尔文和果戈理虽都属于抑郁质类型，但都在他们的专业方面获得了伟大的成就。因此，气质并不能决定一个人职业活动的社会价值和成就高低，不同气质类型的人都可以在各自的专业中发挥重要作用，成为出类拔萃的人。

（二）职业性格

1. 性格与职业性格

性格是人在对现实的、稳定的态度和习惯化的行为方式中表现出来的个性心理特征。如聪明与愚笨、诚实与虚伪、自尊与自卑，都是对个人性格特征的描述。态度是个体对事物、自己和他人所持的评价和行为倾向。个体在长期的生活实践中逐渐形成对现实的各种稳定态度，以一定的方式表现于个体行为之中，构成了个体特有的行为方式，性格便形成了。

性格具有以下四个方面的特征。

（1）态度特征：指人在对客观现实的稳固态度方面所表现出来的个体差异。该特征包括对社会、集体和他人的态度，对学习、工作、劳动和劳动产品的态度，对自己的态度等方面的性格特征。

（2）理智特征：指人在认知过程中的性格特点，也称为认知特征，主要指人在感知、记忆、想象和思维等认知过程中的认知特点和风格的个体特征。

（3）情感特征：指人在情绪、情感活动中的性格特征，主要指人在情绪的稳定性、持续性及稳定心境等方面表现出来的个体差异。

（4）意志特征：指人对自我行为的控制水平、目标明确及长期工作和紧急情况下表现出来的个体差异。

性格的态度、理智、情感和意志特征四方面紧密联系，相互影响，其中态度、意志特征在性格特征中占主导地位。

职业性格是一个人对职业的稳定态度和在职业活动中习惯化了的行为方式所表现出来的个性心理特征。不同的职业需要不同性格的从业者，某一类职业工作者能体现某一类共同的职业性格。

2. 职业性格和职业活动

性格直接影响甚至决定所从事的职业活动。职业不同，所需要的从业者的性格不同；同一类职业工作者能体现其共同的职业性格。比如，作为合格的医务工作者，应体现出精益求精、一丝不苟的职业态度，救死扶伤的人道主义精神，高度的责任感和必备的同情心等特征。试想，一个马马虎虎、随便拖沓的人作为一名外科医生或者手术麻醉师，那会是什么样的后果。性格通过掩盖和改变气质而间接影响职业活动。例如，一名医生，经过严格的医学知识学习和技能培训，以及规范、严谨的临床实践，养成了严格认真、沉着冷静等性格特征，可能掩盖和改造着原本是胆汁质的容易冲动和缺乏自制的气质特征，使气质服从职业的需要。性格通过促进能力的形成和发展而间接影响职业活动。学习成绩好、智力发展水平高的大学生都具有较强的耐心、意志力和自制力。俗话说的“笨鸟先飞”“勤能补拙”，均表现了良好的性格特征可以补偿某种能力的缺陷。

3. 职业性格测试与职业匹配

（1）性格类型。性格类型指一类人身上所共有或相似的性格特征的独特结合。性格分类多种多样，没有绝对的分类原则。下面简述五种分类。

①英国心理学家培因和法国心理学家李波特根据智力、情绪、意志三种心理机能各自所占的优势来确定为理智型、情感型和意志型。

②瑞士心理学家荣格根据个体心理活动划分为外倾型和内倾型，有人把内外向性格各分为5种，具有不同的特点，如表4-2所示。

表4-2　内向型和外向型性格的特点

内向型		外向型	
孤独型	沉默寡言、谨慎、消极、孤独	社交型	爽朗积极、能言善辩、顺应
思考型	善于思考、深入钻研、提纲挈领	行动型	现实、说干就干、易变化、好动
丧失自信型	自卑、自责、自罪感	过于自信型	瞧不起别人、过高估计自己
不安型	规矩、清高、小心	乐天型	胆量大、大方、不拘小节
冷静型	小心谨慎、沉着、稳重	感情型	敏感、喜怒哀乐变化无常

③德国的哲学家、教育学家普斯兰格根据人类的各种生活方式，把人的性格分为相对应的理论型、经济型、权力型、社会型、审美型和宗教型六种类型。

④我国的心理学家卢家楣根据个体独立性格将性格划分为独立型、顺从型和反抗型，颇具新意和实践意义。

⑤弗里德曼等根据人们在时间上的匆忙感、紧迫感等特点，划分出A型与B型性格；A型是竞争、进取型的人；B型正好相反，为非竞争型的人。该类型划分有助于个体的身心健康。

（2）职业性格与职业类型。

练习：签名

请同学们拿出一张空白纸，在纸上签下自己的名字。

请换一只手，再次在纸上签下自己的名字。

两次签名有什么不同的感受？请用几个词来形容。

当我们用自己常用的那只手签名时，通常会感到得心应手，很自如，几乎不假思索，也不用费什么力气，对自己能够做好这件事也很有自信。而当我们用另一只手签名时，就感到不习惯、别扭、费劲，而且签的名字也歪歪扭扭，不过，我们发现自己也还是可以用这只手签名的。我们在其他事情上也是如此，天生有自己擅长的一面，也有自己不擅长的一面。它们没有好坏或者对错之分。如果能够找到一个适合的环境，使我们在其中发挥自己的长处和优势，那么我们会很自信，并且往往会取得佳绩。相反，如果要求我们做不擅长的事情，那么多半会感到不舒服、不自在，而且可能干不好工作。如果我们知晓自己性格上的“左右手”，并了解与之相适应的环境和职业，就能帮助我们做出合乎自己情况的职业选择。这样的最佳匹配会使我们成为有效的工作者。

（三）职业能力

1. 能力、智力与职业活动

在心理学中，能力是个性结构特征中的效能系统，关系到心理活动和行为的效率。能力是直接影响人的活动效率，并使活动的任务得以顺利完成的那些最必需的个性心理特征，是个体完成活动的主观条件。

（1）能力。一般说来，能力包括一般能力和特殊能力。一般能力，是指顺利完成各种活动所必备的基本能力，这种能力最集中体现在认知活动中，也就是一般意义上的智力，我们也可称之为认知能力或认知智力。如观察力（对事物的观察、理解和判断等）、记忆力（记忆的速度、准确性、持久性等）、思维力（对事物的分析、综合、抽象和概括等）、想象力（想象的主动性、新颖性等）和语言能力（语言的丰富性、流畅性等），这些方面均是个体在认知活动中表现出来的能力。特殊能力，是指顺利完成某种特殊活动所必备的专门能力，与某些职业活动紧密相关。如绘画能力、音乐能力、写作能力和运动能力等。

在人的成长发展中，一般能力和特殊能力有机地结合。一般能力是特殊能力的基础，为特殊能力的发展与发挥创造有利条件。在职业活动中表现出来的能力即职业能力，既与特殊能力有关，又与一般能力密不可分，我们对应称之为特殊职业能力和一般职业能力。比如，从事建筑规划的设计师要具备绘画等特殊能力；一名优秀的外科医生要具备精细手术的动手能力以及书写病历的文书能力等特殊能力，这是由他们的职业性质决定的。除了这些必要的特殊职业能力，他们还要具备必需的观察能力、记忆能力、想象能力以及一定的分析思维能力等一般职业能力。在职业活动中，注重发展自己的特殊能力的同时，也应注重一般能力的发展，这样才能提高职业活动的效率。

（2）智力。智力是一般能力的综合或侧重于认知能力，也称为认知智力，是个人通过感知、记忆、思维等认知过程获得知识和保存知识的能力。在观察力、记忆力、思维力和想象力等智力因素中，以思维力为核心。智力是完成各种活动的最基本的心理条件。智力的发展与先天的遗传因素、家庭和学习等生长环境相关。为了便于理解智力的内涵，我们加以具体的说明。

①观察力。观察是有一定目的的、比较持久的和主动的知觉，是通过感觉器官去认识某种事物的心理过程，表现为善于全面、正确、深入地认识事物特点及其发展过程的能力，是智力活动的源泉和门户。人们通过观察获得大量的感性材料，获得有关事物的鲜明而具体的印象，经思维活动的加工、提炼，上升到理性认识，从而促进智力的发展。

②记忆力。记忆是人对于过去经历的事物的反映。记忆力是人脑对经历过的

事物进行存储和再现的能力。记忆力在人才成长过程中起着十分重要的作用，正如希腊剧作家艾斯鸠鲁所说:“记忆是智慧之母。”

③思维力。思维是人脑对客观现实间接的、概括的反映，是借助语言、表象、动作来实现的，是揭示事物本质特征和内部规律的认识过程。思维力是指人脑间接地、概括地反映客观事物及其规律的能力，它是智慧的核心。

④想象力。它是指在头脑中对已有表象进行加工改造，创造新形象的能力。比如，工程师在制造一台新机器前，可以在头脑中对这台机器反复琢磨、改造，最后成型；学生在校外社会实践之前，会通过查找相关资料，听有关老师或同学介绍情况，把整个过程想象一番，激励自己完成实践活动。

2. 知识、技能与能力

在日常生活中，知识、技能也是人们常听到的词，那么，知识、技能和能力有什么区别呢？

首先，能力与知识、技能是不同的，知识是人类社会历史经验的总结和概括，是一个人对事实、理论、规则和其他信息等的知晓和理解。它既包括感性知识（如感知冷、热、甘、苦等），也包括理性知识（如对自然现象的解释）。知识对于职业活动来说最重要，但有了知识并不等于就能促进职业发展。技能是通过学习而巩固了的已经“自动化”、完善化了的动作方式，是得以完成一定任务的智能操作系统，是能力的实践性活动，常常体现为一定的熟练性。而能力是一种个性心理特征，从形成上来看，它是在个体身体上固定下来的概括化的东西。一个人的知识和技能可以随着年龄的增加而不断地积累或提高，但一个人的能力就与此有所不同。在人的一生中，可以说，能力随着年龄的增加有一个从形成、发展到衰退的过程。

其次，能力和知识、技能又是相互联系、相互转化的。能力是掌握知识和技能的必要前提，没有最起码的观察力、记忆力，感性知识就无法接受；没有一定的比较、抽象和概括能力，理性知识也难以领会。同时，能力的高低也会影响知识、技能的快慢、深浅、难易和巩固的程度。反过来，掌握知识、技能也会导致能力的提高。人们在掌握系统的科学知识的同时，也发展了自己的观察能力、分析综合能力和抽象概括能力。

3. 职业能力倾向

能力倾向是相对于能力的显性和隐性，或者说现实性与潜在性来说的。个体潜在性的能力即为潜在能力或能力倾向，而现实性或显性的能力即我们通常说的能力。每个人都有多种能力倾向，只是所侧重的方面和程度有所不同。这种差异主要取决于先天因素，但通过一定的学习和专门训练，是可以使这种潜在的能力水平得以提高的，有人甚至实现了能力倾向的转化，而具有了外在的能力。比如，没有人一出生就会唱歌，但有的人从小就对音乐感兴趣，这可能与家庭熏陶或启蒙教育有关，如果这个人意识到了他的音乐能力倾向，并有意识地加以训练，慢慢地，这种音乐能力倾向程度会越来越强，从而最终转化为外在的音乐特殊能力。

职业能力倾向，是指一个人所具有的有利于其在某一职业方面成功的潜在素质的总和。也就是为有效地进行某类特定职业活动所必须具备的、潜在的特殊能力素质，是经过适当的训练或被安置于适当的环境下，完成某项职业活动的潜在可能性或潜力。更具体地说，职业能力倾向可细分为与某种特定职业相联系的各种职业能力倾向，如音乐职业能力倾向、运动职业能力倾向、美术职业能力倾向、机械职业能力倾向、行政职业能力倾向、企业管理职业能力倾向等。职业能力倾向性的大小可以通过职业能力倾向测验加以评定。

相关链接

表4-3　职业能力倾向自我评定量表

	强 1	较强 2	一般 3	较弱 4	弱 5
1. 一般学习能力倾向（G）					
（1）快而容易地学习新的内容	（ ）	（ ）	（ ）	（ ）	（ ）
（2）快而正确地解决数学题目	（ ）	（ ）	（ ）	（ ）	（ ）
（3）你的学习成绩总的来说处于	（ ）	（ ）	（ ）	（ ）	（ ）
（4）对课文的字、词、段落和篇章的理解、分析和综合的能力	（ ）	（ ）	（ ）	（ ）	（ ）
（5）对学习过程的材料的记忆能力	（ ）	（ ）	（ ）	（ ）	（ ）
各等级次数累积	（ ）	（ ）	（ ）	（ ）	（ ）
	×1	×2	×3	×4	×5
总计分数（ ）=	（ ）	+（ ）	+（ ）	+（ ）	+（ ）
自评等级（ ）=	总计分数（ ）÷5				
2. 语言能力倾向（V）					
（1）善于表达自己的观点	（ ）	（ ）	（ ）	（ ）	（ ）
（2）阅读速度快，并能抓住中心内容	（ ）	（ ）	（ ）	（ ）	（ ）
（3）掌握词汇量的程度	（ ）	（ ）	（ ）	（ ）	（ ）
（4）向别人解释难懂的概念	（ ）	（ ）	（ ）	（ ）	（ ）
（5）你的语文成绩	（ ）	（ ）	（ ）	（ ）	（ ）
各等级次数累积	（ ）	（ ）	（ ）	（ ）	（ ）
	×1	×2	×3	×4	×5
总计分数（ ）=	（ ）	+（ ）	+（ ）	+（ ）	+（ ）
自评等级（ ）=	总计分数（ ）÷5				

续表

	强	较强	一般	较弱	弱
	1	2	3	4	5
3. 算术能力倾向（N）					
（1）做出精确的测量（如测量长、宽、高等）	（ ）	（ ）	（ ）	（ ）	（ ）
（2）笔算能力	（ ）	（ ）	（ ）	（ ）	（ ）
（3）口算能力	（ ）	（ ）	（ ）	（ ）	（ ）
（4）打算盘	（ ）	（ ）	（ ）	（ ）	（ ）
（5）你的数学成绩	（ ）	（ ）	（ ）	（ ）	（ ）
各等级次数累积	（ ）	（ ）	（ ）	（ ）	（ ）
	×1	×2	×3	×4	×5
总计分数（ ）=	（ ）	+（ ）	+（ ）	+（ ）	+（ ）
自评等级（ ）=	总计分数（ ）÷5				
4. 空间判断能力倾向（S）					
（1）解决立体几何方面的习题	（ ）	（ ）	（ ）	（ ）	（ ）
（2）画三维度的立体图形	（ ）	（ ）	（ ）	（ ）	（ ）
（3）看几何图形的立体感	（ ）	（ ）	（ ）	（ ）	（ ）
（4）想象盒子展开后的平面形状	（ ）	（ ）	（ ）	（ ）	（ ）
（5）想象三维度和三维度的物体	（ ）	（ ）	（ ）	（ ）	（ ）
各等级次数累积	（ ）	（ ）	（ ）	（ ）	（ ）
	×1	×2	×3	×4	×5
总计分数（ ）=	（ ）	+（ ）	+（ ）	+（ ）	+（ ）
自评等级（ ）=	总计分数（ ）÷5				
5. 形状知觉能力倾向（P）					
（1）发现相似图形中的细微差异	（ ）	（ ）	（ ）	（ ）	（ ）
（2）识别物体的形状差异	（ ）	（ ）	（ ）	（ ）	（ ）
（3）注意到多数人所忽视的物体的细节部分	（ ）	（ ）	（ ）	（ ）	（ ）
（4）检查物体的细节	（ ）	（ ）	（ ）	（ ）	（ ）
（5）观察图案是否正确	（ ）	（ ）	（ ）	（ ）	（ ）
各等级次数累积	（ ）	（ ）	（ ）	（ ）	（ ）
	×1	×2	×3	×4	×5
总计分数（ ）=	（ ）	+（ ）	+（ ）	+（ ）	+（ ）
自评等级（ ）=	总计分数（ ）÷5				
6. 书写知觉能力倾向（Q）					
（1）快而准确地抄写资料（诸如姓名、日期、电话号码等）	（ ）	（ ）	（ ）	（ ）	（ ）
（2）发现错别字	（ ）	（ ）	（ ）	（ ）	（ ）
（3）发现计算错误	（ ）	（ ）	（ ）	（ ）	（ ）
（4）在图书馆很快地查找编码卡片	（ ）	（ ）	（ ）	（ ）	（ ）
（5）自我控制能力（如较长时间地抄写资料）	（ ）	（ ）	（ ）	（ ）	（ ）
各等级次数累积	（ ）	（ ）	（ ）	（ ）	（ ）
	×1	×2	×3	×4	×5
总计分数（ ）=	（ ）	+（ ）	+（ ）	+（ ）	+（ ）
自评等级（ ）=	总计分数（ ）÷5				

续表

	强	较强	一般	较弱	弱
	1	2	3	4	5
7. 眼手运动协调能力倾向（K）					
（1）玩电子游戏	（ ）	（ ）	（ ）	（ ）	（ ）
（2）打篮球或打排球	（ ）	（ ）	（ ）	（ ）	（ ）
（3）打乒乓球或羽毛球	（ ）	（ ）	（ ）	（ ）	（ ）
（4）打算盘	（ ）	（ ）	（ ）	（ ）	（ ）
（5）打字	（ ）	（ ）	（ ）	（ ）	（ ）
各等级次数累积	（ ）	（ ）	（ ）	（ ）	（ ）
	×1	×2	×3	×4	×5
总计分数（ ）=	（ ）	+（ ）	+（ ）	+（ ）	+（ ）
自评等级（ ）=	总计分数（ ）÷5				
8. 手指灵巧度（F）					
（1）灵巧地使用很小的工具（如镊子等）	（ ）	（ ）	（ ）	（ ）	（ ）
（2）穿针眼、编织等使用手指的活动	（ ）	（ ）	（ ）	（ ）	（ ）
（3）用手指做一件小手工艺品	（ ）	（ ）	（ ）	（ ）	（ ）
（4）使用计算器的灵巧程度	（ ）	（ ）	（ ）	（ ）	（ ）
（5）弹琴	（ ）	（ ）	（ ）	（ ）	（ ）
各等级次数累积	（ ）	（ ）	（ ）	（ ）	（ ）
	×1	×2	×3	×4	×5
总计分数（ ）=	（ ）	+（ ）	+（ ）	+（ ）	+（ ）
自评等级（ ）=	总计分数（ ）÷5				
9. 手腕灵巧度（M）					
（1）用手把东西分类（如把一大堆苹果分为大、中、小三类）	（ ）	（ ）	（ ）	（ ）	（ ）
（2）在推和拉东西时手的灵活度	（ ）	（ ）	（ ）	（ ）	（ ）
（3）很快地削水果	（ ）	（ ）	（ ）	（ ）	（ ）
（4）灵活地使用手工工具（如榔头、锤子等）	（ ）	（ ）	（ ）	（ ）	（ ）
（5）在绘画、雕刻等手工活动中手的灵活性	（ ）	（ ）	（ ）	（ ）	（ ）
各等级次数累积	（ ）	（ ）	（ ）	（ ）	（ ）
	×1	×2	×3	×4	×5
总计分数（ ）=	（ ）	+（ ）	+（ ）	+（ ）	+（ ）
自评等级（ ）=	总计分数（ ）÷5				

统计：在下列括号中填写你的每一职业能力倾向的自我评定等级。

职业能力倾向	自我评定等级
一般学习能力倾向（G）	（ ）
语言能力倾向（V）	（ ）
算术能力倾向（N）	（ ）
空间判断能力倾向（S）	（ ）
形状知觉能力倾向（P）	（ ）

续表

书写知觉能力倾向（Q）　　（　）

眼手运动协调能力倾向（K）　　（　）

手指灵巧度（F）　　（　）

手腕灵巧度（M）　　（　）

在确定你的每一种职业能力倾向后，参阅下面关于职业对人的职业能力倾向的要求。

职业与其所要求的职业能力倾向的基本标准

在等级数字下有“•”的职业能力倾向等级表示此职业所必须达到的职业能力倾向水平。材料部分引用于国外资料，它不一定完全适合中国。但是，从中可以了解部分职业对人的职业能力倾向要求的高低，此材料仅供参考。

表4-4　职业与其所要求的职业能力倾向

职业类别	G V N S P Q K F M	职业类别	G V N S P Q K F M
生物学家	1 1 1 2 2 3 3 2 3	大学教师	1 1 3 3 2 3 4 4 4
建筑师	1 1 1 1 2 3 3 3 3	中学教师	2 2 3 4 3 3 4 4 4
测量员	2 2 2 2 2 3 3 3 3	小学和幼儿园教师	2 2 3 3 3 3 3 3 3
测量辅导员	4 4 4 4 4 4 3 4 3	职业学校教师（职业课）	2 2 2 3 3 3 3 3 3
制图员	2 3 2 2 2 3 2 2 3	职业学校教师（普通课）	2 2 3 4 3 3 4 4 4
建筑和工程技术专家	2 2 2 2 2 3 3 3 3	内、外、牙科医生	1 1 2 1 2 3 2 2 2
建筑和工程技术员	2 3 3 3 3 3 3 3 3	兽医学家	1 1 2 1 2 3 2 2 2
物理科学技术专家	2 2 2 2 3 3 3 3 3	护士	2 2 3 3 3 3 3 3 3
物理科学技术员	2 3 3 3 2 3 3 3 3	护士助手	3 4 4 4 4 3 3 3 3
农业、生物、动物、植物学的技术专家	2 2 2 4 2 3 3 2 3	工业药剂师	1 1 1 3 2 3 3 3 3
农业、生物、动物、植物学的技术员	2 3 3 4 2 3 3 3 3	医院药剂师	2 2 2 4 2 3 3 3 3
数学家和统计学家	1 1 1 3 3 2 4 4 4	营养学家	2 2 2 3 3 3 4 4 4
系统分析和计算机程序编制者	2 2 2 2 3 3 4 4 4	配镜师（医）	2 2 2 2 2 3 3 3 3
经济学家	1 1 1 4 4 2 4 4 4	配眼镜商	3 3 3 3 3 4 3 2 3
社会学家、人类学者	1 1 3 2 2 3 4 4 4	放射科技术人员	3 3 3 3 3 3 3 3 3
心理学家	1 1 2 2 2 3 4 4 4	药物实验室技术专家	2 2 2 3 2 3 3 3 3
历史学家	1 1 3 4 4 3 4 4 4	药物实验室技术员	2 3 3 3 3 3 3 3 3
哲学家	1 1 4 3 3 3 4 4 4	画家、雕刻家	2 3 4 2 2 5 2 1 2
政治学家	1 1 3 4 4 3 4 4 4	产品设计和内部装饰者	2 2 3 2 2 4 2 2 3
家政经济学家	2 2 2 3 3 3 3 3 3	舞蹈家	2 3 3 2 3 4 2 3 3
社会工作者	2 2 3 4 4 3 4 4 4	演员	2 2 4 3 4 4 4 4 4
社会服务助理人员	3 3 3 4 4 3 4 4 4	电台播音员	2 2 3 4 4 3 4 4 4

续表

职业类别	G V N S P Q K F M	职业类别	G V N S P Q K F M
法官	1 1 3 4 3 3 4 4 4	作家和编辑	2 1 3 3 3 3 4 4 4
律师	1 1 3 4 4 3 4 4 4	翻译人员	2 1 4 4 4 3 4 4 4
公证人	2 2 3 4 4 3 4 4 4	体育教练	2 2 2 4 4 3 4 4 4
图书馆管理学专家	2 2 3 3 4 2 3 4 4	体育运动员	3 3 4 2 3 4 2 2 2
图书馆、博物馆和档案管理员	3 3 3 2 2 4 3 2 3	秘书	3 3 3 4 3 2 3 3 3
职业指导者	2 2 3 4 4 3 4 4 4	打字员	3 3 4 4 4 3 3 3 3
记账员	3 3 3 4 4 2 3 3 4	农民	3 3 3 3 3 3 3 4 3
出纳员	3 3 3 4 4 2 3 3 4	饲养动物者	3 4 4 4 4 4 4 4 4
统计员	3 3 2 4 3 2 3 3 4	渔民	4 4 4 4 4 5 3 4 3
声讯台及电话接线员	3 3 4 4 4 3 3 3 3	矿工和采石工人	3 4 4 3 4 5 3 4 3
一般办公室职员	3 4 3 4 4 3 3 4 4	纺织工人	4 4 4 4 3 5 3 3 3
商业经营管理	2 2 3 4 4 3 4 4 4	机床操作工	3 4 4 3 3 4 3 4 3
售货员	3 3 3 4 4 3 4 4 4	锻工	3 4 4 4 3 4 3 4 3
警察	3 3 3 4 3 3 3 4 3	电器修理工	3 3 3 3 2 4 3 3 3
门卫	4 4 5 4 4 4 4 4 4	细木工	3 3 3 3 3 4 3 4 4
厨师	4 4 4 4 3 4 3 3 3	其他一般木工	3 4 4 3 4 4 3 4 3
招待员	3 3 4 4 4 4 3 4 3	电工	3 3 3 3 3 4 3 3 3
理发师	3 3 4 4 2 4 3 3 3	裁缝、服装设计	3 3 4 3 3 4 3 2 3
导游	3 3 4 4 4 4 3 4 3		
驾驶员	3 3 4 3 3 5 3 3 3		

表4-5　专业大类与可以从事的职业关系表

专业	职业
工科	工程师、技术员、技工、技师等
理科	研究员、教师、工程师、科学家、专业技术人员等
农科	农艺师、技术员、农场经营等
林科	园林管理、林场经营、工程师等
医学	医生、药剂师、护士、技师、保健师等
文学	教授、教师、记者、编辑、作家、剧作家等
财经	经济学家、经济师、统计师、会计、商务师等
师范	教育家、心理学家、教师、社会工作者等
政法	法官、律师、警察、公务员、公证员等
体育	职业运动员、教练、裁判、体育管理等
艺术	音乐家、作曲、画家、设计师、演员、导演等
管理	企业家、秘书、经济学家、行业管理等
服务	咨询师、服务员、营业员、经理等
旅游	导游、翻译、厨师、景区管理等

4. 技能的分类

对个人技能的认识建立在对技能分类的了解上。辛迪·梵和理查德·鲍尔斯将技能分为知识技能、自我管理技能、可迁移技能（或称通用技能）三种类型。通常人们比较容易想到自己所具有的知识技能，但实际上后两种技能更为重要。这些技能对于我们在竞争中胜出具有关键性的作用，使我们有可能不局限于自己所学的专业，可以在更广的范围内选择职业。

（1）知识技能。知识技能是指那些需要通过教育或者培训才能获得的特别的知识或能力，也就是个人所学习的科目、所懂得的知识。知识技能一般用名词来表示。知识技能不可迁移，也就是说，它们是一些特殊的语汇、程序和学科内容，必须经过有意识的、专门的培训才能掌握。它们常常与我们的专业学习或工作内容直接相关。

事实上，知识技能并非只有通过正式的专业教育才能获得。除了学校课程，课外培训、专业会议、讲座、研讨会、自学、资格认证考试等方式都可以帮助个人获得知识技能。因此，如果想从事本专业之外的工作而又不愿或不能重新选修一个专业的话，有许多途径可以帮助我们获得相关的知识技能。

需要注意的是，技能的组合非常重要。通常我们所说的复合型人才，正是指具有不同知识技能的人。技能的组合使得我们在人才市场上更具有竞争力，也更有可能将工作完成好。例如，如今懂英语的人很多，但既精通英语又精通建筑专业知识的人就不那么多了。而在大型合资建筑工程中，非常需要能与外国专家进行良好沟通的专业人才。再如，一个平面设计专业的心理系学生，更有可能在进行设计工作时运用自己的消费心理学知识与客户进行充分的沟通，令客户更加满意。从这个角度来说，不论你现在学习的专业是否是你所喜爱的，或是你将来要从事的，你从中获得的专业知识在某个时候就有可能派上用场，甚至一些并非你所学专业的看上去似乎并不那么起眼的知识，都有可能使你在求职中比他人略胜一筹。

从用人单位对应聘的大学生的反馈中，我们可以看出：大学生通常不乏知识技能，但常常缺少敬业精神、沟通能力等自我管理技能和可迁移技能。因此，大学生在校期间，一定要在学好专业知识的基础上，加强对自我管理技能和可迁移技能的培养。

（2）自我管理技能。自我管理技能经常被看作个性品质而非技能，因为它们被用来描述或说明人具有的一些特征。它涉及个体在不同的环境下如何管理自己：是勇于创新还是循规蹈矩，是认真还是敷衍了事，能否在压力下保持镇定，是否对工作有热情，是否自信，等等。

良好的自我管理技能能够帮助个体更好地适应周围的环境、应对工作中出现的问题，因此它也被称为适应性技能。一个人是如何使用自己的专业知识、以什么样的态度从事工作的，这甚至比工作内容本身更为重要。正是这样一些品质和态度，将个人与许多其他具有相同知识技能的候选人区别开来，最终得到一份工作，并能够适应新的环境和规则，在工作中获得加薪和晋升的机会。因此，有人称其为“成功所需要的品质、个人最有价值的资产”。

自我管理技能无论是一个人先天具有的还是后天习得的，都需要练习。它们可以从非工作（生活）领域迁移转换到工作领域。也就是说，耐心、负责、热情、敏捷这些技能并不是通过专门的课程学习到的，而是在日常生活中随时随地培养的。

（3）可迁移技能。可迁移技能就是一个人会做的事。比如教学、组织、说服、设计、安装、帮助、计算、考察、分析、搜索、决策、维修等。

可迁移技能的特征是它们可以从生活中的方方面面，特别是工作之外得到发展，以迁移应用于不同的工作之中。比如在宿舍里发生大家争用电视的矛盾时，宿舍长可组织室友们一起开会讨论，协商解决如何平等地使用电视的问题。在这里面，就用到了组织商讨、问题解决、管理等重要的可迁移技能。几乎在所有的工作中，都或多或少地会用些技能。因此，可迁移技能也被称为通用技能。

与知识技能相比，可迁移技能无所谓更新换代，而且无论你的需求和工作环境有什么样的变化，它们都可以得到应用。随着我们工作经验和生活阅历的增加，可迁移技能还不断地得到发展。既然可迁移技能在许多工作中都会用到，所以它的重要性不容忽视。

相关链接

撰写成就事件

请写下生活中令你有成就感的具体事件，然后对其进行分析，看看你在其中使用了哪些技能。这些成就事件不一定是工作或学习上的，也可以是课外活动或家庭活动中发生的，如同学聚会、一次美好而难忘的旅游，等等。它们不必是惊天动地的大事，只要符合以下两条标准，就可以被视为“成就”：你喜欢做这件事时体验到的感觉；你为完成它所带来的结果感到自豪。如果同时你还获得了他人任何的表扬那就更好了，不过这并不重要。

在撰写成就事件时，每一个事件都应该包含以下要素。

（1）你想达到的目标，即需要完成的事情。

（2）你面临的障碍、限制和困难。

（3）你的具体行动步骤，即你是如何一步步克服障碍，达成目标的。

（4）对结果的描述，即你取得什么成就。最好能够量化评估（用某种方法衡量或以数据说明）。

至少写出10个事件，如果有条件的话，请和两三个同伴一起逐一进行分析讨论，在其中你都使用了一些什么样的技能，看看在这些事件中是否有重复出现的技能，它们就是你喜爱施展也擅长的技能。将这些技能按优先次序加以排列。

第三节　个人生长环境与职业的匹配

一 社会环境因素分析

社会环境对每个人的职业生涯乃至发展都有着重大的影响。社会环境涉及面很广，分析起来相当复杂。人们通常把社会环境分为五大类，即经济环境、人口环境、科技环境、政治与法律环境、社会文化环境。

（一）经济环境

经济环境对职业生涯规划的影响主要从经济形势、劳动力市场供求状况、收入水平等方面体现。

第一，经济形势对就业率有显著影响。经济处于增长期时，市场繁荣，对人力需求较大，就业率上升，由此进一步推动经济增长，扩大就业，实现良性循环；经济放缓甚至倒退时，市场萎缩，对人力需求降低，就业率下降，人们大量失业。

第二，劳动力市场供求状况对就业形势有着重要的影响。从某方面来讲，市场供求状况决定了就业形势，进而影响到个体职业生涯规划。市场需求大的所谓“热门”专业考生往往趋之若鹜，如计算机、通信、人工智能等专业，多年来招生火爆，而植物保护、环境监测等专业由于就业形势严峻则成了“冷门”。但是，“热门”与“冷门”并不是绝对的，而是相对的，因为市场需求和劳动力供给状况在不断变化，入学时的“热门”可能在毕业时就成为“冷门”了。

第三，收入水平也对职业生涯规划有影响。

（二）人口环境

中国是世界上人口最多的国家，是世界上劳动力资源最丰富的国家，也是世界上就业压力较大的国家，就业已经成为我国长期面临的社会经济问题。决定就业状况和发展趋势的因素是多方面的，但劳动力供给资源——人口状况是基础。一个国家人口的发展趋势决定了劳动力资源的发展趋势。分析中国劳动力资源的状况和变动趋势，进而研究其规模、结构、分布和使用方式以及对经济发展的影响，对于大学生职业生涯规划有不容忽视的意义。

1. 中国人口发展趋势对劳动力资源的影响及劳动力供求平衡趋势

据专家预测，按照目前的人口政策，中国人口规模大约在2045年时实现极大值，峰值人口约为15.34亿；然后人口进入负增长，人口规模略有减少；在21世纪80年代实现相对静止状态，并在15亿的规模上趋于稳定。劳动力供给决定于劳动年龄人口数量和劳动力参与率。劳动力需求量主要取决于经济发展水平，可采用经济增长的就业弹性推算未来的劳动力需求量。预计，我国劳动力供大于求的状况将持续整个21世纪。

2. 人口老龄化对劳动力供给和需求的影响

1990—2040年是我国老年人口增长最快的时期，到2065年达到峰值3.36亿，占总人口的22.2%。中国人口老龄化和老年人口的增长会通过对社会总消费的影响而对劳动力需求产生影响。

人口老龄化在未来较长时间内不会带来劳动力供给不足的问题，相反会导致退休年龄人口的增加并改善劳动力供过于求的形势。中国的人口老化使劳动力老化。由于高龄劳动力流动性差、重新培训的费用高、接受新技术速度慢，很难适应产业调整的要求。这就会造成结构性失业，使社会失业率上升。人口老龄化加深会带来劳动力不足的问题。

3. 农村剩余劳动力转移

中国城乡人口分布及发展趋势的差异，决定了在未来相当长时间内，我国农村人口数量大、比重高的状况不会扭转。农村劳动力供过于求的状态将持续很长时间，农村就业将面临严峻的形势，并成为我国最大的就业压力。在2020年前，我国农村人口将保持在8亿人以上。只有到了2030年以后，农村人口比重才会低于城镇人口比重。农村劳动力的转移要采取多元化的方式，最终通过城市化和产业结构的调整得以实现。

（三）科技环境

进入21世纪之后，新的科学发展、新的技术突破以及重大成果创新不断涌现，学科交叉融合进一步发展，科学与技术不断更新，科学传播、技术转移和规模产业化速度越来越快。科学技术在经济社会发展和人类文明进程中发挥了更加明显的带动作用。世界科学技术正在酝酿着新的突破，一场新的科技革命和产业革命正在孕育之中。科技进步对社会、文化、经济产生重大影响，进而对就业形势产生了影响，成为大学生职业生涯规划的重要影响因素。

（四）政治与法律环境

政治与法律环境是指一个国家或地区的政治制度、方针政策、法律法规等因素。这些因素常常制约、影响企业的经营行为，尤其是影响企业较长期的投资行为以及就业行为，进而对大学生职业生涯规划产生影响。

另外，户籍制度、社会保障制度、人事制度对大学生职业生涯规划影响深远。现有户籍制度、社会保障制度、人事制度决定了城市人有更多机会，有更好的选择，有更好的环境，因此，大学生大多选择留在城市。这造成了农村的人才流失，农村发展更慢，进一步加大了城乡差距。

（五）社会文化环境

社会文化环境通常是指在一定社会形态下的教育水平和道德规范、价值观念、宗教信仰以及世代相传的风俗习惯等被社会所公认的各种行为规范。社会文化环境包括社会环境和文化环境两部分。社会环境指国家或地区社会阶层的形成和变动、人口的区域性流动、社会中人口年龄的变化、社会中权利的结构、人们的生活方式及工作方式的改变；文化环境包括居民的教育程度、文化水平、价值观念、风俗习惯及审美标准。在良好的社会环境中，个人能受到良好的教育和熏陶，从而为职业发展打下更好的基础。

因此，我们应关注社会文化环境的改变，更好地进行职业生涯规划。近年来，社会文化环境的改变主要体现在以下两个方面。

1. 社会契约制的改变

在目前盛行的全球化并购热潮中，企业并购行为必然导致某些组织与员工个人已定的契约的破坏、修改和重建，给员工带来巨大的心理压力和冲击，可能会导致员工工作积极性减退，甚至退出企业。由并购引起的连锁反应，让众多准备实施或正在实施并购的企业家开始重新思考组织行为中的重要课题——心理契约。

旧的社会契约性——忠诚是以经济安全作为回报的，如果你对组织很忠诚且为组织生产产品和提供服务做贡献，那么组织将会一直聘用你，并在退休时为你支付退休金。新的社会契约特性则认为生产力是企业在市场购买的一种商品，忠诚和长期的承诺不再是工作者和组织之间社会心理契约的一部分；双方服务的交换是个人责任；个体从对工作或就业的安全感转移到对可就业能力的安全感上；工作者更忠诚于他们的工作技能和他们的合作者。

2. 终身雇佣制度的解体

现今，越来越多的企事业单位选择竞争上岗制度，而不是终身雇佣制度。终身雇佣制度会极大削减员工的工作积极性和创造力，造成他们的惰性。竞争机制能唤起员工的紧迫感，调动员工的积极性，提高他们的工作效率。在劳动力市场供大于求的今天，企事业单位更多地选择竞争机制，人员流动十分频繁，这一方面给大学生带来更多机会，另一方面也加剧了就业压力，大学生的职业生涯规划因此受到了影响。

二 学校和专业因素分析

（一）学校与职业

学校和专业也是我们进行职业生涯规划设计时必须考虑的重要因素。一般来说，重点院校学风正、教学设备好，拥有良好的国家教育资源，能够使学生得到更好的高等教育，增强职场上的竞争力。但这又不是绝对的，进入名牌大学并非意味着就业没有任何问题。考上名牌大学，但若自己不努力，学校再好也没有用。相反，如果你肯努力，肯发奋，无论什么学校毕业都能做出一番成绩来。

从历年就业情况看，毕业于一般大学的学生并不比重点大学的学生工作能力差。所以，好大学的学生没有必要觉得高人一等，一般大学的学生也没有必要自暴自弃。

相关链接

教育部反对就业歧视 招聘严禁限定985、211等

教育部发出《关于加强高校毕业生就业信息服务工作的通知》，强调各地、各高校在组织校园招聘活动时，要加强对用人单位资质、招聘信息的核查，营造公平的就业环境。凡是教育行政部门和高校举办的高校毕业生就业招聘活动，要做到“三个严禁”：严禁发布含有限定985高校、211高校等字样的招聘信息；严禁发布违反国家规定的有关性别、户籍、学历等歧视性条款的需求信息；严禁发布虚假和欺诈等非法就业信息，坚决反对任何形式的就业歧视。要加强对毕业生的法制教育，提高毕业生的维权意识，积极创造条件，主动为毕业生提供求职、签约等方面的就业权益保障服务，切实维护毕业生的合法权益。

（二）专业与职业

人们所接受教育的专业、学科门类对职业生涯起着决定性作用。人们在选择职业、转换职业时往往与所学的专业有一定的联系，或以该专业的理论知识、技术能力为基础，流动到更高层次的职业岗位上。大学生尽早认识职业，有目的地选择并学好专业，明确个人职业发展方向，是顺利就业、实现人职和谐的关键。

大学的专业是指教育机构培训专门人才的学业门类。专业是学业门类，职业是工作门类，专业与职业之间大体上有如下四种关系。

（1）专业包容职业。在这种情况下，个人的职业发展在所学专业的领域内，选择的职业与学习的专业相吻合，能够做到学以致用。

（2）专业为核心，职业包容专业。在这种情况下，选择的职业与学习的专业虽然方向一致，但职业发展超出所学专业领域，需要根据自己的职业规划，在学好专业的基础上通过选修、自学提高自己所从事职业的素质。

（3）专业与职业交叉，以专业为基础发展职业。在这种情况下，个人的职业发展在所学专业基础上有重点地沿某一方向拓展，所学专业在个人职业发展中仍有重要意义。大学生需要在职业生涯规划的指导下，在学好本专业的基础上，同时辅修或自学自己规划要从事的其他专业课程。

（4）专业与职业分离。个人规划要从事的职业与所学专业基本无关，所学专业的某些方面在个人职业发展中有一定的重要性，但方向并不一致。这时应尽早调整专业，若为时已晚，应辅修其他专业。

另外，大学专业受社会需求发展变化的制约。那种“上了大学就有一个好职业”的时代随着精英教育年代的结束而结束了。在精英教育年代，大学生是社会紧缺的人才资源，比较容易就业。在高等教育大众化的当前，大学生不再是社会紧缺的人才资源，而是社会高层次人才资源。大学生的专业学习应明确个人职业发展方向，合理安排学习计划，同时选择主修和辅修专业课程，这样才能培养出适应社会需要和个人职业生涯发展需要的专业素质。

此外，在职业生涯规划时，还要考虑究竟是选择成为无所不晓的通才，还是选择成为精通某一领域的专才这一问题。正确的选择是不可一业不专，但又不可只专一业。

不可一业不专是指自己必须拥有某项有效专长、胜任某种职业，必须在某个领域具有足够的竞争力。尤其是随着社会分工的精细化，只有精通某个领域才能在社会上更好地立足，谋求自身的发展。如果一个人什么都学，结果可能是“样样通，门门瘟”，或称为“万金油”似的人。尤其在知识爆炸的当今社会，要做到无所不晓的通才更是不可能的。

不可一业不专，但是又不能走向另一个极端——只专一业。因为任何人的专长都是有有效期的，当今社会职业岗位更新换代非常之快，如果除了专业之外没有别的专长，当你的专长得不到社会的认可时，也很难拥有足够的就业机会。只有不断关注社会的发展变化，不断补充新知识，才能拥有新的专长，具备多项竞争力，才能轻松应对将来可能出现的变化。

三 家庭因素分析

大学生进行职业生涯规划时，绝不能忽视家庭这一重要的影响因素，而应多结合家庭的实际情况，争取得到家庭成员更多的帮助与支持，以免对以后的职业发展造成不良影响。

家庭对大学生职业生涯规划的影响因素有家庭成员的社会关系、家庭成员对就业的态度和发展方向、家庭的经济状况、所受的家庭教育、受家庭成员职业观影响的程度、家庭成员的工作性质和地位、家庭成员从事的职业类型。其中，家庭教育、家庭职业观念、家庭经济状况等对大学生职业生涯规划影响较为明显。

（一）家庭教育的影响

一个人所受的家庭教育不同，在潜移默化中所形成的价值观和行为模式就会有所不同，从而形成的职业理想和职业目标就会有一定的差异。

家庭教育可以分为专制型、民主型、溺爱型和护士型。专制型家庭对孩子的控制程度较高，孩子的想法很少得到尊重和理解，孩子容易产生逆反心理，受这样家庭环境影响的大学生在进行职业生涯规划时往往会独断专行；民主型家庭会减少对孩子的行为控制，尊重孩子的选择，并给予更多的支持；护士型家庭不会对孩子提出什么期望，也很少过问孩子的学习和生活，甚至对孩子的不良表现视而不见；溺爱型家庭会给予孩子过多的自由，什么事都顺从孩子的意愿，孩子将来进行职业规划时，要么依赖心理过强，要么不切合实际。

（二）家庭职业观念的影响

父母对待职业的态度会在一定程度上影响子女的职业观念，父母所从事的职业或平日较多的行为也会影响子女职业理想的确立和职业选择的方向。

（三）家庭经济状况的影响

有的大学生家庭经济条件不错，毕业后有可能选择继续学习深造，以推迟就业而不是直接就业，家庭的经济后盾减轻了他在继续求学路上的后顾之忧。而有的毕业生因为父母年事已高、体弱多病、家庭经济负担过重，不得不考虑现实需要，放弃原有的职业理想，调整职业发展路线，暂且选择一份高薪稳定的工作，以减轻家庭负担。等家庭经济有所好转、找到更好的起点时，再从事自己喜爱的职业，实现人生理想。所以，在做职业生涯规划时，一定要处理好职业理想和家庭现实状况之间的关系。

（四）家庭社会条件的影响

目前，我国劳动力市场受到市场外很多因素的影响，人际关系和权力等级便是影响因素之一。所以，家庭社会条件会影响到大学生就业时的社会资本，如就业信息渠道、就业机会、社会关系资源等，社会资本会影响到大学生的就业心态、就业取向、就业层次和薪酬待遇。家庭丰富的社会资本可以提升大学生的就业信心，减少工作搜寻成本，增加就业机会，提升职业层次和待遇。

（五）朋友和其他相关人员分析

由于大部分大学生并未真正体验过工作，对现实了解不深，就可能把周围的朋友、大学同班同学、校友及其他相关人员作为参照对象，特别是将一些成功案例作为自己的榜样，来规划自己的职业生涯。这种方法可以使自己确立努力的方向，但是如果不分析自己的实际情况，盲目地进行比较，制定的职业生涯规划有可能缺乏可行性，从而增加成功就业的风险。

思考与练习

1. 思考自我认知在职业生涯规划中的重要作用。

2. 撰写个人成长报告。

个人的成长报告是对自己人生历程的一种记录。从个人成长报告中可以看见过去，以此去看未来。虽然未来是不可预测的，但通过个体的自我成长分析，不但能了解自身的成长历程、性格背景、能力倾向、职业价值观等，而且可以预测自身的价值追求和工作态度，对客观地进行自我认知、准确地进行职业定位意义重大。

主要内容：

（1）怎样评估自己的成长过程？自己的高峰与低谷分别在哪里？

（2）如何意识到自己已经是一个成人？如何处理这种意识？

（3）自己最好的五种心理品质是什么？

（4）自己人生中有哪几种品质需要加强？

（5）自己的基本人生观、价值观是什么？

（6）自己最近大部分时间的心情是怎样的？

（7）日常生活中是怎样看待他人的？

（8）自己是哪种人格类型？

（9）自己心目中的英雄是谁？

（10）什么人及什么事影响了自己的人生发展？

（11）最好的朋友会怎样评价自己？

（12）人们对自己的批评意见集中在什么方面？

（13）哪三个形容词能够恰当地描述自己？

（14）对自己的职业有何期待？

（15）希望从将来的同事那里得到什么？

（16）自己从事某职业有哪些优势和劣势？

（17）自己的职业奋斗目标有哪些？

（18）如何应对他人对自己的赞许和责难？对待他人的评价是否能够正确地对待和分析？

3. 根据自我认知，你觉得哪些职业发展方向可能适合你？

第五章 个人基本素质与职业生涯规划

知识目标

1. 了解人文素质的构成要素及提升途径。
2. 了解心理素质的构成要素及提升途径。
3. 了解职业素质的构成要素及提升途径。
4. 了解专业素质的构成要素及提升途径。

技能目标

1. 学会提升自我的诚实守信、爱岗敬业、有责任心等职业素养。
2. 学会调适自我的情绪。
3. 学会克服自卑心理、焦虑心理、嫉妒心理、挫折心理、自负心理等心理障碍。
4. 学会着装、学会有效沟通、学会团队合作、学会时间管理。

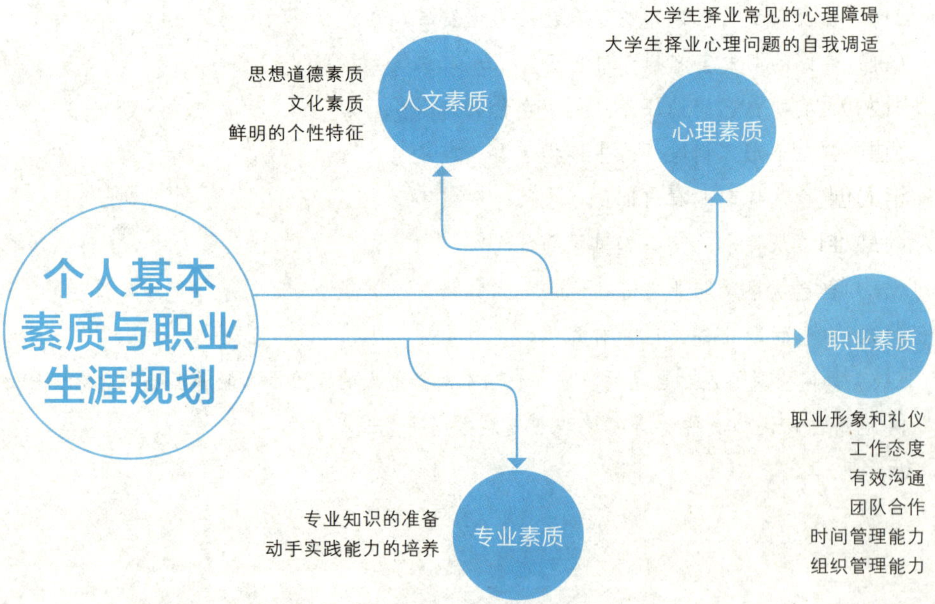

情境导入

日常生活中我们常说“天生我材必有用”，社会存在着无穷无尽的需求，有多少需求就有多少人才。但是，一个企业对人才的需求是有所侧重的。有人将企业里的人员划分为五类：人财、人才、人材、人在、人灾。“人财”是指为企业带来财富的人；“人才”是指在某些方面有特殊才能的人，这些人满足了企业某种特殊需求；“人材”是指有潜在发展能力的人；“人在”是指对企业可有可无、人在心不在的人；“人灾”是指给企业带来灾害的人，这种人不仅不能带来社会财富，还会消耗掉社会财富。“人财”是企业间争夺的关键，“人才”是企业保护的对象，“人材”则需要企业通过培养使他们转化成人才，而“人在”和“人灾”，企业不能给他们生存的空间。

你希望自己属于哪种人？如何做才能使自己成为希望的那种人？机遇总是垂青有准备的人。一名大学生的基本素质如何，将决定他在求职择业时的自由度和取得职业岗位的层次。求职择业的准备是漫长的，尤其是想选择一个理想的职业，就更需要为之付出艰辛的汗水。求职择业的征程从学生迈入大学校门的第一天就开始了，并且贯串大学生活的始终。因此，大学生应自觉地把大学生活同求职择业乃至将来的职业生活紧密联系在一起，努力学好知识、锻炼能力，全面提高自身的综合素质。

第一节　人文素质

一　思想道德素质

思想道德素质是一个人素质中最根本的部分，这一点是社会所广泛认同的，也是用人单位挑选和考查毕业生的首要条件。

思想道德素质是创业者人文素质中最主要的方面，是人的综合素质的灵魂，是青年人创业成功的必备条件。现代社会创业的特点是相互依存，完全依靠个人的力量是难以成功的，只有通过真诚的合作才能得到真正的利益。从古到今事业上的成功者，尤其是成功的商界人士，都特别重视自己的思想道德修养，这并不是要求每位创业者只能奉献而不能索取，而是指创业者对待广大客户和社会的态度。创业者创办商业机构的事业是否成功，取决于能否给众多的人带来更多的幸福和便利。因为创业者辛勤劳动的成果只有在实现社会价值时才能实现自身价值。

近年来，随着就业大军的不断扩充，就业压力的急剧增大，就业过程中的不诚信现象愈演愈烈，而刚刚从象牙塔中走出的大学生，作为就业大军中的高素质人群，在就业过程中出现的诚信问题显得尤为引人注目。

1. 大学毕业生就业中存在的诚信问题及其影响

随着就业形势越来越严峻，在寻求一份理想工作的利益驱动下，许多经受不住现实考验的大学生抛弃了诚信，虚假包装、心猿意马等不诚信行为在大学毕业生就业过程中越来越多。

（1）求职时虚假包装。有的大学生认为，寒窗十几载，就是为了毕业时能有一份好工作。将近毕业时，他们为了找工作而冥思苦想。于是一些大学生为了能在众多的应聘者中引起用人单位的关注和重视，就使出浑身解数在求职材料上下功夫，使自己的材料光彩夺目、完美无缺。大致表现为四种情况：一是编造学生干部履历；二是伪造各类等级证书；三是虚构荣誉；四是拔高自己的专长。有些经验丰富的企业招聘人员在面试时就识别出来了，自然就会对毕业生的诚信打个问号，其结果可想而知。有的毕业生即使侥幸通过了面试，但事后经用人单位一核查，协议自然也就被解除了。

一家招聘单位在收到的 84 份大学毕业生自荐表中，发现有 10 多人同时为一所学校的学生会主席，有 20 多人同时为某班的班长。某高校一次问卷调查显示：有 48% 的毕业生坦言在求职自荐表中进行过技术加工，有 21% 的毕业生表示准备对自己进行一番大胆包装，17% 的学生表示无所谓，只有 14% 的学生说要按实际情况做简历。

对点案例

贺武宣是计算机专业毕业生，在择业过程中非常想去一家知名企业。虽然自己身高一米八，相貌堂堂，风度翩翩，而且无论是社交能力还是组织管理能力都不错，但是他获悉该企业对毕业生的在校期间的成绩很重视，他便耍了个“小聪明”，更改了自己的学习成绩，当他喜滋滋地前去单位报到时，等待他的却是一份辞退函。

（2）签约后心猿意马。当大部分毕业生在为找工作而奔忙之时，还存在着这样一批人——他们手中已经签好了一份比较满意的工作，然而却为得到更好的工作机会而随时准备违约。在找工作的过程中，谁也说不准哪一个机会是最好的，于是遇到好的就签约，遇到更好的就违约，再遇到好的再违约……已经涨到三五千元的违约金已不成为违约的障碍，为抓住机会而不惜缴纳重金，更不惜将个人诚信、学校名誉、用人单位利益抛之不顾，使得在大量毕业生工作无着落的同时，还有许多急需用人的单位招满了却没人去，造成了人才资源和就业资源的极大浪费。

某法院去年招聘了几名大学生，但到了报道时，这几名大学生却一个也没来。后经询问得知，这几个人又签了其他单位，不仅浪费了该单位当年的进人指标，也影响了单位的工作计划。

2. 加强对大学生诚信教育的意义

“人无信不立，市无信不兴，国无信不强。”诚信已经成为一个人为人处事的基本准则，成为现代市场经济的生命，成为国家文明、强盛的重要标志。在大力实施素质教育的今天，大学生的诚信素质更是凸显出其重要性。大学生作为国家未来各个领域的中坚骨干，其素质的提高有利于整个社会的精神文明建设，同时，也会对公民道德建设起到积极的引领和推动作用。

大学生正处于人生观、价值观趋于成熟的关键时期，诚实守信是关系到其道德修养、个人信用的大问题，也是其成才和从事专业工作的基本要求。因此，要把诚信观念教育纳入大学生思想道德教育和入学、毕业教育之中，贯穿于人才培养的全过程，使大学生牢固树立社会诚信意识，深刻理解良好的社会信誉在今后工作与生活中的重要作用，珍惜自己的信誉，并认真履行自己的各项义务。通过诚信观念教育使广大学生确实树立诚信意识，自觉继承这种优良传统。

3. 大学生要做到诚实守信

诚信是道德品质和道德行为的统一，是诚实为本与言行一致的表现。大教育家陶行知说过:“千教万教，教人求真；千学万学，学做真人。”诚信即是求真。诚信是一切道德的基础和根本，是人之为人的最重要的品德，是一个社会赖以生存和发展的基石，更是大学生进入社会的通行证。

诚信是大学生成长成才的根本要求。诚信与否在一定程度上决定了一个人的社会价值的高低，从学校获取的知识和技能只能说明技术水平和工作能力可以达到何种程度，但它不能保证你是用来为社会创造财富还是用来危害社会。当你具备了诚信的品质后，你会“凡是自己承诺的事情，就一定使其实现”，从而实现自己的人生价值。大学生能否在职业生涯中取得事业的成功，个人的诚信品质是关键。

诚信是大学生树立理想、坚定信念的基础。一个没有良好诚信品德的人，不可能有坚定的理想信念。一个在平时不讲诚信的人，不可能在关键时刻为崇高的理想信念而做出牺牲。如果品德方面有问题，能力越强，其危害性往往也就越大。近年来，经济犯罪的年轻化、智能化趋势引起人们的关注，一些大学毕业的“白领”走上犯罪之路除了社会上拜金主义思潮的影响之外，从其内心深处来探究，重要原因之一就是没有夯实诚信这一道德基石。

二 文化素质

文化素质在人的人文素质中居于基础地位，它作用于人才整体素质的各个方面，也作用于人们一生的学习、工作和生活。文化素质包括人文素养和科学素养，是人们在人文社会科学、自然科学等方面的涵养，它是形成社会及人的价值取向的依据，是提升一个人的公民意识和社会责任感，塑造完美人格的基础。良好的文化素质有助于思想道德素质的提高，能正确认识现实中的种种矛盾，培养和加强实现理想的顽强毅力和百折不挠的奋斗精神。

在科学领域里，生活是工作；在人文领域里，工作是生活。当代大学生既要有科学的素养，也要有人文的品质；既要有科学家那种尊重实际、追求真理、讲究效益的品格，也要有艺术家的浪漫情怀、形象思维、道德楷模的仁爱境界和哲学家的超越精神。

文化素质的修养不是一日之功，需要创业者平日多学习积累，遇到事情时多思考总结。平常创业者事务繁忙，不是忙着整理账务，就是忙着与人谈判、吃饭应酬。聪明的创业者应该认真思考一下哪些是必须要做的，尽量把自己的生活条理化，每天抽出固定的时间思考自己一天来的所作所为，进行分析、总结，并且留一段时间读书。日积月累，创业者就会慢慢发现自己的生活变得很有规律，而且自己的头脑变得非常灵活、善于思考，这也就意味着创业者的文化素质得到了不断的提高。

学习观念，是关于学习的理性认识，是人们对学习所持有的理性态度和执着信念。虽然学习本身具有理性特点，但这不等于人们轻易能对学习形成明确的理性认识和采取理性的态度，并进而能树立一种牢固而执着的学习信念。所以我们要理性地对待学习、对待知识，树立新的学习理念，理性化学习才是现代学习最显著的时代特点。使学习向理性回归，这已成为时代发展、进步的必然要求。

当今世界，正从工业经济向知识经济转变，一个全新的时代——知识经济时代正在到来。青年大学生能否跟上时代潮流、适应时代的要求和发展，能否在知识经济的挑战中取得优势，直接影响着国家的前途和未来。美国曾有一份研究报告认为：谁也不能确定地知道，新技术将会怎样影响我们未来的劳动力所具备的技能和知识。因此，我们的结论是：为未来，大学教育不是为某一具体职业而进行的，而是使学生能够适应不断变化的世界的一种教育。

1. 学会生存

人类要想谋求发展，必须首先学会生存。20世纪科学技术虽然取得了极大的进步，人类的生活条件也得到巨大的改善，但是，我们也看到了人类生存环境本身的变化。日益恶化的自然生态环境，过度拥挤的城市和市区环境，越来越封闭的人际交往环境，充满紧张和压力的自动化、信息化及数字化的工作环境，无孔不入、无所不在的大众文化传播媒体，不可遏制的消费增长……使人类正面临生死存亡的选择。更可怕的是，我们的受教育者在这方面所具有的知识、概念却很少。许多学生离开学校时并没有掌握能成功地迎接现代社会的复杂挑战所必需的生存技能。这些技能包括知道如何处理冲突、尊重多样性、与他人合作以及在日常生活中如何进行具有批判性和创造性的思考。

2. 学会学习

当今时代知识更新的速度是惊人的。有关学者的研究结果表明，在19世纪，人类科技知识增长1倍需要50年时间，20世纪中叶只需要10年，而如今只需要3～5年甚至更短的时间。仅基础科学就有500个以上专业，技术科学也有470多种专门领域，学科门类超过2000门。此外还有大量的边缘学科，而这些新知识、新学科、新技术正在以加速度增长。这就要求人们不得不在学习上付出更多的努力，仅靠大学几年的学习是远远不够的。研究表明，一个科技人员应用的知识总量大约只有20%是在传统的学校学习中获得的，其余约80%是在工作和生活中为适应新的形势需要而获得的。当今时代是要求人们必须终身学习的时代。不实现知识的不断更新，就必定要落后。所以人们必须变传统学习为终身学习，终身接受教育。学习的价值在于把一个人的体力、智力、情绪、伦理等各方面的因素综合起来，使其成为一个完善的人。

3. 学会关心

“关心家庭、关心他人、关心社会和国家利益、关心其他物种、关心地球的生存条件、关心自己……”这是面向21世纪教育的重要指导思想。人必须学会关心、学会关爱、学会和谐。关心自我，绝不能理解为本能地对自我物欲和私利的关心，而应是对人生境界的自我提升，是在与他人、与社会、与自然的关系中对自我存在的价值的积极肯定。如果一个人真的学会了关心自我，那么他就必然会关心他人。

4. 学会创造

人类文明的历史，是一部由学习走向创造，由创造实现进步和发展的历史。在科技高度发达的今天，创造能力更显得至关重要。而在应试教育的指挥棒下，我们的教育只注重知识的传授，而不注重激发创造力，造成接受教育的一代青年只擅长于继承知识、机械照搬，却不善于灵活应变、开拓创新。“创新是一个民族进步的灵魂，是国家兴旺发达的不竭动力。”如果我们不重视学会创造，就会和时代发展的差距越来越大。学会创造，不仅是体现和衡量人类自身成长和发展水平的一个重要标准，也是社会发展进步的必然要求。

素质教育不赞成教育上的平均主义。它不是消除差异，而是通过大学生的态度和价值观的变化，形成一种自我激励与约束的内在机制。素质教育坚持大学生在学习过程中的主体地位，要求每个大学生都能激起自己的学习热情、求知的渴望、社会责任感，发挥自己的才能，树立起信心和勇气，让自身得到充分发展。

三 鲜明的个性特征

没有个性，就没有创造性。没有个性的创业者，就很难创造出有前景的事业。因为创业，创业者总要审视自己一番，看自己究竟有没有特别的个性。个性其实并不神秘，个性是指人的个体的性质，它和人格有着一定的差别。人的个性对于创业而言非常重要。因为个性包括了人的智力、性格、情绪和意志等一些重要特征。社会上曾经火爆的“智商”“情商”，实际上是对人的个性某个方面的夸大，有的人缺乏个性，有的人有胆识有魅力，有的人缩手缩脚，没有做事的胆量，这实际上是人的个性的不同表现。

综观创业史上创造奇迹伟业之人，无一不具有鲜明的个性。其中最为重要的有独立性、好胜心、求异性、进攻性和坚韧性五个方面。

1. 独立性

一个能够实现自我的人就具有极强的独立性，他敢于展现自我，实现自己的想法。与具有独立性相对的是具有依附性的人，这些人没有主宰自己命运的勇气，缺乏自控能力，一切都只有依靠别人去做决策，由别人决定自己的命运。每个人身上都有着独立性和依赖性。创业成功的人是那些善于摆脱依赖性，努力实现自己独立性的人。

2. 好胜心

好胜心是指一种对自己非常有信心，而且积极与别人竞争并追求成功的个性，天性中有一部分是渴望得到别人的承认与尊重。好胜心可以看作是独立性的持续，有胆识、有魅力的人喜欢用自己的头脑去思考，而且勇于去证明自己是最成功的人。这就是强烈的好强好胜心理。但争强好胜并不意味着欺负弱者，而是证明自己的独立性。

3. 求异性

创业者具有极强的求异追求，这是其积极进取、蓬勃向上、富有生命力的源泉。创业者创业之初，一切都处于全新状态，创业者会花费大量心力试图创建一种公司经营运作的模式，这对于公司的健康成长是非常有必要的。有的创业者把打江山的成功经验奉为至宝，在公司内确定为制度，任何人都不能违背，也不能对之提出质疑。世上的事物都在变化，尤其在商界，事物的变化速度越来越快。创业者在创业伊始要紧紧把握人们喜新厌旧的心理，在消除人们疑虑的同时大力宣传产品，使之能迅速满足人们求新的感觉。

4. 进攻性

有人形象地将商场比作战场，商业就是商战。战场是很残酷的，短兵相接时，只有那些具有进攻性，勇往直前的人才能胜利，才能成功。创业者要勇于在创业过程中主动出击，发挥主观能动性。因为只有发挥进攻性，才能激发人的潜力，才能发现并抓住稍纵即逝的良机，从而踏上成功之路。创业者在创业时要面对许多强大的竞争对手，在待人接物方面，要避免咄咄逼人的气势，即使是在与对手谈判，也要保持清醒的头脑，不要一味地与人争斗，把进攻性引入人际关系会使创业者招致许多不必要的麻烦，这是创业者应该坚决杜绝的。

5. 坚韧性

创业的道路上既有成功，也有失败，无论是面对成功还是失败，创业者都要充分发挥坚韧不拔的品质，凭顽强的毅力去承受失败的打击。更为重要的是在重大的打击之后，绝不丧失前进的信心和勇气，并能在认真总结经验教训的基础上再一次奋勇而起。要知道，每个人都不是十全十美的，每件事都不是一蹴而就的，特别是在公司的初创阶段，创业者对每件事都没有亲自经历过，做错事是在所难免的，不要因为自己做错了事，就否认自己的能力，也不要因为别人的嘲笑而放弃自己的想法，而是要在自己失败的经历中仔细分析、总结经验教训，找到成功的方法。

第二节　心理素质

一　大学生择业常见的心理障碍

大学生择业过程中的心理误区与高等职业教育培养适应生产、建设、管理、服务第一线需要的技能型、实用型专门人才的目标不适应，使大学生在择业过程中出现以下常见的心理障碍。

1. 自卑心理

对点案例

毕业生小宋学习成绩和其他方面条件都不错，在就业的初期满怀信心。但由于专业冷门等原因，找过几家单位都碰了壁，结果产生了自卑感。小宋在后来的择业过程中表现越来越差，陷入恶性循环而不能自拔，以致到了新的用人单位那里，只能被动地问人家“学某某专业的要不要”，其他什么话都不敢讲，最终未能落实就业单位。

小宋的择业失败是由于自卑心理造成的。自卑是因为自尊心受到伤害而产生的心理矛盾和心理冲突得不到及时解决而形成。就业中的自卑一般产生于以下几种情况：第一，一些冷门专业的学生看到就业市场需要自己专业的单位少、待遇差或在求职中遭冷遇，就容易悲观失望；第二，一些性格比较内向、不善言辞的大学生看到其他应聘者口若悬河，自己什么也说不出来，也会自惭形秽；第三，一些在校成绩与表现一般的大学生看到别人的自荐书上奖励、证书、成果一大堆，自己什么也没有，也容易自我贬低；第四，一些女大学生在遭受到用人单位的性别歧视后也会自怨自艾。

一些毕业生产生自卑心理后，常对自己评价偏低，总认为自己比别人差，单位要求很高，自己肯定达不到，自己能力不行。反复的消极暗示可能导致认知功能的丧失。尤其是对于一些自我意识发展不健全的大学生、部分择业困难的女大学生以及性格内向或有生理缺陷的大学生来说，强烈的自卑心理会成为他们择业乃至生活的最大障碍。而且，自卑会使大学生在求职时怯于出头，羞于表现，依赖性强，导致这些学生不能很好地向求职单位展示自己的才华，常常错失良机，求职成功率不高。

相关链接

克服自卑心理，充满信心参加面试的方法

先把自己的优点一一列举出来，写下要说的重点，然后进行场景训练和演绎。所谓的优点是自己能运用的才干、能力、技艺与人格特质。这些优点也就是你能对单位有所贡献，能继续成长的要素。当然，自信不是自负，不是自大，也不是自傲。我们在阐述自己的优势时，不要不好意思，不要觉得说自己的优点是不对的，开不了口、过分谦虚，其实勇气很重要，要想尽办法去争取。职业的选择往往也是对机遇的一种把握，错过机遇，你将会与成功握手后又告别。

2. 焦虑心理

焦虑是由心理冲突或挫折引起的，是紧张、不安、焦急、忧虑、恐惧等感受交织成的情绪状态。绝大多数大学生在择业过程中都会或多或少地出现焦虑。优秀学生焦虑的问题是能否找到实现人生价值的理想单位；学业成绩不好的学生焦虑没有单位选中自己怎么办；来自边远地区的学生为想留在经济发达地区而焦虑；恋人们为不能继续在一起而焦虑；女同学为用人单位“只要男性”而焦虑。

一般来说，出现暂时的心理焦虑是有好处的，适度的焦虑可以催人奋进，促使人为自己的前途做全面的规划。适度的焦虑还会使人产生压力，产生求胜的心理和行动，因战胜压力取得成功的事例不胜枚举。但是，如果焦虑不能得到及时的缓解，就有可能向病态发展，表现出情绪紧张、思想紊乱、注意力不能集中、身心疲倦、头昏目眩、心悸、失眠等症状。较重的心理焦虑会使大学生精神上负担沉重、紧张烦躁、心神不宁、萎靡不振；学习上得过且过、穷于应付、反应迟钝；生活上意志消沉、长吁短叹、食不甘味、卧不安席。此时，焦虑不但干扰了大学生正常的生活、学习和娱乐，还给就业带来不必要的困扰，影响择业的进程，甚至造成择业失败。

3. 嫉妒心理

嫉妒，是对他人的成就、名望、特长或者优越地位的一种既羡慕又敌视的情感。这种情感的内化就是嫉妒心，是一种属于情感范畴的狭隘心理。一些大学生对别人所找的工作心存嫉妒，特别是看到自认为条件不如自己的人也能找到好工作，就更容易出现嫉妒心理，于是有些人故意对别人的工作冷嘲热讽、贬低、讽刺和挖苦，意图打击别人，更有些大学生抱着“我得不到，你也别想得到”的畸形心态在用人单位面前造谣中伤、打小报告。有嫉妒心理的大学生，往往存在一些共同的特点：自私、心胸狭窄、虚荣心强。

从大学生择业中表现出来的嫉妒现象来看，在嫉妒者和被嫉妒者之间，通常是专业相近、兴趣相近或是性别相同。有些大学生在择业中，由于嫉妒，会疏远自己与他人的关系，导致人际关系冷淡，从而使自己处于孤立的境地，内心产生矛盾和痛苦。择业嫉妒心理有很大的危害性。积极进取的大学生千万不要因为嫉妒而贬损别人，以求得自己的心理平衡。假如别人的某些才能具有绝对优势时，那就要转移竞争方向，审时度势，朝其他方面去努力。“尺有所短，寸有所长。”大学生要在择业竞争中充分发挥自己的特长，承认人与人的客观差异，破除狭隘的小农意识，与广大毕业生进行公平和正当的竞争。

4. 挫折心理

对点案例

王静是学文秘专业的，当初应聘的职务是经理助理，可老总为了锻炼她，让她和那些高中生、中专生一起跑业务，天天在外面奔波，看客户的眼色。一次，王静到一家公司去联系业务，正好碰上她的大学同学。同学一副白领的得意模样，让王静觉得脸面丢尽，当时真想找一个地缝钻下去。此后，王静觉得干这份差事没面子见人，就辞职不干了。她也不敢和家里的人说，只得天天在外面找工作，可到现在一直没有找到合适的。这让她越来越感到自己的失败，并逐渐失去信心。

挫折心理是指人在从事有目的的活动遇到障碍时所表现出来的情绪反应。当一个人产生心理挫折后，就可能陷入苦闷和失望等复杂的情绪之中。挫折心理是一种消极的心理状态。大学生在就业时受到一定的挫折在所难免，这一方面是因为就业竞争的压力不断增大，另一方面是大学生的挫折承受能力相对脆弱。当他们的志向和抱负不能施展时，就容易产生怀才不遇的心理，因而抱怨自己生不逢时，怨天尤人。

挫折感产生之后，如果不能在挫折中认真反思，而是失去理智，盲目地一意孤行，或者悲观消沉，长此以往就可能形成人格障碍，并引起内心世界的扭曲。在日常生活中，人们的心理挫折感受程度有较大的个体差异，面对同样的挫折，有的人反应轻微，持续时间短，有的人则反应强烈，持续的时间也较长。这种差异的原因在于个体对挫折的认识不同。我们一方面要尽可能消除引起挫折的原因，另一方面要提高抗挫折能力，采取合适的心理防卫机制，增加建设性行为，减少破坏性行为，正确对待挫折，战胜挫折。如果我们能做到充满自信和脚踏实地，就一定能克服择业过程中的挫折心理，抓住每一次机遇，找到施展自己才华的空间。

5. 攀比心理

在求职过程中，同学之间追高比低的现象时有发生。一些大学生在求职过程中经常吹嘘自己的职业待遇好、收入高，导致择业期望值越来越高，求职变成了自我炫耀。还有些大学生看见或听说别人找到了条件优越、效益较好的单位，心理上就不平衡，抱着“他能去，我更能去”的态度，非要找一个条件更好的单位，而不考虑自身的条件、社会需要特点、职业发展及就业中的机遇等因素。在这种攀比心理作用下，即使有些单位非常适合自身发展，但因某个方面比不上同学选择的就业单位，就轻易放弃，事后却后悔不已。

6. 盲从心理

盲从心理，是指在求职中不考虑自己的兴趣、专业等特点，盲目听从或跟随别人的意见，盲目寻求热门职业的心理倾向。持有这种心理的毕业生往往脱离自己的实际状况，跟在别人的后面走。比如，在就业市场中，哪个摊位前人多他们就往哪里去，别人说什么工作好他们就寻求什么样的工作，而全然不顾自己的能力和现状，不会扬长避短。盲从心理重的人容易接受暗示，无主见、依赖性大、不能独立思考、迷信名人和权威，往往说违心的话，办违心的事。

大学生在择业问题上的盲从心理还表现在愿意到大城市去工作。其实大城市的工作并不一定是最佳的职业选择，只是盲从心理影响的结果。多数成功者都具有很强的创造力和思维能力，力求摆脱盲从心理的束缚。大学生应培养较强的独立思考能力，独立分析、解决问题的能力，从而克服盲从心理的影响，为今后走向社会打好基础。

7. 自负心理

自负心理是过高地估计个人的能力，失去自知之明的心理状态。一部分大学生自认为是“天之骄子”，什么都懂，什么都会，应得到优待，于是在择业过程中总是抱有洋洋自得、自负自傲的心理。面试时夸夸其谈，给用人单位留下浮躁、不踏实的印象，用人单位难以接受。在自负心理的支配下，部分大学生的择业观念不正确，心理定位偏高，只看到自己的优点，看不到自己的弱点，表现出非常强的优越感，往往不切实际地追求高工资、高名利的工作，而对一般的工作单位百般挑剔，甚至提出过高的要求。由于自负的大学生不能审时度势地认清自己，缺乏自知之明，其结果必然会高不成低不就，迟迟不能落实单位。看到别人都签了约，他们常常会牢骚满腹、怨天尤人，对社会、学校和他人都可能怀有不满情绪，有时甚至会向相反方向发展，出现比较严重的自卑心理，从而不敢应聘求职。

8. 依赖心理

对点案例

在成都某职业学院今年3月份举办的小型招聘会上，毕业生小李的父母在招聘会尚未开始时，就早早地到会场打听单位的情况。招聘会开始很久以后，小李才姗姗来迟，并由家长陪同前往用人单位摊位前面谈。面谈过程中，小李发言的时间还没有其父母多，结果谈了一家又一家，最终仍一无所获。

小李的问题出在择业过程中过分依赖他人。依赖心理，是指在就业中不愿承担责任，缺乏独立意识，没有个人独立的决策能力。依赖心理主要表现在两个方面：一是缺乏独立意识，总是喜欢找父母拉关系，把就业的期望更多地寄托在父母身上。流行于20世纪80年代的一句话“学好数理化，不如有个好爸爸”，其实到今天也依然是部分同学的心里话。这些有依赖心理的大学生，自身不努力，一旦错失好机会就责怪父母无能。这样的大学生即便依靠父母的关系找到工作，在日后也很难有大的发展。二是指找工作时喜欢同学相伴，一帮学友共同应聘同一个单位，只是希望日后相互照应。这样没有主见、没有魄力的应聘者只能被用人单位放弃。

在社会竞争机制日益健全的今天，个人的发展越来越多地取决于自身的能力，当然在一定程度上也包括把握机会的能力。没有相应的能力而进入了某职位，也只能在碌碌无为中终日担心如何保住位子，至于如何发展，如何找到实现人生价值的途径，已经是考虑之外的问题了。其实这样的工作即使是待遇优厚，也未必能让工作的人感受到工作的意义。

9. 等待心理

对点案例

某单位向某职业学院发布了要来校招聘大量人才的信息。院就业指导中心迅速公布并电话通知了各系。各系反应不一，有的系书记亲自打电话和对方联系，推荐本系符合条件的毕业生，有的则主动邀请对方来选毕业生，有的则用特快专递寄出了学生的推荐材料。而与此同时，部分同学却在等待面试通知，认为反正该单位要来校招聘，等来了再投材料也不迟。后来，这家单位真的来了，人事部门负责人却非常抱歉地说：“真对不起，其实，我们几天前就已到贵校，闻讯而来的毕业生一拨又一拨，结果我们的计划提前录满了。”在场的毕业生后悔不已，机会就这样在等待中错过了。

在求职择业过程中，机会应该说对每个人都是均等的，就看你如何把握它。各种招聘人才的信息每时每刻经过各种渠道在发布、在传递。好比一条河流，信息是一朵朵浪花，你抓住了，就归你所有，你错过了，就无法回头。因此，只要你认准这条信息对你有用，你感兴趣，就必须主动以最快捷的方式向发出信息方做出反馈，让对方知道你、了解你，对方才有可能看中你。机会往往就是这样被主动者拥有的。

二 大学生择业心理问题的自我调适

（一）常见的心理调适方法

大学生要控制自己的心境，自觉地调整内在的不平衡心理，增强心理素质，保持积极、愉快的情绪，不断地对自己进行心理调适。下面介绍几种常用的心理调适方法，供大学生在择业过程中根据自己的实际情况有选择地加以使用。

1. 自我激励法

自我激励法主要是指用生活中的哲理、榜样的事迹或明智的思想观念来激励自己，同各种不良情绪进行斗争，坚信未来是美好的。因为失败、挫折已经成为过去，要勇敢地面对下一次，尽可能地把不可以预料的事当成预料之中的。即使遇到意外事件或择业受挫，也要鼓励自己不要惊慌失措，不冲动，不急躁，而是开动脑筋，冷静思考，寻找对策。大学生在择业过程中要相信自己的实力，同时自我激励，增强自信心，消除自卑感，保持良好的情绪和心态。

2. 注意转移法

注意转移法即把注意力从消极情绪转移到积极情绪上。当不良情绪出现时，可采取转移注意力的方法寻找一个新颖的刺激，激活新的兴奋中心以抵消或冲淡原来的兴奋中心，使不良情绪逐渐消失。如听听音乐，参加体育运动，进行自我娱乐，接受大自然的熏陶，参加自己感兴趣的活动等，使自己没有时间沉浸在不良情绪反应中，以求得心理平稳。

3. 适度宣泄法

当遇到各种矛盾冲突，引起不良情绪时，应尽早进行调整或适度宣泄，使压抑的心境得到缓解和改善。宣泄的较好方法是向你的挚友、师长倾诉你的忧愁、苦闷，使不良情绪得到疏导。在倾诉烦恼的过程中，可以获得更多的情感支持和理解，获得认识和解决问题的新思路，增强克服困难的信心。也可通过打球、爬山等运动量较大的活动消除压抑心理，恢复心理平衡。宣泄不良情绪时应注意场合、身份、气氛、程度，宣泄应是无破坏性的。

4. 自我安慰法

自我安慰法又称自我慰藉法，关键是自我忍耐。在择业过程中大学生常常会遇到挫折，当经过主观努力仍无法改变时，可适当地进行自我安慰，以缓解矛盾冲突，消除焦虑、抑郁、烦恼和失望情绪，这样有助于保持心理稳定。在因挫折而情绪低落时，可用“亡羊补牢，未为晚也”“塞翁失马，焉知非福”等话语来做自我安慰，以解除烦恼。

5. 合理情绪疗法

合理情绪疗法认为，人们的情绪困扰是由于不正确的认知即非理性观念造成的。因此，通过认知纠正，以合理的思维方式代替不合理的思维方式，就可以最大限度地减少不合理的信念给人们的情绪带来的不良影响。例如，有的大学生择业不顺利就怨天尤人，认为人才市场提供的岗位太少，用人单位要求太高，其原因就在于他只从客观上找原因，认为大学生择业应该是顺利的，社会应该为大学生提供充足的岗位等。正是由于这些不正确的认知理念，造成了他的不良情绪，而这种不良情绪恰恰来自于他自己。所以，如果能改变这些不合理的观念，调整认知结构，不良情绪就能得到克服。大学生运用合理情绪疗法时要把握三点：第一，要认识到不良情绪不是源于外界，而是由于自己的非理性信念造成的；第二，不良情绪得不到缓解是因为自己仍保持过去的非理性信念；第三，只有改变自己的非理性信念，才能消除情绪困扰。

自我调适的方法还有很多，如环境调节法、自我静思法、广交朋友法、松弛练习法、幽默疗法等，这些都是应变的一些方法。但最主要的是毕业生要树立正确的择业观，对择业充满信心，要注意磨炼自己的意志，培养乐观豁达的态度，不要惧怕困难、挫折，要始终保持积极向上的精神状态和健康的心理。

总之，在择业求职过程中，大学毕业生应提高自我调适的自觉性，使自己保持一种良好的心态。同时，社会、学校和家庭各方面也应提供热忱的关注和积极的引导，帮助他们面对现实，排除心理困扰，缓解不必要的心理压力，促使他们尽快实现角色转换，顺利走向工作岗位。

（二）培养良好的择业心理

择业是对大学生综合素质，特别是心理素质的一次考验。几年来的实践证明，择业过程中的心理调适和择业技巧的指导是十分必要的，尤其应该不断强化对毕业生良好择业心理的培养，将他们的心理素质提高到一个更高的水平，以适应日益激烈的社会竞争需要。

1. 树立正确的择业观

大学生应从入校开始就主动接受职业理想教育、职业道德教育、就业政策教育、健康择业的心理教育、择业价值取向的引导、正确成才意识和成才道路的引导等，从而形成科学的、正确的就业观念，明确今后职业方向的初步定位和合理规划，并随着社会劳动力市场对用人岗位需求的变化，在进行专业理论与技能学习的同时随时调整知识结构，锻炼职业要求的能力，避免学习和就业的盲目性。

大学生应树立阶段性就业观念，即不要想通过一次就业就找到理想的工作岗位，而是分阶段由低级向高级理想工作岗位迈进。任何技术的获得必须来自实践的积累，大学生可通过几年时间的实践锻炼取得中级技术能力和技术职称，进而逐渐达到高级实用型技术人才的要求标准。初次就业是大学生职业生涯的第一步，是步入社会生活的起点，是向理想的工作岗位就业积蓄能量的阶段；高级阶段的就业是大学生知识能力扩展，自身发展的阶段。就业如同一切事物的发展一样，有一个循序渐进的过程，有一个由低向高的过程，不能急于求成，不可能一蹴而就。要抱着高能低就的心态，高等技术应用型专门人才不是大学生走出校门时的能力定位，而是多年后理论与实践经验积淀的升华，这样，大学生就能够更踏实、更自信地实现就业。

2. 培养良好的心理品质

从人的职业意识的形成发展来看，大学生应在学习和生活中着重培养以下职业意识。

（1）自我定位意识。毕业生要把自己放在最适合于自己的位置上。这就要求毕业生既要对自己有一个客观而全面的评价，又要对就业环境有一个认真的分析，即对自己的能力、兴趣、爱好、价值取向有清楚、稳定而又正确的认识，对自己以及自己与周围世界的关系有稳定而正确的估价，使理想的我和现实的我相互协调统一。

（2）竞争意识。毕业生要做好主动参与竞争的心理准备，培养进入人才市场的勇气和胆略是择业成功的关键。大学生要实现自己的就业愿望，必须凭借自己的实力，通过各种途径、方式和手段去展示自己，推荐自己，以取得用人单位的赏识。这就必然引起毕业生之间的竞争。要培养竞争的心理，增强竞争的意识，首先要做到敢于竞争；其次要善于竞争，在平时的大学生活、学习和各种活动中，应培养自己的竞争意识，尝试一些竞争行为，体验竞争中的紧张情绪与波动，增强竞争中的胆量和智慧，就可以为以后择业和就业提供良好的帮助。

（3）诚信意识。市场经济就是信用经济，就业市场也必须遵循信用原则。诚信是就业的前提，诚信体现在以下几方面：一是材料要翔实可靠，并附带最能表现个人素质与能力的有效证明材料，不能随意篡改、伪造各种证件；二是签订就业协议书的动机要端正，毕业生、用人单位和学校三方的权利和义务均受国家法律的确认和保护，签协议是一种法律行为，应严格履行承诺，否则，就会受到法律的惩罚。

总之，广大大学生只有具备了良好的择业心态，才能沉着果断地处理好择业中出现的心理问题，在择业中处于主动地位，提高择业的成功率。

第三节 职业素质

在职场中，有的人技能平平却能平步青云，而有的人技术精湛却始终处于工作的最基层；有的人干一处红一处，而有的人干一处臭一处。为什么会有如此的差异呢？一个很重要的原因就是人们所具备的职业素质不一样。我们每个人，无论是初涉职场的新人，还是久经沙场的老将，都必须具备基本的职业素质，因为它决定着你事业的成败。

作为即将进入职场的大学毕业生，要想在走上工作岗位后尽快进入状态，取得事业的成功，就必须具备应有的职业素质：职业形象和礼仪、工作态度、有效沟通、团队合作、时间管理能力和组织管理能力。

一 职业形象和礼仪

1. 职业形象

大学生职业形象是指大学生从事职业活动时所塑造的形象，是公众通过对他的着装、气质、言谈、举止、能力、敬业精神、乐观态度等外在形象和内在气质的综合而产生的印象。我们日常接触到的种种形象特点，就像标点符号写在每个人的脸上、身上，这是一种值得开发、利用的资源，对职业成功有着重大意义。良好的职业形象不仅能够提升个人品牌价值，而且能够提高自己的职业自信心。大学生职业形象要达到几个标准：与个人职业气质相契合，与个人年龄相契合，与办公室风格相契合，与工作特点相契合，与行业要求相契合。个人的举止更要在上述标准的基础上，在不同的场合采用不同的表现方式，在个人的装扮上也要做到在展现自我的同时尊重他人。

大学生职业形象的好坏影响着人生的各个方面，它可以提升个人品位，促进你事业的成功，使你的家庭更加幸福；它也可以影响你的业绩，影响你的晋升，甚至破坏你的家庭。因此，当今大学生必须进行良好的职业形象设计，塑造良好的职业形象。

2. 着装方式

不成功的着装传达给老板的唯一信息是重要的任务不能放心交给你去做。不成功的着装传达给客户的信息，就意味着不跟你合作。衣着打扮、言行举止，对个人的职业生涯有着重要的影响。因此在踏上事业道路之前，值得花时间学习一下塑造良好形象的技能。

穿什么样的衣服是让别人认真对待你的一种方法。如何选择正确的职业服装呢？不同的公司标准是不一样的，要根据该公司的企业文化、历史和传统、产品和服务等来确定。

3. 修饰技巧

（1）发型发式。

男士的发型发式：①男士的发型发式统一的标准就是干净整洁，并且要经常修饰、修理。②头发不应该过长，一般男士前面的头发不要遮住自己的眉毛，侧面的头发不要盖住自己的耳朵。③不要留过厚或者过长的鬓角。④男士后面的头发，应该不要长过自己衬衣领子的上部。

女士的发型发式：①女士的发型发式应该美观、大方。②在选择发卡、发带的时候，式样应该庄重、大方。

（2）面部修饰。

男士的面部修饰：①每天剃须、修面以保持面部的清洁。②男士在商务活动中，经常会接触到香烟、酒这样有刺激性气味的物品，所以要随时保持口气的清新。

女士的面部修饰：①女士在从事正式的商务活动时，面部修饰应该以淡妆为主，不应浓妆艳抹，也忌讳不化妆。②淡妆包括粉底、眼影、描眉、睫毛膏、胭脂、唇膏、香水。

4. 基本礼仪

（1）电话礼仪。

接电话时的礼仪：①不让铃声响得太久，应尽快接电话。若周围吵嚷，应安静后再接电话。接电话时，与话筒保持适当距离，说话声音大小适度。因急事或在接另外一个电话而耽搁时，应表示歉意。②热情问候并报出单位或部门名称，如“您好！ ×× 公司！”如果对方打错电话，也不要责备对方，知情时还应告诉对方正确的号码。③确认对方姓名与单位，询问来电事项。④听对方讲话时不能沉默，要积极给予回应，否则对方会以为你不在听或不感兴趣。⑤扼要汇总和确认来电事项。谢谢对方，并表示会尽快处理。⑥上班时在电话里不谈私事，不闲聊。

打电话时的礼仪：①准备好电话号码，确保周围安静，嘴里不含东西，琢磨好说话内容、措辞和语气语调。②若无急事，不在对方非上班时间打电话。③拨错号码，要向对方表示歉意。④做自我介绍，扼要说明打电话的目的和事项。⑤如果对方不在，而事情不重要或不保密时，可请代接电话者转告。如果事情重要或保密时，应向代接电话者询问对方的去处和联系方式，或把自己的联系方式留下，让对方回来后回电话。⑥感谢对方或代接电话者，并有礼貌地说声“再见”。

打手机时的礼仪：①说话要简洁明了，以节约话费。②一般先拨对方的固定电话，找不到时再拨手机。③在嘈杂的环境中，听不清楚对方声音时要说明，并让对方过一会儿再打过来或你打过去。④在公共场合打手机，说话声音不要太大，以免影响他人或泄露机密。⑤如有未接电话要及时给予回复。

（2）办公室礼仪：①在办公室进行沟通的时候，最重要的一点是，你要对他人（包括你的同事、上级和下级）表现出你对他们的尊重，尊重他人的隐私，尊重他人的习惯。②分清哪里是公共区域，哪里是个人空间。③保持工位的整洁。在办公室中要保持你的工位整洁、美观大方，避免陈列过多的私人物品。④谈话声音和距离的控制。在和他人进行沟通时，说话的音量要适当控制，两个人都能够听到就可以了，避免打扰他人。⑤尽量避免在办公区域用餐。

（3）与别人交谈时的注意事项：①讲话要注意节奏。②要善于听别人讲话。③谈话时兼顾在场的所有人。④男子一般不参与妇女圈的议论。⑤谈话时要注意礼貌用语。⑥注意内外有别，严守机密。

总之，大学生学会正确运用常用的商务礼仪进行自我职业形象设计与塑造，找准自身在商务活动中的礼仪、形象设计上存在的误区和问题，并提出调整、改善的最佳方法，使自身的职业特点和外在魅力得以强化，让自己具备良好的职业形象，必将对走上工作岗位后的工作绩效产生深远而重大的影响。

二 工作态度

大学生在任何单位上班都要勤奋努力地工作，都必须有端正的工作态度。因为只有努力地做好自己的本职工作，才能得到职业发展的机会。

1. 坚持原则

我们为任何一个公司工作，首先要遵守公司的规章制度。在工作的过程当中，会遇到非常多的矛盾和问题无法处理，这时候就要坚持原则。简单地说，公司规定该怎么做就怎么做。虽然在平时工作中，我们会遇到很多可以灵活处理的事情，但是作为一个职业人士，首要的就是坚持原则，按公司的规定去做事情。

2. 服务意识

越来越多的公司把服务意识当作所有员工的一项基本素质。服务，不仅仅是为我们的客户提供服务，这里指的是外部客户。随着竞争越来越激烈，又有了一个概念是内部客户。谁是你的内部客户？就是你的同事。比如财务部门的工作人员，他的客户就是单位所有的员工，他和员工之间的关系就是服务与被服务的关系。因此，我们每一位员工在工作中都必须要有服务意识。

3. 积极主动、勤奋努力地工作

大学生要积极主动、勤奋努力地做好工作。只有把本职工作做好，才有可能去做更多的工作，才有可能得到领导的赏识，更快地得到提升。所以，大学毕业生要想得到更多的提升，就必须从现在开始，积极主动、勤奋努力地做好自己的事情，这是未来取得更大发展的一个保证。

三 有效沟通

单位中的员工做任何工作都不是独立完成的，而是与团队中的其他成员一起完成，因此我们必须与人沟通。沟通能够帮助我们就工作中产生的一系列问题和冲突达成共识。所以，有效沟通是大学毕业生在职业生涯中走向成功的必备的职业素质。

1. 有效沟通的内涵

沟通是为了设定的目标，把信息、思想和情感在个人或群体间传递，并达成共同协议的过程。

（1）沟通的要素。

明确沟通的目的。在与别人进行沟通时，首先要告诉对方希望达到的目的，以便进行沟通时双方向着明确的方向进行。

在沟通的过程中要注意信息的交流。听取对方的想法，然后将自己的想法告诉对方，沟通就是信息不断在双方之间进行交流的过程。

注意情感的交流，最后达成共识。沟通是双方参与的活动，因此，要注意情感的交流。

（2）沟通前的准备工作。

确定沟通的形式：采用面谈、电话、电子邮件或组织会议。

确定沟通的时间：确定合适的时间，以便对方与我们更快达成共识。

确定沟通的地点：不同的地点对沟通是否能够达成共识会产生很大的影响。

确定沟通的内容：一般说来，沟通的内容要简单、清楚、明确，让对方理解你所要表达的意思。

考虑对方的想法：对方的建议、目的和想法都对沟通能不能达成共识有着很重要的影响。

2. 有效沟通的技巧

沟通技巧，就是要通过信息和情感的交流与对方达成共识。要想达成共识，最重要的就是要去交流，换句话说就是双向的沟通，把你的建议告诉对方，然后去聆听对方的建议。沟通需要三个行为，分别是听、说、问。

（1）听。在所有习惯行为中，听的习惯是最少的。当对方在说话时，我们往往会出现一些不正确的行为，如去打断对方、心不在焉或者左顾右盼。正确的做法应该是看着对方的眼睛，适时地给对方一些回应，比如，“嗯，我也是这么想的”“很好，不错”“这个想法很好”等，这是对对方的尊重。当对方感觉到这种互动后，他会积极、清晰地说出他的想法，这样更容易与对方达成共识。

（2）说。说就是将自己的想法说出来，把自己的信息告诉对方，然后去听取对方的建议。说的过程中要注意对方的表情，看其是不是在听你的讲述，是不是对你说的都明白了。在说的过程中还要及时征求对方的意见。

（3）问。在倾听的过程中如果有不理解的地方，一定要及时发问。但是一定要等对方把话讲完，再把有疑问的地方提出来，与对方共同探讨。尤其是当自己的意见与对方的意见有抵触时，一定要问清楚，为什么别人要这样说，这样说有什么理由。

3. 不同人际风格的沟通技巧

不同的人际风格类型会对沟通产生不同的影响。一般来说，我们可把人际风格分为四种。

（1）分析型。这种风格的人的特点是：面部表情少、严肃认真、有条不紊、语调单一、语言准确、合乎逻辑、注意细节。与分析型人沟通的技巧有：①注重细节。②遵守时间。③尽快切入主题。④要一边说一边拿纸和笔记录。⑤一定要用很多准确的专业术语。⑥要多列举一些具体的数据。

（2）支配型。这种风格的人的特点是：果断、独立、有能力、热情、审慎、有作为，有目光接触，有目的、说话快且有说服力、语言直接、使用日历。与支配型人沟通的技巧有：①你给他的回答一定要非常准确。②要讲究实际情况，有具体的依据和大量创新的思想。③要在最短的时间里给他一个非常准确的答案，而不是一种模棱两可的结果。④一定要非常直接。直接告诉他你的目的，要节约时间。⑤说话的时候要声音洪亮、充满信心。⑥一定要有计划，并且最终要落到一个结果上，他看中的是结果。

（3）和蔼型。和蔼型人的特点是：合作、友好、赞同、有耐心，面部表情和蔼可亲，频繁的目光接触，说话慢条斯理，使用鼓励性语言。与这种人沟通的技巧有：①他们看中的是双方良好的关系，而不是结果。②要时刻保持微笑。③说话要比较慢，不要给他压力，要鼓励他，去征求他的意见。④一定要注意同他要有频繁的目光接触。

（4）表达型。表达型人的特点是：外向、直率友好、热情、令人信服、合群，快速的动作和手势，生动活泼的，抑扬顿挫的语调，有说服力的语言。与表达型人的沟通技巧有：①声音一定要洪亮。②要有一些动作和手势。③说话要非常直率。④表达型的人不注重细节，达成协议后，最好与之做一个书面的确认。

4. 常见沟通误区

沟通是把双刃剑，说了不该说的话、表达观点过激、冒犯了他人的权威、个性太过沉闷，都会影响一个人的职业发展。初涉职场的人在沟通中往往容易出现以下误区。

（1）想当然来处理问题。有些人性格比较内向，与同事也不是很熟，或是碍于面子，在工作中碰到问题时，仅凭个人的主观臆断来处理，到最后往往差错百出。正确的做法应该是多向领导和同事请教。

（2）迫不及待地表现自己。刚参加工作的人总是迫不及待地把自己的创新想法说出来，希望得到大家的认可。而实际上，你的想法可能有不少漏洞或者不切实际之处，急于求成反而会引起他人的反感。正确的做法应该是本着学习的态度，少说多干。

（3）不看场合、方式失当。上司正带着客户参观公司，而你却气势汹汹地跑过去问自己的“五金”从何时开始交；开会时你一声不吭，而会后却总是对会议上决定的事情喋喋不休地发表观点。这种不看场合、方式失当的沟通通常会以失败而告终。正确的做法应该是察言观色，在合适的场合、用适当的方式来表达自己的观点或与他人商讨问题。

四 团队合作

团队合作是我们工作的一种重要方式。团队合作，是大学毕业生在事业中得以发展的重要技巧和必备素养之一。

1. 团队的内涵

团队是由员工和管理层组成的一个共同体，该共同体合理利用每一个成员的知识和技能协同工作，解决问题，达到共同的目标。

团队的特点：一个团队有着共同的目标、唯一的领导、明确的分工、有效的沟通和规章制度。

团队合作的原则：各方都能够阐明各自所担心的问题；积极并愿意解决问题；共同研究解决问题的方案；对事不对人，不揭短，不指责；达到多赢的目的，大家都获益最多。

团队精神就是大局意识、协作精神和服务精神的集中体现，就是要树立全公司一盘棋的思想，树立“我为人人，人人为我”的思想，树立主动服务的思想。

2. 如何处理团队冲突

在团队工作中，不可避免地存在着冲突。当我们与同事发生冲突时，要做的不是与对方辩论或说服对方，而是应该双方坐下来分析出现分歧的原因，以便达成共识。如果还不能达成共识，就把问题向上一级领导汇报，由上一级领导来决定。

3. 新人在团队中的注意事项

（1）快速了解公司的文化。

（2）调整心态，不把同事当冤家。

（3）不过问他人隐私。

（4）不要把个人感情带到工作中。

（5）要合群。

（6）说话不能口无遮拦。

（7）彼此尊重。

五 时间管理能力

当我们从事的工作内容越来越多时，就会出现这样的问题：时间不够用，经常加班。这时候，时间管理水平的高低，就会决定你事业和生活的成败。如何根据你的价值观和目标取向管理时间，是一项重要的技巧。有效的时间管理能使你合理地安排工作、生活，朝着自己设定的目标前进，而不致在忙乱中迷失方向。

1. 时间管理的原则

（1）做要事而不是做急事。先做既重要又紧急的事，再做重要而不紧急的事，少做紧急而不重要的事，不做既不重要又不紧急的事。

（2）把时间花在最有生产力的地方。巴莱托定律：用 80% 的时间做能带来最高回报的事情，用 20% 的时间做其他事情。

2. 时间管理的步骤

（1）做正确的事。先确定目标，再确定要做的具体事情。

（2）正确地做事。先把要做的事情按轻重缓急设定出最优的先后顺序，再根据具体的事情和先后顺序制定出详细的计划，最后选择正确的工作方法，以正确的方式，按照计划逐步实施。

3. 时间管理中的注意事项

（1）克服拖延。拖延是一种最浪费时间的坏习惯，因此，遇事要马上做，绝不要拖延。

（2）学会说“不”。时间管理中最常见的一种情况就是不会拒绝。特别是刚参加工作的新人，量力而行地说“不”，对己对人都是一种负责任的行为，不要急于说“是”，而要分析一下自己能不能如期保质地完成工作。如果不能，就要与人协调，必要时要敢于说“不”。

（3）减少干扰。我们应尽量地避免各方面的干扰，如对于无意义的电话要礼貌地挂断，与上司的沟通要掌握好时间，不要唐突地拜访别人等。

（4）应付意外事件。为了防止意外事件的发生，我们可以采用这样一些方法：第一，每件事情在计划时都要留有富余的时间；第二，努力使自己在不留余地又饱受干扰的情况下，仍然能完成预计的工作；第三，要有预案，也就是要另准备一套应变计划。

（5）合理堆放文件。对各种文件资料要分类放到自己熟悉的地方，不要随便乱放，以避免找寻或整理文件资料而浪费时间。

（6）善用零碎时间。把零碎的时间用来从事零碎的工作，从而最大限度地提高工作效率。比如，在车上、在等待时，可用于学习、用于思考、用于简单地计划下一个行动等。充分利用零碎时间，日积月累，将会有惊人的成效。

六 组织管理能力

尽管不是每个大学生毕业后都会从事管理工作，但是却可以说，每个人在未来的工作中都程度不同地需要管理才能，这是现代社会对人才提出的要求。组织管理能力不仅管理人员应当具备，其他专业人员也应具备。随着现代科学技术日益向综合化、社会化发展，工作中组织协调和科学管理的作用日渐突出。美国著名的“阿波罗登月计划”耗资 3 亿美元，历时 10 年，动员了 42 万人，2 万家公司，120 所大学。试想这样庞大的工程，没有组织管理能力的人如何胜任。也许并不是人人都有承担大型科研项目的机会，但负责一个课题组，或者担任一个班主任，或者当一个企业家，都需要把群众的积极性调动起来，把集体的智慧发挥出来。如果没有一定的组织管理能力，是不能成事的。近年来，毕业生中的党员、学生干部普遍受到用人单位的欢迎，其重要原因就是用人单位看中这些毕业生的组织管理能力。

要想在大学期间培养自己的组织管理能力，首先要积极主动，抓住机遇。大学生活中，锻炼的机会随处可见，你可以通过毛遂自荐的方式担任学生干部，从学生会干部到社团的组织者，从寝室长到班长，任何一个职位都可以使你的组织管理能力得到锻炼。即使你没有机会担任干部，只要你有一颗为同学服务的爱心，只要你善于观察，善于取人之长补己之短，你的组织管理能力照样能够得到提高。

第四节 专业素质

专业素质是人们所具有的为社会服务的特殊的工作能力。具体表现在人们在业务工作中展现出来的知识、能力和方法上。对大学生而言，首先，应具备本学科的专业知识，即扎实的自然科学基础理论知识、深厚的专业基础理论知识和广博的专业科学知识。在此基础上掌握一定的跨学科的专业知识和综合交叉学科知识，做到既专又博。其次，大学生在具有基本的专业能力、专业素质的基础上，要有较强的思考能力，而且必须具备相当的动手实践能力。再次，必须掌握一定的方法，它是知识与能力间的纽带和桥梁，是获取知识的手段，也是创造知识的武器。

一 专业知识的准备

“人往高处走，水往低处流”，人的本性是追求更高层次的发展。无疑，上大学是我们获取较高职业发展起点的一个非常便捷的途径。通过上大学，我们能够在较短的时间内，系统地学习适合于自己未来发展的知识，然后将这些知识转化为自己的职业能力，为个人将来的职业生涯发展创造一个比较高的发展起点。

21 世纪是知识经济的时代，随着社会、经济、科技的发展，掌握扎实的专业知识是实现职业规划所必需的重要条件。尤其对大学生来说，专业知识水平是其职业发展历程中的核心要素，也是就业过程中的关键因素。因此，获取、掌握专业知识是大学生职业规划前期准备和积累的重要组成部分。

（一）建立合理的专业知识结构

知识结构是指一个人所拥有的知识体系的构成情况与结合方式，它是一个由诸多要素组合而成的有序列、有层次的整体信息系统。合理的知识结构是良好文化素质的基础，它与知识程度有机地结合，形成一个人的文化素质。当今世界，各种知识浩如烟海，各门学科交叉渗透，科学技术的发展突飞猛进，一个人要想百事皆通，掌握各方面的知识是不可能的，也不是现代职业岗位所需要的。

现代职业所欢迎的是这样的求职者：他们拥有较高的知识水平，能够根据社会的发展和所选职业的具体要求，将自己的知识科学地组合以形成合理的结构。面临求职择业的大学生应充分认识知识结构在选择职业和就业中的重要作用，根据社会的需要塑造自己，既要注意用丰富的知识来充实自己，又要注意建立自己合理的专业知识结构。

1. 合理专业知识结构的内涵及特点

（1）合理专业知识结构的内涵。

①基础知识。当前，许多国家在高等教育改革中越来越重视基础知识的教育。实践证明，基础知识的教育在大学生建立合理的知识结构中有着举足轻重的作用，对今后知识的运用与发挥起着基础保证作用。为了适应时代发展的需要，大学生必须掌握以下几个方面的基础知识：数学、物理、化学、外语、计算机知识、人文知识、历史、地理、汉语及专业基础课程，从而构建起合理的基础知识结构。

专业基础知识是基础知识中较为重要的一部分，对于一个从事专门学科知识学习的学生而言，专业基础知识是衔接基础知识与专业知识的重要环节，也是专业知识学习的一个铺垫。当然，在基础知识结构中，以上各知识元素之间也存在着一个合理搭配的问题。大学生应该广泛吸取各类基础知识的精髓，遵循加宽、加重基础的原则，有针对性地扩大自己的知识面。大学生必须有一个基础知识服务于专业知识的指导思想，在有利于专业知识的积累与发挥的条件下，有选择地扩大基础知识的容量，使知识结构趋于合理。

②专业知识。专业知识通常是指大学生各自所学专业的知识，是大学生以后走向工作岗位的一技之长。专业知识的学习是最终实现育人目标的必然途径。当基础知识积累到一定程度时，知识专业化发展的要求就显得格外突出，知识的创造过程也就是在这个时期完成的。可见，离开了专业知识的学习，知识体系也就失去了完整的含义。专业知识是大学生赖以生存的资本。大学生经过训练与培养而取得一技之长，然后生存于社会。他们认识社会、改造社会的武器是自身掌握的专业知识。由于专业知识学以致用的运用性特点，决定了专业知识在大学生知识结构中的应有地位，而这一运用过程的主体无疑只能是大学生自身。由此可见，大学生在生存发展中运用自己所学的专业知识，正是专业知识自身的特点与社会运作方式的结合。

③复合知识。复合知识概念的提出是针对目前高等教育界存在的“专才”教育的缺陷而言的。现在许多高校或实施主辅修制，或通过增设某些课程以弥补本专业知识结构的缺陷，如文科增设高等数学、计算机等课程，理工科增设大学语文、人文社会科学等课程。大学生在完善自我知识结构时，必须充分认识复合知识的重要性，充分发挥自身的主观能动性和自身知识的特点，进行有针对性的复合知识的学习。

随着时代的发展，交叉学科、边缘学科层出不穷，在实际生活中，大学生要解决一个问题，仅靠一两门专业知识已经不够，因此应尽量学习各门学科，以达到解决问题的目的。同时，由于学科呈多向发展的趋势，大学生要充分地认识和理解某一门学科的知识，必须借助于其他学科的知识。由此可见，交叉学科、边缘学科知识是构成复合知识的一个组成部分。

对点案例

一家著名企业招聘会计，在众多慕名前来应聘的毕业生中，一名身材矮小的男生脱颖而出。原因是他除了会计专业成绩优秀外，还能熟练操作计算机，正符合用人单位的迫切需要。在面试中，许多考生对传统的记账方式有问必答，对会计工作的一般要求能做到应知应会，但只有少数人涉猎计算机技术，而这位男生早在大二就开始辅修计算机专业。他认为今后各行业都需要应用计算机，人人都要有掌握计算机的能力，这一潜能早点开发更好。于是他在课余时间抓紧学习，达到了计算机专业毕业生的水平，结果在面试中独占鳌头，顺利走上理想的工作岗位。

（2）合理专业知识结构的特点。求职者应具有合理的专业知识结构。合理的专业知识结构虽然没有绝对的统一模式，但都有普遍的、共同的特点。

①有序性。作为合理的知识结构，一般来说必然有从低到高、从中心到外围几个不同的层次。从低到高指从基础知识到专业知识的延伸，要求知识的积累由浅入深，逐步提高。从中心到外围是指在目标确定的前提下，将那些对实现目标有决定意义的知识放在中心位置起主导作用，并让一切相关的知识在整个结构中占有相应位置，由此构成合理的知识结构。否则，知识结构杂乱无章、主次不分，很容易造成眉毛胡子一把抓，样样通、样样松，没有自己的专长，发挥不了知识的整体作用，很难在择业和从业生涯中形成自己的优势，更谈不上成功。这里需要指出的是，我们强调知识搭配主次有序，并不否定外围知识的作用。在具备专业特长的同时，需要多涉猎一些相关领域的知识，形成具有精深性和广博性的知识结构。

②整体性。现代科学发展趋势显示出知识结构整体性和综合性的特点。它要求知识结构中各个组成部分无论多么复杂，其构成不应是各个部分的简单堆积，而应是多个部分相互联系、相互作用的有机整体，从而能够在整体中发挥出最优化的功能。如果知识元素只有数量的优势，而没有相互的协调配合，就很难产生知识的整体优势。掌握了较广博的知识并能融会贯通，就能在纷繁的知识中发现其内在的联系，迸发出新的思想火花，产生出大于各部分知识简单叠加的整体效应。由于现代科学高度分化的同时又高度综合的发展趋势，合理的知识结构的整体统一性特点越来越明显。

③可调性。人们的知识结构应是动态的、可变的，能够根据需要经常进行定向调整，以保持最佳状态。所谓定向调整，就是要紧紧围绕选定的目标充实和积累知识，调整知识结构。爱因斯坦上大学的时候，常常让同学帮助他记数学笔记而草率应付过去，没料到，他攻克广义相对论时发现自己所缺的正是数学这个武器。于是，他下苦功学习了 7 年数学，调整了自己的知识结构，才取得了辉煌的成就。实践证明，合理的知识结构本身应该有一种转换能力，它能够根据变化了的客观世界和实际需要，从一个目标转向另一个目标，而不断地对自身进行充实和调整。

2. 现代职业对大学毕业生专业知识结构的要求

现代职业对求职者文化素质、知识结构的要求受许多因素的影响，尤其受到当代科学技术发展状况的影响与作用。随着当今科学技术的飞速发展，社会生产发生着翻天覆地的变化。与此同时，各类现代职业对于就业者文化素质和合理的知识结构的要求也愈来愈高。就专业知识结构而言，不仅对知识技能共性的要求愈来愈多，而且对就业者知识和技能的适应性要求也愈来愈强。

（1）不同类型的职业对求职者知识结构的共性要求。

①宽厚扎实的基础知识。基础知识是知识大树之躯干，是知识结构的根基。

大学毕业生无论选择何种职业，也不管要向哪个专业方向发展，都少不了宽厚扎实的基础知识。就像万丈高楼平地起，全靠基础来支撑。特别是随着科技和经济的高速发展，社会的产业、行业、职业结构调整的速度必然加快，大学毕业生在择业、就业时已不可能再是从一而终，职业岗位随时变动的状况不可避免。要适应这种变化，必须靠扎实宽厚的基础知识。著名数学家苏步青教授认为，现在的学生一进大学就分系，分专业，由于急于求成，急于专业化，学生仅学到本专业的一些基础知识，只能单打一，将来毕业后适应性很差，只会守住自己的“小摊子”，换一个方向（更不要说换专业）就晕头转向，不知所措。这不能适应新形势的需要。大学教育根本的一点，是要扩大学生的知识面，把基础知识面拓得尽可能宽一点，这样学生就有了“后劲”。苏步青教授的观点是很有见地的。

②广博精深的专业知识。大学毕业生是将要从事专业性较强工作的高级专门人才。专业知识是知识结构的核心部分，也是科技人才知识结构的特色所在。无专业特色，也就不称其为科技人才。所谓广博精深，是指大学生对自己所要从事专业的知识和技术的概念体系、理论体系、研究方法、学科历史和现状、国内外最新信息等都要了解和把握。同时，对与其专业相关领域的知识也要有所熟悉和了解，善于将其所学的领域与其他相关知识领域紧密联系起来。专博相济，专深博广，已成为当前人才素质的重要要求。要通过选修课、自修课、第二专业等课程的学习把自己培养成复合型的大学生。

③大量的新知识储备。现代各类职业都要求从业者的知识程度高、内容新、实用性强。程度高是指知识层次高，知识面广；内容新是指从业者的知识结构中应以反映当今科学技术发展状况的新知识、新信息为主；实用性强是指从业者的知识在生产、工作中有很高的实用价值。此外，毕业生掌握一技之长，诸如书法、绘画、驾驶等也将增加其求职的成功率。

（2）不同类型的职业对求职者专业知识结构的特殊需要。

①管理类职业的要求。该类职业主要包括国民经济管理、企业管理、金融管理、财政管理、外贸管理、行政管理等社会工作。选择此类职业为自己目标的求职者，其文化素质除了具备上述共性要求外，根据管理职业的实际需要和管理科学的发展规律，还必须很好地掌握党的方针、政策，掌握基本的法律知识。在其知识结构中，管理理论和知识要求占较大的比例，但还应了解税务、工商、外贸的管理知识。在知识结构上一般要求具有网络型的结构。

②工程类职业的要求。该类职业的范围包括各行业中从事工程技术应用工作的职位。它要求求职者在文化素质上具备下列条件：牢固地掌握所学的专业知识，具有较新的现代专业理论，熟练地掌握并能应用于实际工作中的应用技术知识及

一定的管理知识。

③科研类职业的要求。该类职业主要指基础理论研究、信息情报研究、学科应用技术研究等职业。该类职业对希望从事这方面工作的求职者在文化素质上的要求：具有丰富、扎实的专业基础知识，掌握严谨的科学研究方法并能运用于实际研究中，掌握大量的本专业研究的前沿信息，熟练掌握本专业的各种实验方法和调查方法并能运用于实际工作中，在知识结构上一般要求具有宝塔型的结构。

④教育类职业的要求。该类职业的范围包括大学教师、中学教师以及各类职业教育教师、干部培训教师等。这一特殊职业决定了选择此类职业的就业者在文化素质上要具备以下条件：掌握辩证唯物主义、历史唯物主义的基础理论和深厚扎实的专业知识，熟悉本专业最新研究成果及其发展趋势，了解与本专业相近的新兴边缘学科或交叉学科的情况，具有较高的文化素养。此外，还要掌握教育科学的相关知识（包括教育学、心理学、教材教法等）。该类职业要求就业者具有网络型的知识结构。

以上仅仅介绍了四种类型职业对求职者文化素质的特殊要求，其他类型职业也有着各自不同的特殊要求。大学生应当根据社会需要，结合个人专长，充分了解各种职业对求职者专业知识结构的特殊要求，在就业前和就业后注意建立和调整自己的专业知识结构，使之日趋合理，为成才奠定坚实的基础。

（二）建立合理知识结构的原则和途径

1. 建立合理专业知识结构的原则

（1）坚持广博与精深的辩证统一。所谓广博，即广采博学。现代科学技术的发展日新月异，边缘学科和横向学科不断出现，技术上的高度综合、学科间的互相渗透，要求人们具有相当宽广的知识面。知识面过窄，则难以适应科学技术发展的需要，也很难在事业上有所建树。我国的生产力水平还比较低，不少单位和地方常常要求一个人能够懂得较多的知识，胜任多方面的工作。所谓精深，即精通一门。成功的人往往都是在宽厚的基础知识上对专业知识精益求精，从而成为某一学科、某一方面颇有造诣的专家。大学生是国家培养的应用型人才，因此掌握精深的专业知识是胜任未来工作的前提条件。要建立合理的专业知识结构，就要把知识的广博与精深有机地结合起来，把精深的专业知识建立在广博的基础之上，并且尽可能地围绕专业目标扩大自己的知识面，这样才能为建立合理的知识结构奠定良好的基础。

（2）坚持理论与实践的辩证统一。合理的知识结构不仅是理论知识的有效积累，而且是实践经验的结晶。在理论与实践的天平上忽视或缺乏任何一个方面，都会导致知识结构的倾斜。缺乏理论指导的实践是盲目的，而缺乏实践的理论又是空洞的。没有实践，理论就会枯萎；而没有理论的实践，就会缺乏指南。明白了这些道理，在建立合理的知识结构时就能处理好理论与实践的关系。一方面向书本学习，一方面向实践学习，这是建立合理知识结构的正确途径。

（3）坚持知识的积累与调节的辩证统一。合理的知识结构既需要大量的知识积累，也需要适宜的知识调节。大量相关学科知识的积累，有利于强化知识的整体效应，适应当代科学技术相互渗透、不断分化综合的发展趋势。但是，学海无涯，不可能漫无边际地积累知识，必须按一定的专业目标进行定向积累，在积累的过程中又要不断地进行知识的调节。知识的调节，一方面是要更新知识，防止知识的老化；另一方面是要增强实用性，防止与自己专业方向无关的知识所占比例过大，以致不适应职业岗位的要求，甚至降低一个人的能力。总之，知识的积累和调节必须统一于成才的目标之中。

2. 建立合理知识结构的途径

大学生完善自身的知识结构是一项全方位的任务，它既是一个群体行为，因为每一位大学生都需要完善知识结构；同时，它又是一个个体行为，因为每一位大学生的知识结构都有其自身的特点和要求，不可能千篇一律。知识结构的完善很难有一个可供每一位大学生具体操作的方案。因此，个人行为的要求显得格外重要。一般来说，建立合理的知识结构可借鉴以下程序。

首先，要根据准备选择的职业目标确定自己知识结构的类型。

其次，根据拟建立的知识结构类型将所具备的知识按系统、层次进行优化组合。

再次，根据组合后的知识结构中的情况，决定需要补充的学习内容，进一步使之完善。

最后，在就业前还要根据社会与科学技术的发展，根据将从事的职业在其所属的社会组织中的具体层次进一步调整知识结构。

建立合理的知识结构没有捷径可走，其基本途径只能是学习和积累。建立合理的知识结构也绝非一劳永逸，必须持续不断地付出艰辛的劳动。每一位求职者只要采取适合自己的科学方法，并且不断努力、刻苦耕耘，就一定能建立和完善自己的知识结构，为顺利择业、成才打下良好的基础。

二 动手实践能力的培养

高职大学毕业生无疑具有了相当的知识积累，但不等于有了较强的实践能力。大学生的求职竞争说到底是知识与动手能力的竞争。如果让自己的头脑成为一座单纯的知识仓库，而不注意在理解、掌握和运用知识的过程中自觉锻炼、开发智力，培养动手能力，那么，知识将会变得无用。知识与能力是一种辩证的关系，在一定意义上说，能力比知识更重要。下面这个故事从侧面印证了能力的重要性：一个孩子要出远门，他母亲主张给他带些干粮，他父亲却主张给他一杆猎枪，以使孩子无论走到哪里都能凭手中的猎枪有吃有穿。当然，最好的办法是“猎枪”加上“干粮”。“猎枪”即能力，“干粮”即知识，给孩子干粮不如给孩子猎枪。一般来说，不同的学科和专业对大学生有着不同的动手能力要求。

1. 动手实践能力的内涵

动手实践能力也就是实际操作能力，它是人的智力转化为物质力量的关键，是专业工作者必须具备的一种实践能力。在现实生活中，尤其是在教学、科研、生产第一线，大学毕业生实际动手操作能力的强弱，将直接影响到其作用的发挥。比如，作为一名科技人员，只懂得技术原理而没有操作能力，在很多情况下是不能完成技术任务的；作为一名教师，只有丰富的知识是不够的，还要有把自己的知识传授给学生的能力。学化学的人都知道，实验能力的强弱对实验效果有很大的影响；学电子的要使用烙铁，要求焊接速度快、质量好；操作仪器特别是精密仪器的人，手指的灵活程度对调试就有影响。所以大学生必须重视动手能力的培养，注意克服重理论学习、轻实践操作的倾向。

对点案例

在大学生小张看来，当学生干部、参加社会实践，这些都不是做学生的正业，只有拿到高分、取得高学历才是正经事。于是，她把高中那套生活规律拿到大学里来，整天捧着书本在教室、图书馆苦读。班上组织集体活动，她说没时间；学校组织各种社团活动，她说没意思；就连双休日，别的同学看电影、逛街，她也从不参与，一个人在寝室里看书学习。小张的学习成绩每年都排在前五名，大二的时候就把英语四、六级过了。她的大学生活除了吃饭、休息，就是看书学习，从不与人过多地交往。同学们给她起了个雅号:“尼姑学者”。

然而，当小张来到实习单位的时候，无论为人处事还是实际动手能力，都显得手足无措，力不从心。实习单位也嫌她太斯文，只是见她学习成绩还不错，在实习成绩上勉强给了个“合格”。可见，读书再多，不会运用，不能付诸实践，也是没有用的。

像小张这样的学生，只重视书本忽视实践，只要求高分忽视能力，怎么能受到社会的欢迎？怎么能算作一个名副其实的大学生呢？

一个人实际操作能力水平的高低主要体现在操作的速度、准确和灵活性三个方面。大学生要提高自己的动手能力，关键在于多看、多练。看得多、接触得多就可以掌握一些基本的操作程序和方法，练得多才可能真正提高自己的动手操作能力和技巧。大学毕业生在实际操作上如果有一手或几手过硬的本领，一定会受到用人单位的青睐。

2. 培养实践能力的途径

每个人的实践能力的水平是有差异的。这种差异并不是先天形成的，而是由所处的环境、受教育程度及自身实践状况等因素造成的。每个人实践能力的发展程度主要取决于自身的努力。培养和锻炼自身实践能力的途径，主要有以下几种。

（1）勤奋学习，积累知识。知识是能力的基础，勤奋是成功的钥匙。离开了知识的积累，能力就成了“无源之水”，而知识的积累要靠勤奋的学习来实现。大学期间，大学生思维活跃、精力充沛、接受能力强，是学习知识的黄金时期。知识的海洋浩瀚无边，大学生除了要学习和掌握课堂上老师传授的知识外，还要不断扩大自己的知识面。虽然获取知识的渠道各不相同，但都要辛勤耕耘，刻苦学习。

（2）积极参与，勇于实践。能力是在实践过程中形成发展，并在实践过程中表现出来的。实践是培养能力的重要途径。在大学期间，大学生担任学生干部，参加一些社会活动等，都会有助于其实践能力的提高。只要处处留心，时时注意，大学生活中有许多锻炼机会。

（3）启迪思维，发展兴趣。爱因斯坦说过:“兴趣是最好的老师。”兴趣和爱好是能力发展的动力。一般来说，兴趣爱好广泛的人眼界宽广、思维开阔，容易从多方面得到启发，促进创造力的发展。大学生要围绕所学专业发展自己的兴趣爱好，并以这种兴趣爱好为契机，加强相关知识的学习和积累，全面锻炼和发展各种实践能力。

思考与练习

1. 如何调整心态，确立正确的择业心理？

2. 如何理解知识、能力、素质之间的关系？提高综合素质对人的职业发展有何意义？

3. 高职大学毕业生应具备哪些职业素质？怎样从现在开始培养必备的职业素质？

4. 根据知识结构的有关理论，分析自身目前知识结构的特点，找出不足之处，并制订计划加以弥补。

5. 谈谈动手实践能力对职业发展的重要性。

6. 根据本章内容，制订大学三年的学习计划。

第六章 职业生涯目标与实施

知识目标

1. 了解职业生涯目标确立的意义、原则、要领和策略。
2. 了解影响职业生涯发展的诸多因素。
3. 熟知获得职业信息的各种方法和手段。

技能目标

1. 学会辨析自我的非理性信念。
2. 学会对自我的职业生涯规划进行有效的评估与调整。
3. 学会正确地分析影响职业生涯发展的诸多因素。

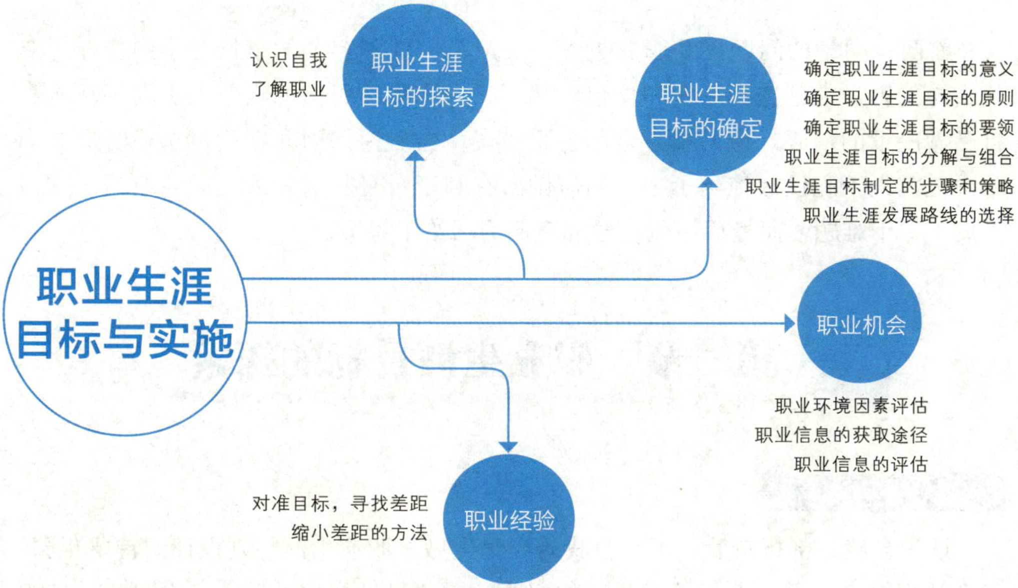

情境导入

小刘面对未来很迷茫，对所学的管理科学专业没有太多感觉。别人都说这个专业是万金油，没有什么竞争优势，所以他想利用业余时间再学习一些其他专业的知识或技能，但究竟社会上都有哪些工作岗位，这些工作岗位的用人要求是什么，小刘一点也不知道，况且他自己喜欢哪种工作也谈不上。这让小刘如何准备呢？

小杨刚进大学的时候，对自己三年后的目标就很明确——专升本，而后考研。这主要来自父母的意见:“在大学扩招的背景下，大学毕业生每年以几十万的速度增长，不读研，怎么能找到好工作？”小杨开始还挺认同，但随着大学生活的深入，生性活泼的她参加了很多社会活动，乐在其中并小有成绩。小杨开始觉得考学并不是她所喜欢的，自己更喜欢做与人打交道的工作。可是，专科毕业生能否找到好工作，小杨很怀疑。所以，虽然很痛苦，但她依然准备专升本。

小李在大学里学的专业是机电一体化，平时性格活泼，有较强的沟通能力。大三找单位实习时，小李发现与专业相对应的工作大部分都只招男生，女生在这个专业的职业发展空间较小。经过思考，小李发现自己性格活泼、外向，喜欢与人打交道，对销售一类的工作很感兴趣，而且从以往的个人经历来看，有着丰富的销售经验。最后，结合自己的专业所学，小李到一家机械制造公司应聘销售人员，并顺利上岗。小李工作能力强，在以后的工作中多次受到领导的表扬，为公司带来很多订单，为公司的发展做出了贡献。

前两位同学的问题涉及职业决策。决策是一件不容易的事情，小到选择一双什么样的鞋，大到选择职业和伴侣，都不乏为之茫然失措的人，不少人都缺乏为自己做决策的信心。他们担心自己会犯错误、会后悔，因此在面对选择时左右为难，也有人干脆设法拖延了事。如何做出有利于自身长远发展的职业决策，这似乎成了一个难题，而最后一位同学的案例恰巧给了答案。

第一节　职业生涯目标的探索

一 认识自我

认识自我、剖析自我、了解自我是大学生做好职业生涯规划设计的首要步骤，只有认识自己，才能选择适合自己的职业，制定科学合理的职业生涯目标。认识自我包括认识自己的年龄、生命周期、心理自我、性格、兴趣、能力、价值观等几个方面的内容，性格、兴趣、能力、价值观四个方面在前面的章节中有所涉及，在这里不再赘述。

（一）认识自己的年龄

可能有的大学生认为认识自己的年龄是件很简单的事，自己每年都在过生日，谁还不知道自己的年龄呢？其实，这仅仅是你的生日年龄，也叫日历年龄或者时序年龄，即从我们的出生日期到现在的实际年龄的大小，它与我们的学习、工作、婚姻等有关。人们除了生日年龄，还包括自己的生命年龄、生理年龄、容貌年龄和社会（心理）年龄。

1. 生命年龄

生命年龄指的是从父亲的精子与母亲的卵子结合的一刹那起计算的年龄。

2. 生理年龄

生理年龄是一个全新的概念，指的是用一个人的生理特征指标来衡量一个人生理上的所处年龄段，代表这个人的生命活力。例如，一个实际年龄为 65 岁的人，他的各项生理指标都在 40 岁，那么他的身体各项机能就能保持在正常人的 40 岁，他的生理年龄就是 40 岁。生理年龄的高低，主要取决于人的生活方式和健康状况。

3. 容貌年龄

容貌年龄是指一个人的外表所显示的年龄，例如，有些人虽已老迈但依然鹤发童颜，看起来精神抖擞、生机勃勃；有些人实际年龄并不大，但呈现出未老先衰的容貌，说的就是他的容貌年龄。容貌年龄与我们自我评价和人际关系以及印象有关。

4. 社会（心理）年龄

社会（心理）年龄指的是一个人无论他的实际年龄有多大，但他始终坚持在一个年龄上的心态，总是以那个年龄层的思想去考虑问题、处理事情。社会（心理）年龄是一个人在家庭或各种社会组织中能否承担责任、能否经得起失败和挫折等的标志。

（二）了解自己的生命周期

人的生命周期可以分为生物生命周期和社会生命周期。人的生物生命周期是从生理变化的角度谈人的发展。由于人从出生、成长到成熟、衰亡这一成长过程的不可重复性，决定了生物生命周期具有单向性和不可逆性。这就要求我们倍加珍惜时间，认真做好职业生涯规划。

与生物生命周期不同，社会生命周期是从参与社会活动的角度谈人的发展，具有多向性和可重复性的特征。举例来说，一个人毕业之后，找到了一份理想的工作，但是工作了一两年，遇到了职业中自己无法解决的难题，就有可能选择回到学校继续深造，这就是人生社会生命周期的可重复性。

我们的职业生涯发展会受到生物生命周期的限定性和社会生命周期的开放性的双重影响。

（三）了解心理自我

我们不仅受到意识的支配，而且会受到潜意识的支配。例如，我们都在努力对周围的人做出正面的思考和评价，但总是摆脱不了他们很坏这一感觉。这是因为意识在主导我们思考与抉择的同时，深层的潜意识还会支配我们的感觉，觉得这个人品质很差，素质很低，毫无价值，不值得有这样的好运气。潜意识带来的这种感觉很顽固，一时难以改变。对于大学生来说，要认真对待自己的内心感受，一旦发现自己心中潜藏着负面的信息，我们就得致力于改变负面的感受，给自己正面的信息，对自己做出较为客观的认识和评价。

总之，在职业生涯规划中，我们一定要正确认识自我、正视自己，对自己充满信心，既不要妄自菲薄，也不要用假面具来满足自己的虚荣心，我们就会成为一个有价值、有能力的人。

二 了解职业

了解职业的层面有很多，前面我们对职业的定义、种类和职业的发展趋势做了介绍，在本节，我们将对职业分层做一个阐述。

（一）职业分层的概念

职业分层是了解职业的重要方面，所谓职业分层是指通过人们对某种职业所对应的经济收入、权力地位和社会声望进行评价，从而对多种职业进行等级排位的方法。不同的职业存在不仅是社会分工的客观体现，而且它们的社会地位和社会声誉有很大的不同，这表现在职业环境、职业从业资格要求、工作内容、工作的紧张程度和难易程度、工作主动权、所获得的薪金待遇、职业的社会评价等几个方面的差异，这必然会使职业具有不同的等级层次。

（二）职业分层与职业分类的区别

1. 划分的依据不同

职业分类是按照社会分工的不同，以工作性质的同一性对社会职业客观类型进行的横向划分，不同职业之间只有分工或工种的差别，并没有高低贵贱之分；而职业分层则是根据职业的社会地位和社会声望的不同，在纵向上对职业进行的等级排列。

2. 实施的主体不同

职业分类的实施主体是政府部门，因而具有权威性、法律性的特征；而职业分层是社会普遍认同的划分方式，因此不具有权威性、法律性，但是从一定意义上反映了社会对职业选择的普遍价值倾向。

（三）职业分层的内容

对于职业分层目前还没有统一的划分方法，最早对职业做出分层的是美国人口调查局的工作人员威廉·C.翰特。按照他的观点，根据职业角色的不同，职业可以划分为产业主、职员、熟练工人、一般体力劳动者四个不同的层级。

阿尔伯·爱德华在美国20世纪40年代的人口统计工作中，对职业分层进行了更新，由低到高分为非熟练工人、半熟练工人、职员、产业主及官员、专业人员。

但是在美国比较通用的是理查德·赛特的职业分层。按照社会地位，理查德·赛特把职业由低至高分为7个层级，如表6-1所示。

表6-1 理查德·赛特的职业分层

职业层级	职业技能和素质要求	相关职业
非熟练体力劳动者	在技术和责任方面要求最低	清洁工、搬运工、擦鞋工等
半熟练体力劳动者	以体力劳动为主，技术要求不高	售货员、服务员、汽车司机、机器操作工等
熟练体力劳动者	具有一定技能的体力劳动者	印刷工、火车司机、厨师、理发师等
白领工人	各类职员和技术工人	图书管理员、打字员、推销员、制图员等
小企业所有者和经营者	具有一定的管理技能	修理业主、服务业主、小零售商、小承包商及其他一切非农产所有者
专业人员	具有相关专业知识和技能	工程师、作家、艺术家、法官、编辑、医生、教师等
工商业者	具有丰富的经营管理经验	大产业主、大工商企业家等

（四）职业分层的作用

1.职业分层是社会分工的重要依据

职业分层是将社会成员划分为不同社会阶层的重要参考依据之一，所以，弄清楚职业分层对制定不同社会阶层的相应政策有着重要的指导作用。

2.了解职业分层有助于了解社会的经济发展水平

社会经济发展水平可以通过职业分层得到很好的体现。比如，在经济水平较为落后的农业社会，农民很受社会的尊重，工人和商人很受社会的鄙视。但是随着社会经济的发展，到了工业社会，工商业者在推动社会进步和经济发展方面起到了不可替代的作用，其社会地位从而得到了极大的提升。到了以知识经济为基础的信息社会，专业技术人员在社会上的作用越来越凸显。所以说，了解职业分层可以更好地了解社会的经济状况。

3.职业分层有利于提高从业者的素质

社会地位和社会声望较高的职业层级可以对人们产生很强的刺激作用，促使个人对自身的教育进行积极投资，提高自身素质。当这成为一种普遍的社会行为和社会风气时，全民的整体素质自然会被提升到新的水平，这对社会的发展有着积极的促进作用。

4. 职业分层有利于人才的合理流动

职业的层次不同，所代表的社会地位和薪酬待遇也就不同。职业层级越高，对从业者的诱惑力和吸引力就越强。了解社会分层可以促使劳动者根据自身实际，在不断提升自己的学历、工作技能和各方面素质的基础上向更高的职业层级流动，以提升自己的职业地位和职业收入。此外，研究职业分层还有利于优化不同职业的比例和结构。

相关链接

职业声望

职业声望是人们对职业的社会评价，它是职业社会学研究的范畴之一。

决定职业声望高低的主要因素有以下三个方面。

①职业环境。即任职者所能获得的工作条件的便利与社会经济权利的总和，包括职业的自然环境与社会环境，如工作的技术条件、空间环境、劳动强度、工资收入、福利待遇、晋升机会等。

②职业功能。一定的职业对于提高国家的政治、经济、科学、文化水平的意义及其在社会生活中对于人民的共同福利所担负的责任。

③任职者素质。例如，文化程度、能力、政治态度、道德品质等。职业环境越好，职业功能越大，任职者素质越强，职业声望就越高。人们对职业声望的评价具有相当大的一致性。

职业声望的稳定性是相对的，在不同的社会发展阶段，人们对同一种职业的评价往往很不相同。例如，“核物理学家”这一职业，在1947年美国的一次职业声望调查中被评为第18位，而在1963年的一次调查中上升为第3位。具有不同经济文化背景的群体，对同一职业的评价不同。不同年龄和性别的群体，对同一职业的评价也有差异。

表6-2　北京职业声望调查排名前二十名汇总

排名	1985年	1990年	1997年	2009年
1	教授	作家	科学家	科学家
2	经济学家	教授	大学教授	物理学家
3	画家	工程师	工程师	飞行员
4	作家	物理学家	物理学家	大学教授
5	律师	医生	医生	高级军官
6	物理学家	大学教师	经济学家	公司董事长
7	记者	画家	社会学家	社会学家
8	医生	律师	法官	经济学家

续表

排名	1985 年	1990 年	1997 年	2009 年
9	导演	民航飞行员	飞行员	音乐家
10	大学教师	经济学家	检察官	医生
11	工程师	记者	律师	法官
12	播音员	播音员	建筑师	银行行长
13	飞行员	农学家	军官	检察官
14	运动员	导演	大学普通教师	国家机关局长
15	国营企业厂长	运动员	银行行长	工程师
16	农学家	民营企业厂长	翻译	海关工作人员
17	民主党派负责人	导游	音乐家	律师
18	海关工作人员	民主党派负责人	作家	大学普通教师
19	影视演员	空中小姐	画家	建筑师
20	导游	海关工作人员	教练员	大企业厂长

第二节　职业生涯目标的确定

一　确定职业生涯目标的意义

职业生涯目标的设定，是职业生涯规划的核心。有了正确的、适当的职业目标，才能明确奋斗的方向。

对点案例

新生活是从选定方向开始的

比塞尔是西撒哈拉沙漠中的一个小村庄，它靠在一块 1.5 平方千米的绿洲旁，可是在肯·莱文 1926 年发现它之前，这儿的人没有一个走出过大沙漠。肯·莱文作为英国皇家学院的院士，当然不相信这种说法。他用手语向这儿的人问原因，结果每个人的回答都是一样：从这儿无论向哪个方向走，最后都还是要转到这个地方来。为了证明这种说法的真伪，他做了一次实验，从比塞尔向北走，结果三天半就走了出来。

比塞尔人为什么走不出来呢？肯·莱文非常纳闷，最后他只得雇一个比塞尔人，让他带路，看看到底如何？他们带了半个月的水，牵上两匹骆驼，肯·莱文收起指南针等现代化设备，只拄着一根木棍在后面。10 天过去了，他们走了数百英里的路程，第 11 天的早晨，一块绿洲出现在眼前。他们果然又回到了比塞尔。这一次他终于明白了，比塞尔人之所以走不出沙漠，是因为他们根本没有认识北斗星。

在一望无际的沙漠里，一个人如果凭着感觉往前走，他会走出许许多多、大小不一的圆圈，最后的足迹十有八九是一把卷尺的形状。比塞尔村处在浩瀚的沙漠中间，附近根本没有一点参照物，若不认识北斗星又没有指南针，想走出沙漠，确实是不可能的。

肯·莱文在离开比塞尔时，带了一个叫阿古特尔的青年，这个青年就是上次和他合作的人，他告诉这个小伙子，只要白天休息，夜晚朝北面那颗最亮的星走，就能走出沙漠。阿古特尔跟着肯·莱文，三天之后果然来到了大漠的边缘。

现在比塞尔已是西撒哈拉沙漠中的一颗明珠，每年有数以万计的旅游者来到这儿，阿古特尔作为比塞尔的开拓者，他的铜像被竖在小城中央。铜像的底座上刻着一行字：新生活是从选定方向开始的。

从这个故事，我们可以看出——成功需要明确的目标和方向。职业目标对职业生涯发展的意义体现在以下几方面。

（一）职业目标对人生有巨大的导向作用

要想取得成功，首先要制定明确而坚定的目标。美国成功学家拿破仑·希尔曾说过："一切成就的起点是渴望。一个人追求的目标越高，他的才能发展就越快，一心向着目标前进的人，整个世界都给它让路。"明确的目标会使人产生强烈的使命感与责任感，激励人们为之努力奋斗，在种种挫折与困难面前矢志不渝，并创造积极条件，朝着这个目标迈进。如果没有切实可行的目标做驱动力，或者人生目标选错了，人就容易对现实妥协。这就需要大学生在规划职业生涯时，首先明确自己的职业生涯目标并付诸行动，在前进中经常对目标进行检查修正，才会取得成功。

（二）目标能够使人明确人生的侧重点

每个人的精力都是有限的，有了明确的目标，就有了奋斗的方向和奋斗的侧重点，从而有利于抓住最重要的事情。一切活动都围绕这一目标展开，并最大限度地发挥自己的潜能，完成最重要的事情。

（三）目标的有无会影响一个人的成就和社会地位

目标的大小和努力程度有时会把资质相似的人们分成少数的精英和多数的平庸之辈。前者主宰了自己的命运，后者碌碌无为地度过了一生。哈佛大学对大学毕业生进入职场后的收入变化进行了长期的研究，结果表明，形成文字性计划的重要性毋庸置疑：83% 的人对职业发展没有设定过目标，他们的收入在这里作为参考基数；14% 的人对职业发展有清晰的目标，但没有书面记录下来，他们的工资是前者的 3 倍；3% 的人对职业发展有清晰的目标，并书面记录下来，他们的收入是第一类人的 10 倍。

总之，不管怎样，我们不能没有目标。用一天好好思考，胜过一周的蛮干徒劳。大学生在迈向社会之前，首先要有明确的职业生涯目标，这对今后的职业生涯发展将起到事半功倍的作用，或者至少可以帮助自己少走弯路。

二 确定职业生涯目标的原则

大学生在确定职业生涯目标时，必须遵循目标确定过程的一些原则，使自己确立的目标有最大的激励作用。大学生在确定职业生涯目标的过程中，可以根据以下原则来分析评价，帮助自己更好地实现目标。

（一）适合自己的才是最好的

有的人在确定职业目标时，非常在意别人的看法和评价，为了迎合他人的眼光，盲目追求社会评价度较高的职业岗位，制定的目标脱离了自身的实际，结果被自己搞得痛苦不堪。还有的人没有经过深思熟虑，看到别人确立了什么目标，自己就跟着模仿，今天学这个，明天学那个，结果浪费了时间，错失了良机。其实，职业目标并没有好坏之分，由于每个人的自身条件、基础素质不同，职业目标定会有所不同，关键是要真正适合自己，适合自己的才是最好的，才更容易实现。例如，有的人适合搞研究，能够在专业领域求得突破；有的人适合做管理，能够成为优秀的管理人才。当然，在现实生活中，要找到一个完全适合自己的职业几乎是一种理想的状态，这就需要在做出大概的目标选择后，对自己的性格、能力、价值观进行适当的调整，以做到扬长避短。

（二）确定目标应坚持“四定”原则

职业生涯规划，简单地说，就是要解决职业生涯设计中“干什么”“何处干”“怎么干”“以什么样的心态干”这四个最基本的问题，有专家将此概括为职业生涯中的“四定”——定向、定点、定位和定心。

1. 定向：确定自己的职业方向

方向与目标有所不同，目标是自己拟定的期望达到的一个理想，而方向是为达成目标而选择的一种路径。如果方向错误，则会偏离目标，即使修正也需要花费更多的时间和精力。对大学生来说，职业定向需要冷静的头脑和十足的勇气，根据自己的兴趣、理想、专业去选择自己未来的职业方向。在这里，专业已经淡化到次要的地位，如果有可能，大学生最好不要让理想屈从于专业。

2. 定点：确定职业发展的地点

地点也是现实环境的一个因素。就中国来说，各地的经济发展现状和前景都有不同，甚至差异很大。比如中心城市和边远山区，沿海一带和西部地区。近几年的调查研究显示，绝大多数毕业生就业地点只选经济发达地区，但这些地区竞争激烈、人满为患不说，外地生源还要面临环境、观念、语言、文化等差异带来的困难，而且发展的空间和机会并不见得比去发展中地区更好。这也是大学生就业时要慎重考虑的。

3. 定位：确定自己在职业人群中的位置

定位过低会导致个人在职业生涯中无法实现自我价值的最大化，过高则容易因连遭挫折而对职业生活丧失信心。大学生往往因为定位的不准确，出现“高不成低不就”的现象，毕业多年仍漂泊不定。因此，大学生尤其是高职院校的学生，需要准确地标定自己的位置，既不能自卑也不要自傲，应根据自己的实际水平，在择业时对职位、薪资、工作内容等做好判断和把握。

4. 定心：稳定自己的心态

人的一生必然会有高低起伏，成功与挫折总是结伴而行。个人的职业生涯也不例外，在实现职业理想与目标的过程中，难免会有磕磕碰碰和意想不到的困难。对大学生来说，就是要保持一种平常心态，敢于直视就业过程中的困难和问题，不以物喜，不以己悲，始终坚定地按照自己的正确计划去实现理想。

三 确定职业生涯目标的要领

科学合理的目标可以激励自己的发展，但是职业目标的确定是一个极其复杂的过程，在确定职业目标时除了要把握上述原则外，还需要了解如下几个要领。

（一）目标的确定要有利于发挥自身的优势

目标要定位在一个最能发挥自己长处的位置。比如，自己的性格优势、专业优势、能力优势，淡化自己的弱点和缺陷，扬长避短，以便最大限度地实现自己的社会价值。

（二）目标制定要考虑社会的需要

职业的选择不是单纯的个人活动，而是一种社会活动，它会受到多种社会现实条件的制约。这就要求大学生在确定职业目标时要考虑社会的需要，把个人理想与社会需求结合起来，让目标有一定的弹性，适应环境的变化，才能在满足社会需要的同时，实现自己的职业理想。否则，脱离了社会需要，制定的目标会变得毫无意义。

（三）职业生涯目标要有重点

人生不能没有目标，不能同时有很多目标，成功的最佳目标不是最有价值的那个，而是最有可能实现的那个。突出的重点才有利于在关键目标上集中用力，从而顺利实现既定的目标。如果目标过多而失去重点，不仅会消耗大量的时间、分散自己的精力，而且效果也不会理想，因此，为了突出重点，就需要严格控制职业目标的数量，一个时期设置一个重点目标，实现后再设立新的目标。

四 职业生涯目标的分解与组合

（一）个人发展愿景模型

个人愿景是人们永远为之奋斗、最热切希望达到的图景，它是一种意愿的表达，概括了未来目标、使命及核心价值。个人愿景的内容包括：①个人健康：对于自己的健康、身材有什么愿望；②自我形象：希望自己有什么样的形象，具有哪些特征和行为表现；③家庭生活：希望未来的家庭朝什么方向发展；④职业状况：希望自己的职业达到什么样的状态；⑤有形资产：希望拥有哪些财产，拥有多少财产；⑥假想在生命即将结束时，你最想做的事情是什么。

个人愿景不清晰，就会导致行动的盲目性，怎样让它变得清晰起来呢？

（1）想象愿景实现后会是什么样子，例如，你得到了渴望已久的100万元资金，你会产生怎样的感觉，你会怎样分配、使用这些财产。

（2）描述个人愿景。例如，你可以想象并形容你获得理想职位后会有怎样的内心感受，对自己的职业生涯有着怎样的意义。回顾一下曾经的愿景，有哪些成为现实，还有哪些尚未实现，需要哪些条件，何时会实现。

（3）弄清楚个人愿景。将你的个人愿景一一列出，找出哪个是你现在最渴望实现的，它对你有着怎样的意义，实现后你会产生怎样的感觉。

（二）职业生涯目标的分解

任何一个目标都是无法一步达成的，职业生涯目标也是如此。为了更好地实现职业目标，需要将远大目标分解成可操作的清晰而又具体的一个个阶段性的目标，分化为某个确定日期可以采取的具体措施。

1. 按性质分解

按性质分解，职业目标可以分为内生涯目标、外生涯目标。内生涯目标主要包括工作能力目标、掌握新知识目标、观念目标、工作成果目标、处理与其他人关系的目标、提高心理素质目标。外生涯目标包括工作内容目标、职务目标、经济收入目标、工作地点目标和工作环境目标等。对于大学生来讲，主要的是提升和丰富自己的内职业生涯目标，即知识、经验、能力、观念、心理素质等因素。

2. 按照时间分解

按照时间分解，职业目标可分为人生目标、长期目标、中期目标、短期目标。一个多阶段的目标可以使我们更好地保持开放、灵活的心境，面对不同的情况。

（1）人生目标是指整个人生的发展目标，时间长至几十年。

（2）长期目标是指时间为五年以上的目标，它通常比较粗、不具体，可能随着企业内外部形势的变化而变化，在设计时以画轮廓为主。长期目标的主要特征：目标有可能实现，具有挑战性；对现实充满渴望；非常符合自己的价值观，为自己的选择感到自豪；目标是认真选择的，和社会发展需求相结合；没有明确规定实现时间，在一定范围内实现即可；立志改造环境。

（3）中期目标是指一般为三到五年的目标，它相对长期目标要具体一些，如参加一些旨在提高技术水平的培训并获得等级证书等。其主要特征：通常与长期目标保持一致；是结合自己的志愿和企业的环境及要求来制定的目标；用明确的语言来定量说明；对目标实现的可能性做出评估；有比较明确的时间，且可做适当的调整；基本符合自己的价值观，充满信心，愿意公布于众。

（4）短期目标通常是指时间在一至两年内的目标，是中期目标和长期目标的具体化、现实化和可操作化，是最清楚的目标。其主要特征：目标具备可操作性；明确规定具体的完成时间；对现实目标有把握；服从于中期目标；目标可能是自己选择的，也可能是企业或上级安排的、被动接受的；目标需要适应环境；目标要切合实际。

一般说来，短期目标服从于中期目标，中期目标服从于长期目标，长期目标又服从于人生目标。具体实施目标，通常是从具体的、短期的目标开始的。

（三）职业生涯目标的组合

职业生涯目标组合是处理不同职业生涯目标之间相互关系的有效措施。虽然各目标之间存在排斥性，使我们只能在不同目标当中做出选择，但是不同目标之间还具有因果关系与互补性，我们可以积极地进行不同目标的组合，达到职业生涯和谐发展。

职业生涯目标组合有三种：功能组合、时间组合和全方位组合。其中全方位组合已经超出了职业规划的范畴，它涵盖了生涯全部活动。

1. 功能组合

很多职业生涯目标在功能上存在因果关系或互补作用。

（1）因果关系组合。有些目标之间存在着明显的因果关系，如工作能力目标与职务目标和收入目标，前者是因，后者为果。表现为工作能力提高—职务提升—收入增加。

通常情况下，内职业生涯目标是原因，外职业生涯目标是结果。一般因果排序为：观念更新目标—掌握新知识目标—提高工作能力目标—职务晋升目标—经济收入提高目标。

因此，要想实现因果组合，就需要我们不断更新知识，树立新观念，然后去实践。这样，我们的实践能力就提高了，随着职务提升，业绩突出，报酬也就会不断增加。

（2）互补作用组合。互补作用组合即把存在互补关系的目标进行组合。职业生涯目标的互补关系是显而易见的，例如，一名管理人员希望在成为一个优秀的部门经理的同时得到工商管理硕士（MBA）证书，这两个目标之间就存在着直接的互补作用：实际管理工作为MBA的学习提供了实践的经验和体会，而MBA学习则为实际的管理工作提供了理论和方法。再比如，高校教师往往同时肩负教学和科研两项任务。教学为科研提供了理论基础和方法指导，科研实践又促进了教学内容的丰富、更新和质量的提高。

2. 时间组合

职业生涯目标在时间上的组合可以分为并进和连续两种情况。

比如，假定你做的是财务经理，那么它实际上就涵盖了两个职业：一个是财务专业人员职业，一个是管理人员职业。你需要在这两个职业上同时学习，同时提高，既要做优秀的财务工作人员，又要做成功的管理人员，这两个职业目标并不矛盾，可以同时进行。

（1）并进组合。职业生涯目标的并进组合，是指同时着手实现两个平行的工作目标，即在同一期间内进行不同性质的工作。如上级管理层兼任技术业务项目责任人，或中、高级管理层的“双肩挑”的情况。

并进组合也可以是建立和实现与目前工作内容不相关的职业生涯目标。有的人为了获得更大的发展空间，在做好本职工作的同时，进修自己感兴趣的其他课程，在相同的时间内迎接更大的挑战，力争发挥更大的价值。

有时候，外部环境给予我们的机会很多，这让我们面临多个选择。只要处理得好，又有足够的精力和能力来应对，在一定的范围内，是可以做到鱼与熊掌兼得的。建立和实现本职工作以外的目标是居安思危、具有长远眼光的表现，需要具备较强的时间管理能力和学习的毅力。

（2）连续组合。连续组合是指一个目标实现之后再去实现下一个，最终连续而有序地实现各个目标。一般来说，职业生涯的阶段目标与职业生涯的最终目标是相关联的，短期目标是实现较长期目标的支持条件。目标的期限性也是相对的。随着时间的推移，长期目标成为中期目标，中期目标成为短期目标，短期目标成为近期目标。只有完成好每一个近期目标和短期目标，最终目标才有可能实现。

3. 全方位组合

对职业生涯目标进行全方位组合是指个人事务、职业生涯和家庭均衡发展，相互促进，它涵盖了人生的全部活动。要实现这一目标，就要求我们在建立职业生涯目标时，通盘考虑自己在个人发展、家庭生活和职业生涯中的各种愿望。事业不是生活的全部，任何一个人都不能离开家庭和休闲娱乐，完美的职业生涯规划不应把生活中的其他内容排斥在外，而是要在生活中的不同目标间建立平衡的协调关系。

对点案例

某大学毕业生的职业生涯目标组合

职务目标：五年内做大型国企总经理助理，七年后成为一家商学院的讲师并成立自己的企业，担任总经理。

能力目标：五年内精通电子、电器和网络技术。了解、掌握与通信及计算机网络技术相关的最新技术的发展趋势，协助总经理领导并管理企业不断取得发展，成为行业内著名成功企业家。

成果目标：在三年内完成题目为“企业环境改造”的课题并出版专著。

经济目标：三年后年薪达到5万元，五年后年薪达到8万元。

五 职业生涯目标制定的步骤和策略

（一）制定职业生涯目标的步骤

（1）自我分析，主要是分析自己的专业、性格、气质和价值观等，找出自己的特点。

（2）对自己所处的内外环境如社会发展趋势、经济文化环境等进行分析，确定自己的位置。

（3）根据上面的分析结果，选定职业和职业生涯路线，确定朝哪一个方向发展。

（4）确定职业目标，并把该目标详细地写出来。通常是先制定自己的人生目标和长期目标，然后再把人生目标和长期目标进行分解，根据个人的经历和所处的环境制定相应的中期目标和短期目标。

（5）制定相应的行动计划和落实措施。

（二）职业生涯目标制定的策略

1. 个人长期职业目标和人生目标的制定

在大多数情况下，长期职业目标和人生目标比较粗，不具体，可能随着企业内外部形势的变化而变化，所以在制定时宜以勾画轮廓为主。具体的注意事项有以下几点。

（1）人生目标、长期目标要尽可能地远大，但不要求具体详细。

（2）能够配合工作环境的需求。

（3）在符合自己的价值观的基础上，与社会发展需求相适应。

（4）放眼未来，推测可能的职业进步。

2. 短期目标和中期目标的制定

在选定了长期目标后，把其具体化、现实化、可操作化，就形成许多的中期目标和短期目标。长期目标、中期目标和短期目标有机联系，形成了个人职业目标体系。

（1）短期目标必须清楚、明确、现实和可行。

（2）每一个短期目标设输出目标和能力目标。

（3）中期目标制定中有比较明确的时间和语言规定。

（4）中期目标应既有激励价值，又要现实可行。

（三）在确定目标的过程中应注意的问题

（1）目标要符合社会与组织的需要。

（2）目标要符合自身的特点，并使其建立在自身的优势之上。

（3）目标要高远但绝不能好高骛远。

（4）目标幅度不宜过宽。

（5）注意长期目标和短期目标的结合。

六 职业生涯发展路线的选择

一般地讲，有三种职业生涯发展路线可供我们选择，即行政管理型路线、专业技术型路线和自我创业型路线。大学生可以根据自身实际情况合理选择。

1. 行政管理型路线

选择这条路线需要对权力感兴趣，擅长人际交往，具备处理复杂人际关系的技巧，并具有宏观思考问题的能力和行政管理能力。一开始可以从基层职能部门干起，当你的能力和业绩不断得到提高、达到一定水平后，可以晋升到更高的管理职位。当然，职位越高，意味着所要承担的责任越大。

2. 专业技术型路线

选择专业技术型路线需要掌握某方面的专门技术，具备一定的分析能力，如法律、工程、财会等就属于专业技术型职业。如果你对某领域的专业技术感兴趣，而且喜欢思考问题，可以通过长期的培训、锻炼和积累充实某一专业知识，掌握专业技术，获得技术职称，在这方面做出成绩。另外，如果你还喜欢管理工作，可以在这一专业领域做出成绩后转向这一领域的管理部门，在管理领域中做出一番事业。

3. 自我创业型路线

自我创业也是大学生可以选择的发展道路，但是创业比其他形式的就业具有很大的挑战性和风险性。创业不仅需要非常强烈的成功欲望，具备创新思维和一定的管理知识，而且要做好承担风险的心理准备。客观条件方面，即需要具备一定的资金，选择恰当的领域，抓住良好的机会。如果不具备这些主客观条件，不要轻易冒风险，最好选择到相关领域组织中接受锻炼，等机会成熟了，再转向自我创业这条路。

第三节　职业机会

职业机会的评估，主要是指评估各种环境因素对自己职业生涯发展的影响。每一个人都处在一定的环境之中，离开了这个环境便无法生存与成长。所以，在制定个人的职业生涯规划时，要分析环境条件的特点、环境的发展变化情况、自己与环境的关系、自己在这个环境中的地位、环境对自己提出的要求以及环境对自己有利的条件与不利的条件，等等。只有对这些环境因素充分了解，才能做到在复杂的环境中避害趋利，使你的职业生涯规划具有实际意义。

一　职业环境因素评估

个人的职业发展受到外部环境的影响，如国家政策倾斜，对某些特殊行业实行宽松型政策，对支援西部建设的人才的政策倾斜；市场经济发展使某些行业变得炙手可热，如在中国改革开放的过程中，对知识型、技术型人才的需求，等等。那么，怎样从纷繁的外部环境中判断有利的职业机会呢？

（一）对目标职业所处的社会环境进行分析

关注社会的宏观经济，可以帮助你了解目标职业所处的社会环境，因为每个人的职业生涯设计与发展都会受到社会环境的制约。社会环境包括一般环境和职业的特殊社会环境。对社会环境进行分析，你可以了解到所在国家或地区的政治、经济发展趋势，所选定的职业在社会环境中的地位，社会发展趋势对此职业的影响，社会对此类职业人才的需求等。

1. 区域状况

为什么大学生毕业之后都要留在北京、上海、广州、深圳等发达城市？因为经济发展水平比较高的地区，企业相对集中，优秀企业也比较多，个人职业选择的机会就比较多，因而就有利于个人职业发展。发达城市确实具有以下优势。

（1）从工作上来说，机会比较多，平台更大，转换平台的机会也多。

（2）从生活上来说，城市功能齐全，能够带给人更多生活上的便利。

（3）从经济上来说，薪金、福利待遇较高，物质生活会更丰富。

（4）从交际上来说，优秀的人群更庞大，交际的范围更广。

相反，在经济落后地区，观念、信息等相对闭塞，经济、文化、卫生等都相对落后，在一定程度上会限制个人的职业发展。

但我们也应该看到，发达城市竞争激烈，工作和生活节奏快，消费水平高，生存压力较大，而经济落后地区的竞争较少，生活相对悠闲，生存成本较低。大学生应该根据自身的实际情况去选择适合自己的区域。

2. 社会文化环境

社会文化环境包括教育条件和水平、社会文化设施等。在良好的社会文化环境中，个人在学习、进修、深造等方面都可以得到更好的教育和熏陶，从而为职业发展打下更好的基础。

3. 政治制度和氛围

政治和经济是相互影响的，政治不仅影响到一国的经济体制，而且影响着企业的组织体制，从而直接影响到个人的职业发展；政治制度和氛围还会潜移默化地影响个人的追求，从而对职业生涯产生影响。

4. 价值观念

一个人生活在社会环境中，必然会受到社会价值观念的影响，大多数人的价值取向都是为社会主体价值取向所左右的。一个人的思想发展、成熟的过程，其实就是认可、接受社会主体价值观念的过程。社会价值观念正是通过影响个人价值观而影响个人的职业选择。

（二）对目标职业所处的行业环境进行分析

行业环境将直接影响到企业的发展状况，进而也就影响到个人职业生涯的发展。

1. 行业发展现状

一般说来，有些专业本身已经决定了你以后从事的行业，例如，服装设计、土木工程等，但更多的专业是没有行业限制的，例如，会计、秘书、翻译等。因此，在对目标行业进行行业发展现状的分析时，主要了解以下问题。

（1）目标行业处于生命周期的哪一个阶段。

①引入期产品能否被市场接受和行业的经营策略均不明朗，这一时期行业的风险大，失败的可能性也大。（处于此阶段的行业要慎重加入）

②成长期的特征是产品被市场迅速接受，销售收入和利润快速增长。（处于此阶段的行业适宜加入）

③成熟期则是产品已经为大多数潜在购买者接受，行业的增长趋于平衡。（处于此阶段的行业可以加入）

④衰退期是指市场及技术的变化使行业的产品逐渐被替代，市场对产品的需求逐渐减少。（处于此阶段的行业要慎重加入）

（2）是朝阳行业还是夕阳行业。

①朝阳行业适宜加入，如新能源、大数据/AI、芯片、医疗等发展空间广阔。

②不断萎缩的行业慎重加入，如小型采矿、小型造纸等资源消耗大、环境污染严重的行业。

对目标职业所处行业进行了解和分析，可以通过互联网查询、咨询行业内专家、查看政府机构发布的行业趋势报告等途径进行。

2. 国际国内重大事件对该行业的影响

行业的发展容易受到国际国内重大事件的影响，进而影响到该行业能否提供较多的职业机会。

对点案例

北京冬奥会将给我们带来什么？

在全球疫情肆虐，且国际奥林匹克运动弥漫不确定性的大环境下，中国按时举办冬奥会的意义主要在于以下几点。

1. 展现强盛的综合国力：疫情防控出色，所有竞赛场馆建设提前完工，京张高铁、京礼高速全线通车。

2. 促进产业发展：过去五年间（截至2021年），全国标准滑冰场馆数量从157家增加到388家，滑雪场总数从568座增加到770座；国内每年开展超过3000场群众性冰雪活动，参与冰雪运动人口占比已超过15%。冰雪产业也在经历结构性变革，以往多依赖进口的高尖端冰雪器材装备，现走上自主研发道路，在“科技冬奥”的引领下深入推进。

3. 拉动经济增长：《中国冰雪旅游发展报告（2022）》数据显示，2020—2021年冰雪季，我国冰雪休闲旅游人次达到2.54亿，预计2021—2022冰雪季将达到3.05亿，冰雪休闲旅游收入有望达到3233亿元。冰雪运动已经风靡大江南北，成了更多人的健身和生活方式。中国南方不少地区的冰雪设施如雨后春笋，浙江、贵州、湖北等地实现冰雪旅游人数年均10%左右的平稳增长。

4. 提升我国国际形象、国际影响力，促进全球体育治理行稳致远。

5. 提升国民对冬季冰雪运动的关注度，推进冰雪运动的建设与发展。

北京冬奥会是我国第一次举办冬季奥运会，历史意义重大。北京冬奥会按时举办还是奥林匹克精神的体现。全国政协委员杨扬在接受记者采访时表示：“疫情之下更需要国际体育界团结互助，携手应对。不服输的体育精神激励各国人民勇往直前，我相信北京冬奥会能够重塑世界体坛信心，带来向上的精神力量。”

3. 目前行业优势及问题所在

特别应关注的是，行业目前存在的问题是可以改进或避免的，还是无法消除的？行业是否具有优势和竞争力？这种优势会持续多久？

4. 行业发展前景预测

行业发展前景预测可以从两个方面进行分析，一方面是行业自身的生命力，是否有技术、资金支持等；另一方面也要考虑和研究国家对相关行业的政策。政府会根据经济和社会发展状况对一些行业发布法规、政策，如对一些行业实施鼓励、扶持，而对一些行业则限制发展，缩小规模。

总之，通过分析和了解影响职业生涯的行业因素，有利于个人选择有发展前途的行业和职业，有助于个人职业目标的更好实现。

（三）对目标职业所处的企业内部环境进行分析

通过对企业的内部环境进行分析，可以了解企业在本行业和新的发展领域中的地位和发展前景，从而做出自己的职业规划。企业内部环境的分析主要包括以下几个方面。

1. 企业文化

事实上，企业文化决定了一家公司如何看待员工，因此员工的职业生涯是为企业文化所左右的。比如，一家主张员工参与管理的企业显然比一家独裁的企业能为员工提供更多的发展机会，而渴望发展、追求挑战的员工也很难在论资排辈的企业中受到重用。

当然，一个人的价值观与企业文化有冲突，难以适应企业文化，这也决定了他在组织中难以得到发展。所以，企业文化是个人在制定职业生涯规划时应当考虑的一个重要因素。

2. 企业制度

企业员工的职业发展归根到底要靠企业管理制度来保障。企业制度包括合理的培训制度、晋升制度、绩效考核制度、奖惩制度、薪酬制度等。

企业价值观、企业经营哲学也只有渗透到制度中，才能使制度得到切实的贯彻执行。没有制度或制度制定得不合理、不到位，员工的职业发展就难以实现。

3. 领导人的素质和价值观

企业的文化和管理风格与其主要领导人的素质、能力和价值观有直接的关系。企业经营哲学往往就是企业家的价值观。企业主要领导人的抱负及能力是企业发展的确定因素。

4. 企业的组织机构

重点了解企业组织机构发展的变化趋势，例如，未来需要什么样的人才、需要多少、对人才的具体要求是什么等，这些与自己未来职业发展有关的信息对自己的职业发展有重要的影响。

5. 企业实力

企业在本行业中是具备了很强的竞争力，还是处于一个很快就会被吞并的地位？其发展前景如何？在激烈的市场竞争中，不一定是最大、最强的企业就能生存，即不是强者生存而是适者生存。只有适应这个环境，适应发展趋势的企业才能生存。

二 职业信息的获取途径

职业信息的获得与应用，是职业规划中相当重要的部分。职业信息的获得途径有四种，即静态资料、动态资料、参与模拟情境和参与真实情境。

（一）静态资料

1. 出版物

通过出版物获取职业信息的途径包括文学作品、名人传记、行业协会的报告、社会调查、论文等。

在你成长的经历中可曾有哪些书给你留下了深刻的印象，甚至影响到你今后职业的选择？如三毛的作品在很多人的心中植入了旅游、自由职业的梦想。有很多文学作品或人物传记都充满这样的魅力，你从中不仅可以了解一种职业是什么，还可以看到相关的从业者的特质，从而借鉴他们的从业历程。但也不可否认，文学著作和名人传记的艺术色彩多少会影响职业信息的客观性。警察或侦探故事通常强调危险和动作，而可能忽略了工作中的常规方面，例如辛苦的调查和书写报告等。另外，文学作品往往过分强调专业性的职业，通俗文学几乎不涉及技能性、半技能性、文书类和服务类行业，这些在收集信息时应注意。

目前，国内也有少量描述职业的专业书籍，对具体职业的历史、要求、教育背景、就业范围、薪酬标准等做了介绍，如劳动部的《中国职业分类大典》。报纸和期刊关于职业方面的资讯会更多一些，像《前程无忧》和《中国大学生就业》是专门的求职招聘类媒体，而类似于《哈佛商业评论》《IT 经理人》这样的商业期刊会有助于你进一步了解一些工作的细节和发展，甚至行业的信息。

2. 视听资料

视听资料包括电影、录像以及各类有关的电视节目等。在媒体空前发达的时代，利用影视媒体来丰富自己对劳动力市场的了解，加强对各种技能的学习，启发个人创业的思路是职业信息获取的重要途径。

视听资料中最直接的是关于专门职业技术培训的光盘和录像带，如机械、气焊、家庭装饰设计、化妆等视听资料。除了各大书店、音像店及培训机构有售外，一些培训网也会提供相关资源。只要你为自己定好职业方向，认真寻找就会有所发现。

从电视节目方面，关注就业创业问题、职场发展问题的栏目越来越多，提供的角度和机会也越来越多。例如，中央电视台经济频道的《劳动·就业》栏目就安排了《就业报道》《劳动话题》《职业生涯》和《激情创业》等专栏；这个频道的《绝对挑战》栏目则为我们提供了许多直面供职者展现才华、竞争一流职业的机会。地方电视台根据本地现实状况也推出了相关节目。如延边广播电视总台经济频道的《就业·劳动保障》栏目，其口号是打造从业平台、构筑职业人生；山东卫视的《从头再来》则将目光集中到白手起家、小有成绩的创业明星；宁夏电视台的《宁夏劳动就业》集中了新闻性、政策性和服务性，不仅提供信息，还帮助大家分析相关政策；上海电视台生活时尚频道的《品牌故事》则从不同知名品牌的发展故事入手，展现创业过程中的种种智慧和艰辛。

3. 行业展览会和人才交流会

在一些行业展览会和人才交流会上，大学生可以获取很多企业和工作的具体信息。每年都会有很多的行业展览会，向社会宣传企业生产的产品，通过这样的展览会可以了解相关行业的信息，同时也可以对同种行业不同公司之间的状况进行比较。比如公司规模的大小、具体的产品特点、人员状况、品牌。

另外，每年也会举办许多的人才交流会。大学生可以从中获得用人单位的直接招聘信息，也可以通过这样的交流会来判断人才市场的状况。同时，大学生也可以通过这样的机会和各公司的招聘人员直接对话。正因为如此，人才交流会不只是求职时光顾的地方，它也可以成为了解人才市场需求的一条重要途径。

4. 网络

互联网科技快速发展，网络已经成为我们生活中不可缺少的部分，各类资讯在网络社会中的交流相当频繁和密切。因此，网络成为获得职业资讯的一种重要手段。

专业网站，各企业网站，各大部委的网站都提供相关的人才需求信息。在各公司的网站，大学生可以了解到公司的宗旨、风格和文化，以及它所提供的服务项目等。

各类学校和很多培训机构也有自己的网站，也可以通过这些渠道了解这些单位的相关信息，选择培训专业或了解行业信息。

随着网络的普及，越来越多的人懂得利用网络寻求职业信息。但是，网络信息也有其局限性，比如，没有人向网民们保证，他们在网络中所查到的所有职业信息全部是及时有效的。

在网络搜索时，技巧非常重要，有时能起到事半功倍的作用。比如，人才测评人员可能被称为心理测量人员、测评顾问、职业测评人员等，所以在搜索过程中关注同一职位的不同表达方式非常重要。

5. 机构

提供职业信息的机构，如学校、政府和相关的公司等。

很多高校都有自己的就业指导中心，为学生和社会各界提供就业服务。如招聘信息、政策法规、就业辅导等。

一些专业性较强的培训机构则对了解本专业会有一定的促进作用，如某些模特职业培训学校就是针对时装模特专业开设，由著名模特开办，具有一定的专业水准，也很自然地会带来一些前沿信息。另外，各地一些职业培训学校也都开设了各种社会需求性较强的热门专业，可以提供搜寻者参考。

一些专门的职业咨询公司，一般都会提供面对面的个人职业咨询服务，这是比较深度的职业信息获取方法。另外，猎头公司的服务对象多为中高级管理或专业人员，而且各有行业偏向，在寻求猎头公司帮助之前需要了解清楚他们的服务范围。

还有值得关注的是一些固定的职业介绍所，如地方的人才交流中心、外企人才服务中心等，都是提供职业信息的专业机构。

（二）动态资料

1. 专业俱乐部

说到俱乐部，我们往往想到的是各种体育竞技俱乐部，比如足球俱乐部、羽毛球俱乐部等。但是，随着经济的发展和信息交流开放的需要，各种非体育类的职业俱乐部也应运而生，如行政秘书俱乐部等。同时，俱乐部培训也正成为职业资格认证培训的新趋势。因此，各种职业、培训俱乐部的信息是不可忽视的一块。

目前的职业、培训俱乐部所跨的行业非常宽，有个人倡导的，也有某些机构发起的，如环保工程师俱乐部、中国广告俱乐部等。这些俱乐部可以提供专业技术和培训，扩展同行业间的人际交流与合作，还开办各种相关的讲座等。

各种俱乐部都会有相应的行业最新信息和动态通报，也会有俱乐部自己的论坛，大学生可以根据自己的需求进行探寻，相信会有不少收获。

2. 专业协会 / 学会

专业协会 / 学会是由专业组成的、具有公益性和学术性的社会团体。专业协会 / 学会可以从参与人数的多少、会员的来源及所包含的专业广度分为国际性专业协会 / 学会、国家级专业协会 / 学会和地区性专业协会 / 学会。通常，在各专业协会 / 学会之下，还会有更具体的分会，通过专业协会 / 学会，不仅可以对不同行业的信息有专门化的了解，还可以了解一门学科或者行业的比较全面的信息，而且专业协会 / 学会还是专业同行之间彼此沟通信息的桥梁。通过了解专业协会 / 学会，可以知道相关人员所从事工作的现状及未来发展，还可以通过专业协会 / 学会找到知音和专业归属。

3. 生涯任务访谈

访谈对象一般为一位以上从事相关职业的资深专家或至少工作 3 年以上的工作者。在进行职业探索时，与别人谈论他们的工作是一种很好的方法。这种获取工作信息的方式有很多好处：通过与相关行业人员的交流，可以检验以前通过其他方式所获取的信息是否正确、及时，还能够了解到人们对于自己的工作有什么样的感觉——这些信息在其他职业信息文献里是找不到的。如果是在人们工作的地方和他们进行交流，则能够直观地获取他们工作的信息，了解他们的工作环境，这也是其他方式所达不到的。通过这种方式还可以和自己感兴趣的领域内的从业人员建立个人联系，而这样的联系在以后求职时有可能助你一臂之力。

访谈对象的经历和感受在该行业中可能并不具有典型性或代表性，也可能过于主观，这样得来的信息有可能比通过别的渠道得到的信息更片面或偏激。你可以通过采访同一行业的不同人员来弥补这一不足，还可以通过查询其他渠道的信息来进行验证。

访谈内容可以从以下方面考虑。

- 工作性质、任务或内容。
- 工作环境、就业地点。
- 所需教育、培训或经验。
- 所需个人的资格、技巧和能力。
- 收入或薪资范围、福利。
- 工作时间和生活形态。
- 相关职业和就业机会。

- 组织文化和规范。
- 未来展望。

需要准备如下问题。

- 在这个工作岗位上，每天都做些什么？
- 最近，这项工作因科技、市场、竞争等发生变化了吗？
- 你是如何找到这份工作的？
- 你是如何看待该领域工作的将来变化趋势的？
- 你的工作是如何为实现组织的总体目标或使命贡献力量的？
- 你所在领域有职业生涯道路吗？
- 本职业需要什么样的人？
- 到本领域工作的基本前提是什么？
- 就你的工作而言，你最喜欢什么？最不喜欢什么？
- 什么样的初级工作最有益于学到尽可能多的知识？
- 本领域初级和略高级别职位的薪水是多少？
- 采取工作行动和解决问题的自由度如何？
- 本领域有发展机会吗？
- 本工作的哪部分让你最满意，哪部分最有挑战性？
- 什么样的个人品质或能力对本工作的成功来讲是重要的？
- 你认为将来本领域潜在的不利因素是什么？
- 依你所见，在本领域工作你遇到了什么样的问题？
- 对于一个即将进入该领域的人，你愿意提出特别的建议吗？
- 本工作需要特别的知识、技能和经验吗？
- 这种工作需要什么样的教育或培训背景吗？
- 公司对刚进入该领域的员工提供哪种培训？
- 哪个职业杂志或组织能帮助我深入了解该领域？
- 你的熟人中有谁能够成为我下次采访的对象吗？当我打电话给他的时候，可以用你的名字吗？
- 根据你对我的教育背景、技能和工作经验的了解，你认为我在做出最终决定之前还应在哪个领域、什么样的工作上进行深入调查研究呢？

（三）参与模拟情境

参与模拟情境的主要方法是角色扮演。如果你想从事一份从未接触过的工作，虽然你收集了大量的相关信息，但还是不能确定这是一份什么样的工作，它将带给你何种感受，你可以尝试角色扮演。在模拟情境中，你可以分别扮演某种工作中的不同角色，模拟工作中的一个场景或典型日常事务，使参与角色扮演的人体验在真实工作中的感受。角色扮演可以带给你比较真实的工作中的感受，从认知层面加深对工作的了解。

（四）参与真实情境

1. 直接观察

某些学校或机构的专业指导中心设有一项服务，它可以帮助学生联系去工作场所直接观察他所感兴趣的工作。通常，接受参观的企业或机构会有一名联系人，专门负责接待前来参与实践活动的人，向他介绍自己所从事的工作或所在的机构等。现场观察的时间有长有短，一般来说是几个小时至一天。它使个人有机会去熟悉、观察工作，亲眼看一下实际生活中的工作是什么样的，并借此结识业内人士。

大学生也可以自己去寻找机会，通过父母、亲戚或朋友联系安排这样的实地考察，而不是坐等学校和其他机构来安排。

2. 直接工作经验

当然，最直接有效的方式就是亲自参与实践，实际了解具体行业和职业中的酸甜苦辣。但这不一定要通过正式工作才可以做，比如实习、兼职以及参加志愿活动都是很好的实践方法。通过这些活动，个人不仅能对实际工作有第一手的认识，还能增加工作经验，结识业内人士，为以后正式求职做好准备。

三 职业信息的评估

（一）评估职业信息的方法

1. 客观信息（PLACE 法）

P：职位或职务（position），包括该职位的经常性任务、所需承担的责任、工作层次等。

L：工作地点（location），包括地理位置、环境状况、室内或户外、都市或乡村、工作地点的变化等。

A：升迁状况（advancement），包括工作的升迁路径、升迁速度、工作稳定性、工作保障等。

C：雇佣条件（condition of employment），包括薪水、福利、进修机会、工作时间、休假及特殊雇佣规定等。

E：雇佣要求（entry requirements），包括所需的教育程度、专业认证、培训、经验、能力、人格特质、品德修养等。

2. 主观思考

对于职业的评估，不仅可以通过很多客观标准来衡量，还要考虑自己的一些主观标准，比如自己目前的状况、个人的主观感受等。

（1）个人从工作中获得满足感。个体的目前状况，包括个人的基本技能、学历层次、工作经验、各种能力素质程度等，也包括个人目前的工作和机会。每种工作都会有优点和缺点，对每个人来说，也一定有利与弊。在职业的搜索中，我们需要理智地将自己和各种职业加以对比和分析，做出清醒的选择，避免简单地喜新厌旧。因此，客观地衡量职业，就需要全面地看到它与个人目前状况的利与弊，问一问“我的情况适不适合选择这个职业？目前的时机适不适合我选择这个职业？我的选择会给我带来什么？我的适应期限多长时间是可以接受的？”。

（2）其他重要人物的感受（可以和他们交谈）。除了我们个人的特点和需求对职业的评估起作用之外，我们身边的重要人物也是我们衡量职业的不可忽视的标准。这里的重要人物是指和你的生活密切联系，对你心灵和精神影响巨大的人，他们往往是你最亲近的人，如父母、兄弟姐妹、好朋友等，你的选择也必须包括他们对你的考虑。因此，在评估一项职业时，你需要考虑到你身边的重要人物会如何看待这个职业，这个职业会不会影响到你与他们的相处时间或相互关系，这个职业会不会给他们的正常生活带来压力。对这些问题的充分思考将有力地降低你在未来职业中的焦虑。

（二）评估职业信息的标准

如何判断所寻找的职业信息是有用的信息呢？你可以用如下标准进行评估。

1. 信息的适时性

进入21世纪，我们发现，不变的真理就是“变化”，而且变化速度之快常常超出人们的想象。在这样快速变化的世界中，我们所寻找的有关职业的信息必须是最新的信息。当我们关注那些提供职业信息的网站时，一定要注意了解网站是否及时更新，对那些不能及时更新信息的网站所提供的信息要在心中画一个问号。我们还要关注各个行业部门的年度报告、政府的相关政策和法规，电视和报纸新闻也是帮助我们获得适时性的重要途径。

2. 信息的客观性和全面性

用人单位的招聘信息通常是用人单位自己拟定的，相对而言，这样的信息常常对某些方面强调会比较多，因此，只看用人单位的广告是远远不够的。

通过访谈从事某个职业的个人所获得的信息也比较带有个人色彩，如果一个人在自己的工作中感觉良好，可能会夸大该职业的有利方面，而忽视不利的方面。如果是对自己的职业不满意，则可能出现相反的情况，夸大职业中不利的方面。为克服这种人为的偏见，最好访谈两个以上从事某种职业不同年限的人，然后对他们所提供的各种信息进行综合判定。

为保证所获得信息的相对客观，应该注意多渠道、多途径收集信息，不仅从招聘广告中寻找信息，访谈相关人员，还可以注意有关的报道及相应的研究。了解职业信息的时候，还要注意信息的不同方面，切忌只了解自己想知道的方面，而忽略了其他方面。比如，只了解某个职业薪水的高低和升迁的状况，而不了解该职业所要承担的责任、经常性的任务、工作环境及可能的生活方式。

3. 信息的准确性与可靠性

判断信息的准确性与可靠性是一个非常艰巨的任务，或者说是不太容易完成的任务。准确的信息应该是全面、客观的信息，而且是适时的信息。同时，信息的发布是来自比较权威的机构。另外，从效率出发还应当考虑信息与主题的相关性和具体性。

第四节　职业经验

大学生参加社会实践，要以了解社会、服务社会为主要内容，以形式多样的活动为载体，要走出校门、深入基层、深入群众、深入实际，开展专业实习、社会调查、生产劳动、志愿服务、公益活动、勤工助学等，在社会实践中受教育、长才干、做贡献，树立正确的世界观、人生观和价值观，提升自己的自我认知、人际交往、合作共事、社会竞争、开拓创新等方面的能力，并获得有利于日后求职、就业的工作经验。

为实现自我价值，只有职业目标是不够的，还必须具备从事理想职业的资本才行。这些资本包括专业知识、心理素质、能力素质、思想观念、人际关系资源、健康的体魄等。

一　对准目标，寻找差距

确立职业目标后，接下来就是分析目前状况与目标之间存在的差距。思考一下，为了实现那些目标，需要具备什么素质？达到什么要求？自己目前与这些素质要求之间存在哪些差距？只有明确了差距，才能有效地采取行动，缩小两者之间的距离。

1. 知识的差距

随着社会的不断发展变化，知识更新换代的周期越来越短。这就需要我们不仅要积累和掌握丰富的文化知识，而且要努力补充新知识，才能达到实现目标所需要的知识水平。

2. 思想观念的差距

明确自己目前的思想观念与实现目标所需要具备的思想观念间的差距很重要。思想观念对行为方式有直接的指导作用。比如，我们的职位目标是成为企业的高层管理人员，这就需要对什么是正确的决策、什么事需要做、什么事不合适做都要有正确的认识，但是如果我们目前还不具备这种观念认知，只知道怎么把一件已经决定做的事情做对，这说明我们目前只适合做基层管理人员，与高层管理人员的职位要求还存在一定差距，我们的任务就是要缩短这种差距。

3. 心理素质差距

心理素质差距体现在心理健康状况、性格品质、社会适应性、心理动力、心理能力等几个方面。有些特殊职业对心理素质有着很高的要求。例如，体育运动员需要顽强的毅力，飞行员需要有很强的抗压能力，从事极地考察需要耐得住寂寞等。这就需要我们明确实现目标所需具备的心理素质，了解自己目前的心理素质状况，与目标要求之间存在哪些不足之处。

4. 能力差距

不同的行业对从业人员能力要求的侧重点不同。例如，如果我们的职业目标是成为一名杰出的一线记者，那么我们就要具备发现问题的能力、较强的沟通能力、快速反应能力、口头及书面表达能力，然后分析一下自己目前的能力状况，还有哪些方面需要进行完善，以更好地实现职业理想。

二 缩小差距的方法

针对目标找到差距之后，接下来就是找方法，制定缩小差距的实施方案。一般来说，缩小差距的途径有接受相关的教育培训、向他人请教、在实践中学习。

1. 教育培训

根据某方面的差距，到学校学习相关的教育课程或参加社会举办的相关培训课程，提升自己的专业知识、工作技能，同时接近目标要求。

2. 向他人请教

向周围的同学、同事、上级、客户、亲朋好友、竞争对手、名人大家虚心请教或者参加相关的交流讨论活动，你就会有新的发现，受到新的启发，学到新的知识。

3. 在工作或生活实践中学习

实践是锻炼自己的实战能力、增长工作经验的最好方法，因为无论是从课堂上学到的东西，还是向他人学来的东西都不如亲身实践获得的体验更为深刻、应用性更强。

思考与练习

一、基础题

1. 哪些行业因素影响企业发展，进而影响个人职业生涯规划？
2. 影响职业生涯规划的社会环境有哪些方面？
3. 从组织内部环境来看，哪些因素会影响职业发展？
4. 职业信息获取的途径有哪些？
5. 你的职业生涯目标是什么？如何设定你的职业生涯目标？

二、测试题

小练习：生涯幻游

在舒缓的背景音乐中，请大家以舒缓的姿势坐好，深呼吸，放松。然后，由老师或一位同伴以缓慢轻柔的声音念出下面的指导语。

想象现在是五年后的某一天，一个平常的工作日。早晨，你从一夜的安睡中醒来，想到即将开始的一天，心中充满了兴奋和期待。你起身，从衣橱里挑出你今天上班要穿的衣服。现在你正在镜子前装扮自己，你穿着什么样的衣服呢？（停顿）现在你开始吃早饭。有人跟你一起吃早饭吗？还是你一个人吃？（停顿）接下来，你准备去上班，你是在家里办公吗？如果不是，你工作的地方在哪里？离你家有多远？你乘什么交通工具去那里？（停顿）

现在你正走向你工作的地方。它位于什么地方？看起来怎么样？（停顿）你做些什么工作？你主要是操作器械、工具，还是跟人打交道？你的办公场所是什么样的？是在室内还是在室外？（停顿）你跟别人一起工作吗？你跟他们会有一些什么样的交往？

到吃中午饭的时候了，你准备去哪里吃饭？跟谁一起去？你们会谈论些什么问题？（停顿）现在回到工作中来，完成这一天的任务，下午的工作与上午的工作有什么不同吗？（停顿）你什么时候结束工作？离开前完成的最后一项任务是什么？（停顿）一天的工作

结束了，你会怎样度过夜晚的时间？（停顿）夜里，当你躺在床上回想这一天，有哪些事情让你感到愉快和满足？为什么？（停顿）

当你准备好时，请你睁开你的眼睛，并静静地坐一会儿。

请将你在生涯幻游中感受到的细节记录在下面。

第七章 大学生职业生涯规划书

知识目标

1. 了解大学生职业生涯规划的重要意义。
2. 熟知大学生职业生涯规划书的格式、内容、设计步骤和方法。

技能目标

1. 树立职业生涯规划的理念。
2. 提高职业生涯规划书的写作技能。

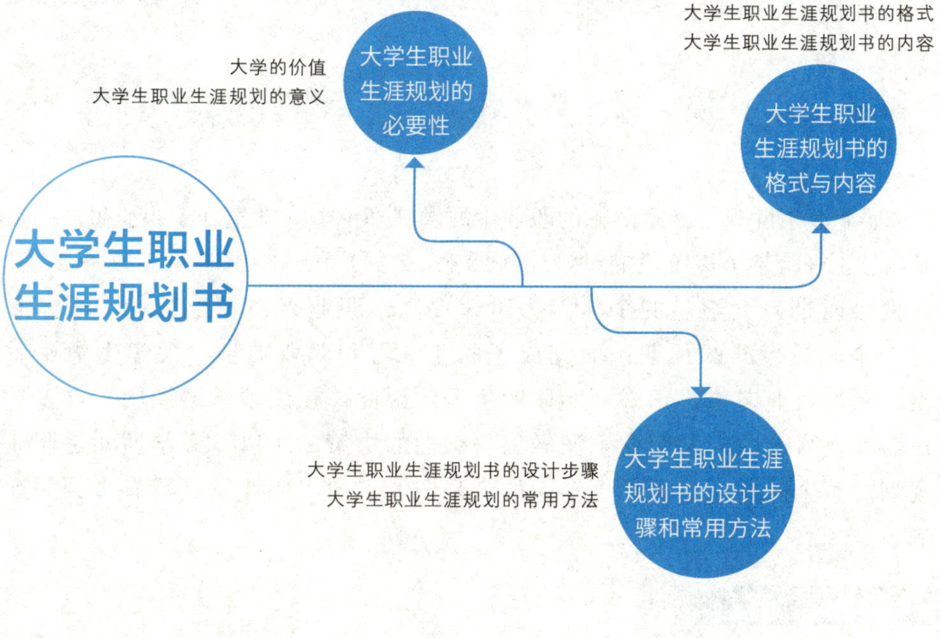

情境导入

武汉某大学应届毕业生刘力在招聘会上当场签约，令不少同学羡慕不已。刘力觉得，自己的幸运在于，逛招聘会时带上了协议书。12月7日，刘力和室友小李一起到武汉科技会展中心参加招聘会。出门时，刘力发现简历不够，就带上求职信、证书、协议书的原件，在路上又复印了几份。他们学校做简历的传统就是要加上协议书的复印件，以提高可信度。刘力和小李在会场转了一圈，看到某国企的招聘海报上有合适的岗位，招聘5人，福利、待遇都很不错，便开始排队。轮到刘力了，招聘人员看了看他的简历，留意了他的专业和成绩，眼光在学生干部和党员上面停留了一会，便递过一张纸条:“你看看上面的条件，是不是都符合？”刘力看到纸条上写着：全日制国家统招统分本科应届毕业生，英语四级，无补考重修科目……正好都符合。他将纸条还给招聘人员:“我都符合。”得到肯定答复后，招聘人员翻出他简历中的协议书，皱了皱眉头:“怎么是复印件？你的协议书呢？你如果考虑好了，我们现在就签约。”这么快？刘力愣了。招聘人员说:“没带？赶紧回去拿。今天怎么都不带协议书呢？”刘力赶紧拿出自己的协议书原件，顺利与该单位签了约。而跟在后面的小李没带协议书，又来不及回校拿。虽然各项条件都符合，却只能放弃了。招聘人员登记签约名单的时候，刘力看见名单的下面另写着十多个名字。据招聘人员介绍，那些都是想签约、但没带协议书的毕业生，只有几个人已经赶回校拿来协议书签了约。招聘人员表示，国企招聘讲究速战速决，一般不会拖很久，所以多采用现场签约的方式。

第一节　大学生职业生涯规划的必要性

按照职业生涯规划专家萨帕的职业生涯发展理论，大学生处于职业生涯的探索阶段，且正好跨越了该阶段的过渡期（18～22岁）和试验承诺期（22～24岁）。在这两个时期，大学生的个体能力迅速提高，职业兴趣趋于稳定，逐步形成了对未来职业生涯的预期；而完成了职业学习和职业准备，大学生毕业后则会走上初次就业岗位，正式开始职业生涯。因此，在试验承诺期内，许多学生往往需要就自己的未来职业生涯做出关键性的决策。所以，大学期间是职业生涯规划的黄金阶段，对大学生个人的未来职业走向和职业发展具有十分深远的影响。

一　大学的价值

踏进大学，我们的人生就开始了一个新的起点。新的学习环境、新的生活环境，充满希望和挑战。大学为我们获取知识、训练技能、发挥潜能、展示才华提供了更大的平台。而大学精神潜移默化的影响，将使我们更深刻地体会生命的尊严和人生的价值。

大学是不同学科知识分子的聚集地，他们通过授课、讲座、报告、咨询、指导等多种形式给我们不同风格、不同视角的知识体验和人格感染。除此之外，大学还汇集了富有激情、敢于挑战、思想活跃的同学。每个同学的价值观念、兴趣爱好、为人处世、能力特长不尽相同，都可以成为我们学习的对象。同学之间的相互学习对个人成长产生着非常重要的影响。学习不仅仅是学习他人身上的优点和长处，当看到他人的缺点和不足后，反观自身，有则改之，无则加勉。另外，在大学期间所建立起来的良好师生关系和同学关系，也会成为我们今后职业发展中的重要资源——人脉。

“人往高处走，水往低处流。”人的本性是追求更高层次的发展。无疑，上大学是我们获取较高职业发展起点的一个非常便捷的途径。通过上大学，我们能够在较短的时间内系统地学习适合自己未来发展的知识，然后将这些知识转化为自己的职业能力，为个人将来的职业生涯发展创造一个比较高的起点。

二 大学生职业生涯规划的意义

职业生涯规划的意义在于引导大学生积极进行人生价值的思考，树立正确的职业理想，了解自我，明确方向，并为之努力奋斗。职业生涯规划有利于个人职业发展的远景规划和资源配置。

1. 有助于大学生积极思考人生价值

我是谁？我从哪里来，要到哪里去？人为什么活着？我要怎样活着？我要追求一种什么样的生活方式？通过思考这些问题，可以明白自己想用什么样的方式度过一生。这样就可以评估个人目标和现状的差距，以自身现状为基础，确立人生的方向，提供奋斗的策略。

2. 有助于大学生了解自我，明确方向

通过认识自我，准确评价个人特点和强项，可以突破学校学业课程规划，塑造全新充实的自我，通过分析社会经济发展的状况，了解社会职业需求，准确定位自己的职业方向。

3. 有助于大学生完善自我，积极竞争

在实施职业生涯规划方案的同时，不断去探索最适合自己发展的规划，及时做出调整与完善，努力发掘职业机遇，增强自我的职业竞争力。

相关链接

职业生涯的九点忠告

1. 无论你现在或将来从事的职业是什么，对职业要负责这一点切切不可忘记。你一定要认真敬业，勇承重担，兢兢业业，恪守职责。

2. 切记和谐融洽的人际关系非常重要。实践证明，同事关系融洽将使工作效率倍增。

3. 要优化你的交际技能。优良的交际技能可为你谋职就业提高成功概率。

4. 要善于发现变化并适应变化。不管周围环境以及你人生某一阶段出现何种变化，你都应该善于发现各种机遇并驾驭这些机遇。

5. 要灵活。未来的工作者可能要经常转换职业角色，这就是说你要善于灵活地从一个角色迅速转换到另一个角色，方能适应时代环境的变化。

6. 要善于学习新技术。或许你想当一名作家，但在当今时代作家也必须不断学习并掌握新技术才行。比如，作家必须同时成为一名打字员、网上发行员才能获得成功。

7. 要舍得花钱、花时间学习各种指南性知识简介。目前各大学、社会研究机构和其他组织开办了各式各样的实用的、短时间即可学完的知识简介科目。学习这类指南性知识简介科目可能是预探新领域水深度的最简便易行的方法。

8. 摒弃各种错误观念。当你考虑某种新职业时，观念一定要更新，以防被错误思维误导。

9. 要不断开拓进取，不断开发新技能。一个复合型的社会不仅需要专业化知识，同时还需要通用的、灵活的技能。一名专业工作者若能借助于专业知识及通用技能综合武装自己，才更能适应未来的挑战和竞争。换句话说，为你未来的职业考虑，你绝不能只低头拉车，专心研究某一种专业知识，你还应抬头看路，看看这种专业知识在未来社会是否还将为人们所需要。一般说来，以长远眼光看问题，多掌握几种技能要比只精通一门狭窄专业的知识更有前景。

第二节　大学生职业生涯规划书的格式与内容

一　大学生职业生涯规划书的格式

（一）大学生职业生涯规划书的格式类型

1. 表格式

这种格式的规划书为不完整的职业生涯规划书，常常仅写有最简单的目标、分段实现时间、职业机会评估和发展策略等几个项目，有的只相当于一份完整的职业生涯规划书的计划实施方案表。适合作为日常提醒使用（如表 7-1 所示）。

表7-1　某大学生的职业生涯规划表

开始时间	终止时间	职业	所需掌握的知识	能力和经验的积累	所需掌握的技能
2015 年 7 月	2017 年 6 月	销售代表	销售知识、产品知识	销售技巧	如何谈客户
2017 年 7 月	2019 年 6 月	公司销售主管	领导下属的艺术	如何激励下属	团队领导能力
2019 年 7 月	2021 年 6 月	公司区域营销经理	市场营销方面的知识	如何制定市场营销目标、计划	如何把一个地区的业务迅速做大

2. 条列式

这种格式的规划书具有职业生涯规划的主要内容，多做简单的表述，没有详细的材料分析和评估。文章简练，但逻辑性和说理性不强。

对点案例

某公司营销部经理的规划

职务名称：金牌营销总监

2008—2010 年　公司营销总监

2011—2014 年　职业经理人

2015—2021 年　金牌营销总监

能力目标：能顺畅清晰地进行即兴演讲；能冷静利落地解决突发事件；能游刃有余地协调各方面的关系。

成果目标：能获得中国营销界的“金鼎奖”；能在国内权威营销类刊物上发表自己的心得和见解。

经济目标：前三年年薪以 30% 的年增长率递增，到 2008 年达到年薪 30 万元。

3. 复合式

所谓复合式，就是表格式和条列式的综合。

4. 论文格式

一份优秀的论文格式的职业生涯规划书能够对一个人的职业生涯规划做全面、详细的分析和描述，是最完整的职业生涯规划书。

（二）大学生职业生涯规划书的写作格式要求

1. 字体字号

前言、目录等标题采用黑体二号字，位置居中。正文标题格式要求见表 7-2。正文内容一律采用小四号宋体字，外文字母及阿拉伯数字采用 Times New Roman 小四号字型。

表7-2　大学生职业生涯规划书标题格式要求

标题级别	字体及位置要求
一、	黑体小二号，居中
（一）	黑体小三号，靠左顶格
1.	黑体四号，靠左顶格
（1）	仿宋小四，靠左顶格

2. 版式及打印要求

章节题目间、每节题目与正文之间空一个标准行（单倍行距）。

页面设置：上边距 2.5cm，下边距 2.5cm，左边距为 3.5cm，右边距为 2.5cm，装订线 1cm，页眉 1.2cm，页脚 1.5cm，固定值 25 磅行距。

页眉设置：居中，以宋体小五号字键入“某某学院大学生职业生涯规划书”；页脚设置：插入页码，居中。

统一采用 A4 纸单面打印。

二 大学生职业生涯规划书的内容

大学生职业生涯规划是大学生根据对自身的主观因素和客观环境的分析，确立自己的职业生涯发展目标，选择实现这一目标的职业以及制订相应的计划，采取必要的行动实施职业生涯目标的过程。顾名思义，大学生职业生涯规划书就是大学生对自己的职业生涯发展目标的选择、实施计划及行动方案的书面表达。

撰写大学生职业生涯规划书必须包括以下几项内容。

（一）封面、扉页、目录、前言或引言

1. 封面

关于封面，首先要求有职业特色（如图 7-1 所示），署上名称和年月日，可以在封面插入图片和警示格言。其次，包含以下必备信息：姓名、指导教师姓名、所在院校、职业目标。

对点案例

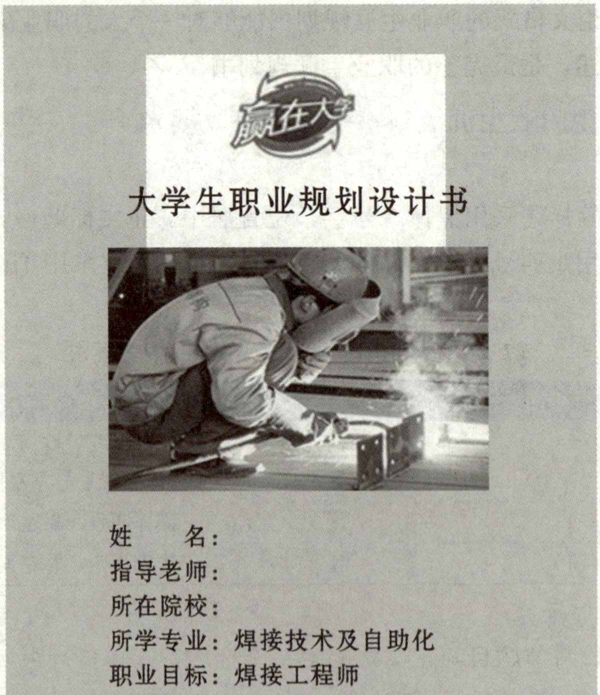
赢在大学

大学生职业规划设计书

姓　　名：
指导老师：
所在院校：
所学专业：焊接技术及自助化
职业目标：焊接工程师

图7-1　某大学生职业规划书的封面

2. 扉页

扉页包括学生的真实姓名、笔名、性别、学院、班级、联系电话、E-mail 等相关信息。其方式可以采用条列式、表格式等。

对点案例

条　列　式

个人资料

真实姓名：××

笔名：×××

性别：×

年龄：×× 岁

籍贯：×× 省 ×× 市 / 县

身份证号码：××××××××××××××××××

所在学校及学院：×× 大学 ×× 学院

入学时间及专业：×× 级 ×× 专业

学号：××××××××××

联系地址：×××××××××

邮编：××××××

联系电话：×××××××××××

E-mail：×××××××××××××××

表　格　式

<table>
<tr><td>姓名</td><td>××</td><td>籍贯</td><td colspan="2">×× 省 ×× 县</td><td rowspan="6">照片</td></tr>
<tr><td>民族</td><td>汉</td><td>学号</td><td colspan="2">20092320255</td></tr>
<tr><td>性别</td><td>男</td><td>专业</td><td colspan="2">数控技术及应用</td></tr>
<tr><td>所在院校</td><td colspan="4">某职业技术学院机电工程系</td></tr>
<tr><td>政治面貌</td><td colspan="2">中国共产党预备党员</td><td>爱好</td><td>手工制作</td></tr>
<tr><td>出生年月</td><td colspan="2">1988 年 10 月</td><td>电话</td><td>××××××××××××</td></tr>
<tr><td>职业目标</td><td colspan="5">焊接工程师</td></tr>
<tr><td>自我评价</td><td colspan="5">本人性格温和，具有较强的动手能力，思维敏捷，具有很强的创新能力和团队合作能力，希望通过自己的努力成为焊接工程师</td></tr>
<tr><td>资格认证</td><td colspan="5">• 劳动和社会保障部中级焊接工
• 劳动和社会保障部 AutoCAD 三级认证</td></tr>
<tr><td>获得奖励</td><td colspan="5">• 某职业技术学院首届职业规划设计大赛二等奖
• 2008—2009 年度专业三等奖学金</td></tr>
</table>

3. 目录

目录上列明职业生涯规划书包含的内容条目。

4. 前言或引言

前言是写在职业生涯规划书主要内容之前的文字，主要是规划书制定者对当前社会就业环境的分析，表达制定职业生涯规划书的主旨和目的。

对点案例

在今天这个人才竞争的时代，职业生涯规划开始成为人才争夺战中的另一重要利器。对企业而言，如何体现公司“以人为本”的人才理念，关注员工的人才理念，关注员工的持续成长，职业生涯规划是一种有效的手段；而对每个人而言，职业生命是有限的，如果不进行有效的规划，势必会造成生命和时间的浪费。作为当代大学生，若是带着一脸茫然踏入这个拥挤的社会，怎能满足社会的需要，使自己占有一席之地？因此，我试着为自己拟定一份职业生涯规划，将自己的未来好好地设计一下。有了目标，才会有动力。

（二）自我分析或自我剖析

大学生进行职业规划时，自我分析主要是在依据心理学的测评系统对自己的心理素质、人格特征等进行测评的基础上，结合自己的兴趣、爱好及以往的经历等加以综合评价，给自己“画像”。

1. 自我分析的内容

自我分析主要包括个人兴趣爱好、个人性格特点、个人各方面能力和潜质及特殊才能、个人价值观念和追求的自我分析。

对点案例

某学生的自我分析

（一）职业兴趣

1. 职业类型：现实型

职业类型	现实型（R 型）	研究型（I 型）	艺术型（A 型）	社会型（S 型）	企业型（E 型）	传统型（C 型）	最高分
兴趣倾向	8	5	6	5	7	5	8
个人经历	8	4	4	4	3	8	8
人格倾向	7	6	7	5	2	3	7
总分	23	15	17	14	12	16	23

测评结果表明，我属于现实型，焊接工程师的职业目标非常适合我。

2. 职业特征

喜欢户外活动，喜欢使用工具，愿与机械和工具打交道，不太擅长与陌生人打交道。通常热衷于通过自己的双手来创造出新鲜事物。非常适合那些需要一定体力并运用工具或操作机器，且有一定程序要求的技术型、技能型工作。

（二）性格

1. 个人性格测评结果（如图 7-2 所示）

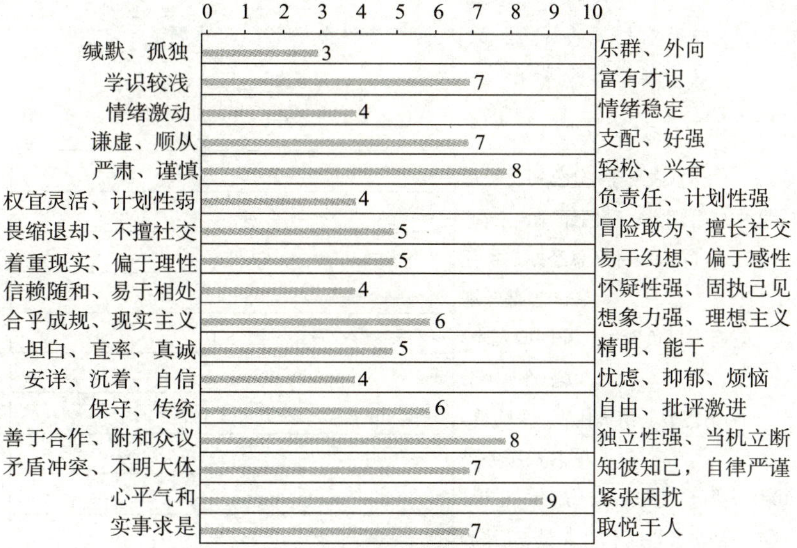

图7-2　个人性格测评结果

2. 个人性格中的优势

◎能够以极端冷静、严肃的态度完成相应的工作。

◎对那些需要较强创造性的工作，如科学、艺术等领域的相关工作，常常能够很好地胜任。

◎思维敏捷，聪明，富有才识，善于抽象思考，学习能力强。

◎擅于表达自己的观点，能够通过各种方式影响周围的人，使别人接受自己的观点。

◎在工作中独立积极，有主见，能够坚持自己的观点，坚决执行。

◎对人对事热心而富有感情，容易受到大家的欢迎。

◎有较强的独立思考和解决问题的能力，通常不会因为别人的态度而轻易改变自己的观点或目标。

◎知己知彼，自律严谨。通常言行一致，能够合理地支配自己的感情和行动，坚持自己的目标。

◎擅长对工作的计划、组织和控制。

3. 个人性格中的不足

◎比较保守、拘谨，社会适应能力稍差。

◎有时缺乏耐心，对于周围的一些事物缺乏信念。

◎有时可能会因为过于坚持自己的观点而显得武断、固执。

◎有时候在解决问题时，可能过于相信或依赖个人的力量，而忽视了集体的力量。

（三）职业能力（如图 7-3 所示）

◎能够尝试新事物，任务明确、目的性强，并有机会独自承担相应责任。

◎能够有机会发挥你的影响力去影响别人。

◎心理承受能力较差，不适宜从事那些心理压力过大的工作。

◎适合那些能够有一些独处时间的工作。

◎希望有一个比较宽松的工作环境。

◎工作中能够面对较大的智力挑战，能不断解决一个个的难题。

◎能够充分发挥你才能的工作。

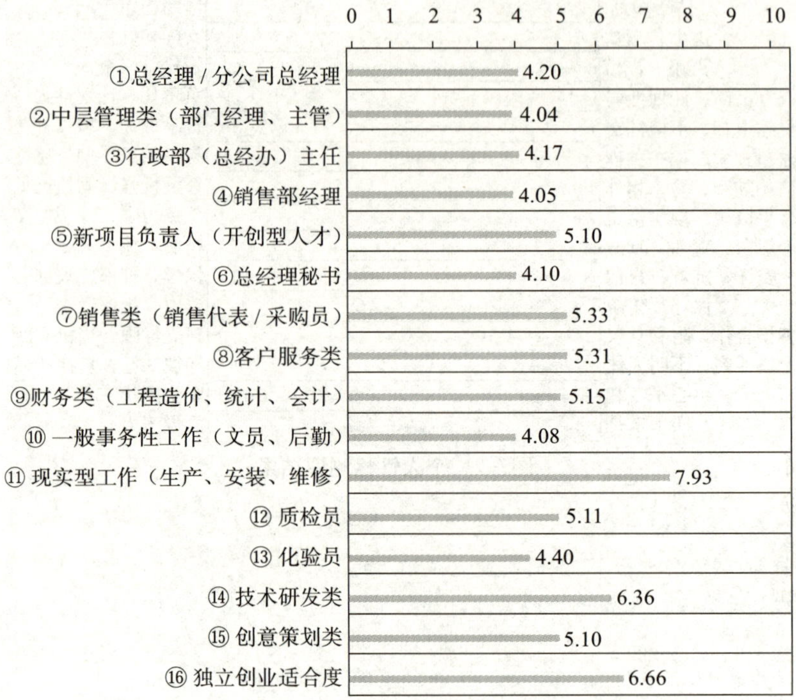

图7-3　职业能力测试结果

（四）职业价值观

职业规划测评报告表明，我最突出的职业价值观是注重工作的实用性，热衷于通过自己的双手来创造出新鲜事物，并从中获得快乐和成就感。

（五）其他（如图 7-4 所示）

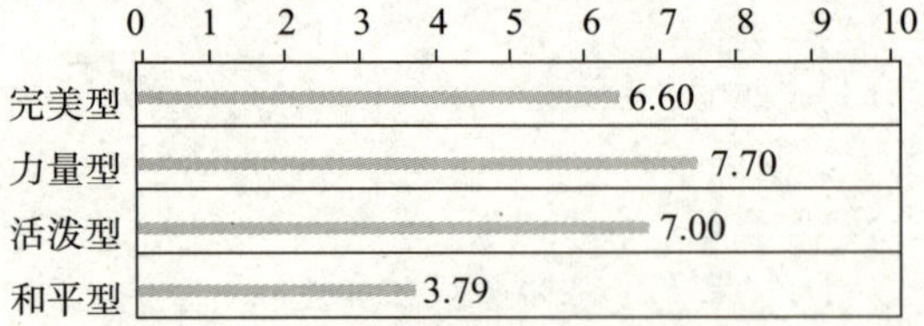

图7-4　某一力量型的人的测试结果

人际特征：力量型

特点是干劲十足，崇尚行动，解决问题不过夜，注重工作的结果，能够迅速理解和完成当前的团队任务，是团队的业务骨干。

2. 自我分析的方法

（1）现存的心理测评系统和软件，对自己以下各方面（智力、职业兴趣、人格特质、职业倾向和能力、职业价值观）进行测评，形成分析报告。

（2）主观分析，又称为内省。

对点案例

自我认识

1. 我的兴趣爱好：自己的性格有时候比较活泼开朗，有时候又比较内向，不太善于和同学交流；喜欢听歌，但不会唱歌；比较喜欢运动，如跑步、球类都还挺喜欢的；平时上上网，看看电影；对于学习，通常是前半学期比较积极，后半学期就开始懒惰了，导致成绩总是不理想。

2. 我的性格具有双重性，在做事方面有时很马虎、比较草率，有时存在一定的惰性，在理智中又存在着盲目。现在来到学校，我想，主动的观察已经代替了过去在高中的那种被动的接受，自己在清醒面对现实时又多少带有一种脱离实际的幻想。在以后的学习工作中，我要努力改进自己的不足，发扬自己的长处，让自己变得更优秀。

3. 自己在学习上有点马虎、不认真，造成学习成绩不理想，以后在这方面应该积极改进，努力学习，争取以优异的成绩完成学业。

4. 自我潜能的分析。我想每个人都有自己的潜能，只是发挥没发挥出来的问题，在高中我的理综都较好，数学也还好，英语比较差，我想我的逻辑思维有较好的潜能。

5. 自己职业性向的确定。我的职业性向可能更倾向于实际性向、社会性向和企业性向，因为我们生活在一个客观的实实在在的社会中，我们必须从实际出发，这才是最根本的；生活离不开社会，只有适应社会才能受到社会的欢迎；敢于拼搏、敢于创造才能更好地适应社会、服务社会。

（3）360 度评价。

对点案例

表7-3　某大学生的360度评价

维度	优点	缺点
自我评价	生活乐观；自我控制能力强，自学能力强；做事执着有韧性，能很好地承受挫折	对自己不感兴趣的事情缺乏耐心；不够成熟稳重；有时候对自己要求过于苛刻
朋友评价	勤奋好学、执着，有上进心；乐观开朗，善于言说；热爱专业，文笔好	有时过于追求完美；情绪容易受外界影响；忙碌时容易忽略与朋友的交流
父母评价	好学，学习态度认真；孝顺父母，生活朴素，不与人攀比；知识面较广，爱好广泛	日常支出有时候缺乏计划；社会经验不足；有时候脾气倔强
老师评价	虚心好学，学习主动；学习兴趣浓厚，勤于思考；基础知识扎实，成绩优秀	对重大问题稍显焦虑；对数学缺乏钻研精神；有时回答问题思路凌乱

3. 根据自我分析结果，进行自我分析小结

（三）外部环境分析

在进行职业规划时，我们必须全面、客观、正确地了解和分析自己所处的环境和将要面临的环境，即在知己的基础上还要知彼，这样才能百战百胜。外部环境包括家庭环境、学校环境、社会环境（社会经济环境、文化环境、人们的价值观念、就业环境和社会政治制度）、行业环境（职业的特点和要求、现有从业人员的情况、所在行业的发展情况、前景与趋势及其对从业人员的要求、未来有哪些行业可能会对你的目标职业有需求）。

（四）职业定位

职业目标的设定是指在自我剖析及对外部环境进行分析的基础上，确立自己明确的职业定位。

1.SWOT 分析

综合自我分析和职业分析的主要内容，得出本人职业定位的 SWOT 分析。

对点案例

表7-4　某大学生的职业规划SWOT分析

	优势因素	劣势因素
个人因素	1. 思维敏捷，聪明，富有才识，善于抽象思维，学习能力强 2. 擅于表达自己的观点，独立积极，有主见，擅长对工作的计划、组织和控制	1. 保守，拘谨，社会适应能力稍差 2. 有时过于坚持自己的观点，而显得武断、固执 3. 有时过于相信或依赖个人的力量，而忽视了集体的力量
外部因素	焊接行业对高素质人才的需求，及焊接良好的发展前景	当前金融危机环境下严峻的就业形势

2. 职业定位

对点案例

表7-5　某大学生的职业定位分析

职业目标	创办属于自己的电子商务网站，成为电子商务行业的顶尖人物
职业发展策略	组建自己的创业团队，找到好的创业项目，共同创业
职业发展路径	走创业的发展路线
具体路径	创业初期的小型电子商务网站的所有者 ——经过融资成为中型电子商务网站的所有者 ——实现赢利并且上市的大型电子商务网站的所有者

（五）行动计划

行动计划，即通过各种积极的具体措施与行动去争取职业生涯目标的实现。也就是说，在职业生涯规划书中，对如何实现自己的职业生涯发展目标制定一个比较详细而又切实可行的行动计划。实际操作中，应先制定填写行动计划一览表，要分清职业生涯规划的各个阶段的目标，并以发展目标为准绳，确定行动策略，平衡各个目标，使其协调发展。

对点案例

表7-6 某大学生的行动计划一览表

计划名称	时间跨度	总目标	分目标	计划内容	策略和措施
短期目标	2016—2019 年	大学三年认真学习专业知识，毕业时完全掌握专业应有的全部理论知识和技能。	大一、大二通过英语四、六级，计算机二、三级；1+×类证书；认真学习专业基础知识，利用寒暑假进行社会实践，学会将理论知识熟练运用到实际工作中去。	完成主修专业以及副修专业的学习；在创业实践中提升自己的职业技能。	了解对个人事业选择和职业发展方面的理论观点；形成自己的事业追求和方向选择。
中期目标	2019—2021 年	认真完成研究生课程的学习，争取获得硕士学位。	出色完成研究生专业学习，争取获得一定的成果；通过英语中级口译，能熟练运用英语。	完成研究生所有课程，利用假期进行社会实践。	深入学习专业知识，不断给自己充电，广泛阅读各类书籍，潜心研究，争取能做出成果。
长期目标	2021 年以后	在五年内做到企业管理层，充分发挥自身潜力。	刚工作的三年积累经验，熟悉工作环境和企业运作，寻找或创造发展机会。	积累经验，学习业务和管理等多方面知识，争取做到企业管理层。	终身学习；培养自己的创新能力，从实践中学会人际交往。

（六）评估调整

职业生涯规划是个动态的过程。在职业生涯规划过程中，要根据实际情况自觉地总结经验和教训，修正对自我的认知和对最终职业生涯目标的界定。这包括以下几个方面。

1. 评估内容

评估内容包括自我认知的评估、职业目标评估、职业路径评估、实施策略评估。

2. 评估时间

根据实际情况设好评估时间。

3. 规划调整

评估出现或可能出现的危险因素的调整修正及备选方案。

对点案例

职业生涯规划的评估调整

职业生涯规划是一个动态的过程，受到社会环境、家庭环境、个人成长过程的影响，不可能是一成不变的，必须根据实施过程中的实际情况进行及时的评估与调整。

（一）评估内容

1. 职业目标评估

如果在实施过程中，职业目标不能如期实现，我将根据实际情况延长该阶段的规划时间，或者有计划地降低该阶段的职业目标。

2. 职业路径评估

如果在实施过程中，预定路径不能很好地适应职业规划，我将酌情调整实施路径。

3. 实施策略评估

如果在职业目标实现过程中发现策略上存在问题，我将酌情改变实施的策略。

4. 其他因素评估

当出现身体、家庭以及其他不可抗拒的因素，我将依据我的调整原则进行调整。

（二）评估时间

毕业前，我每两个月进行一次评估。参加工作后，每半年评估一次。当出现特殊情况时，我会随时评估并进行相应的调整。

（三）规划调整原则

1. 调整范围尽量在自己的职业兴趣之内。

2. 调整范围不能脱离焊接行业。

3. 调整后的计划应符合当前社会发展的需要。

（七）结束语

在结束部分，主要谈谈本次职业规划对个人的心态、经验与技巧等的再认知。

相关链接

如果把一个人的职业生涯比作一次旅行，那么出发之前最好先设定旅游线路，这样既不会错过梦想已久的地方，也不会千辛万苦却到达并不喜欢的景点。

国外的孩子从幼儿园就开始接受职业生涯规划理念的教育，而国内的职场人士只有在撞到南墙的时候，才对自己的职业发展产生疑问。许多人愿意花一个礼拜甚至一个月的时间去计划一次休假、一次旅行，却不愿意花少许时间去进行事关自己一生的职业生涯规划。

保尔·柯察金说:“人最宝贵的是生命。生命属于我们每个人只有一次。人的一生应当这样度过：当他回首往事，他不会因为虚度年华而悔恨，也不会因为碌碌无为而羞愧……”

尼采说:“如果人生没有意义，我就给人生一个意义，用自己的双手去创造一个有意义的人生。”

广东科龙集团人力资源总监彭玉冰博士对此问题也有精辟的论述：职业生涯规划是职业发展最经济的模式。她认为，个人没有职业生涯规划也许能找到满意的职业，但在时间、精力等各方面绝不会是最经济的。职业生涯规划是以既有的成就为基础，确立人生的方向，提供奋斗的策略，准确评价个人特点和强项，通过评估个人目标和现状的差距，准确定位个人的职业方向，认识自身的价值并使其增值，增强自身的职业竞争力。

每个人的职业生涯规划，每个人的过去、现在和未来，我们必须积极面对，无从回避。“你已经做出选择，你现在要做的，是理解你的选择。”《黑客帝国》中孟菲斯对尼奥这样说。

（八）职业生涯规划书内容的写作原则和要求

1. 职业生涯规划书内容的写作原则

（1）过去、现在和未来统一。

（2）自我发展与社会、组织发展统一。

（3）理想与现实统一。

（4）目标选择与职业发展要素统一。

（5）目标的一致性与目标再选择统一。

（6）版面设计与职业生涯目标统一。

2. 职业生涯规划书内容的写作要求

（1）内容完整，格式清晰，版面美观大方，创意新颖，文如其人，不能有错别字，能充分体现个性而不落俗套，杜绝千篇一律。

（2）自我分析要深入、清晰，个人素质测评结果要客观真实地反映在规划书中，并与职业生涯目标选择紧密联系。

（3）现实发展与未来职业生涯目标选择要统一，目标选择要客观、明确。

（4）对目标职业及其所处行业的认识要到位，分析要透彻。

（5）要充分重视反馈与修正部分，要在实践过程中认真评估与调整，避免虎头蛇尾。

（6）行动策略和职业发展路线描述恰当，计划和实施策略要详细具体，不能草草了事。

（7）注意全文的逻辑性与连贯性。

第三节 大学生职业生涯规划书的设计步骤和常用方法

莎士比亚曾说过："人生就是一部作品。谁有生活理想和实现的计划，谁就有好的情节和结尾，谁便能写得十分精彩和引人注目。"本节主要阐述大学生职业生涯规划书的设计步骤和常用方法。

一 大学生职业生涯规划书的设计步骤

（一）步骤一：自我评估（知己）

客观分析自己的职业兴趣、职业能力、职业价值观、性格个性等，了解自己喜欢干什么，能够干什么，最看重什么，适合干什么。

1. 要点

（1）把握自我分析的四个主要方面，即职业兴趣、职业能力、职业价值观和性格个性。

（2）综合运用自我分析的多种方法，如自我反思法、职业测评法、360 度评估法等。

2. 注意事项

（1）这里的自我评估实际上是自我的职业倾向评估，其他无关的内容不在此列。

（2）使用自我分析法的结果不是绝对的，特别是职业测评法的结果仅供参考，不要对其形成迷信和依赖。

相关链接

自我确认的步骤

大学时期是一个全面进行自我确认的阶段。这种自我确认不论是有关于专业、价值观，还是家庭、身体等，都会使正在成长中的心灵经历深刻的震撼。提高自身的自我确认能力，会减少你在进行自我确认时走弯路的时间，并减少你所经历的内心冲突。你可以通过以下两个步骤进行自我确认。

第一步，建立问题库。

在日常生活中，我们会常常会陷入自我否定的困境。这种自我否定可能是长期困扰你的，也可能是在偶然的一瞬间突然进入你的脑海中的。"自我否认"并不可怕，它是一个人自我确认和重新成长的前提。你可以利用对自己的否定，把脑海中涌现的问题都写下来，这样你就有了一个问题库。

现在，试着给自己设计一个问题库，把你的问题列下来。你可以把你的问题分类，写在纸上。下列问题库可以给你提供一些参考。

（1）自我评价。

- 我不能全身心地为实现自己的目标而努力。
- 我很难对重要的事情或人做出认真的承诺。
- 我缺乏自信，对什么都感到能力欠缺。
- 我对我的专业不满意，也不知道自己对什么专业感到满意。
- 我对现实很不满，觉得自己太过于懒惰和散漫，但我没有足够的意志去改变。
- 我需要进行调整，我的生活太混乱了，没有一点条理。
- 我没有合理地利用自己的时间，而是把它们都浪费掉了。
- 我常常感到抑郁，不想做任何事情。

（2）人际境遇。

- 对我来说，我很难做到向他人表达我的感情。
- 我总爱管朋友的事情，自己的事情却无暇顾及。
- 我总是不好意思对他人说“不”，我的时间都用在别人身上。
- 我不愿意表明我的观点，尤其是在我和他人的观点不一致时。
- 我害怕在众人面前讲话。
- 当遇到烦心事时，我不能控制自己的脾气，但事后总是感觉到后悔。
- 我非常胆怯、害羞、不情愿与人打交道，结果是我在群体中感觉到孤独。
- 我很不情愿接受批评，我对待批评的方式很不友好。
- 我过分依赖他人，害怕抛头露面。

你可以参照上述问题适当修改和增减，建立你自己的问题库。这样一来，你的问题就被陈列出来，变得可视化了。你可以用眼睛直接看到自己存在的问题，用心去和这些问题对话，然后调动你自由的意志，去解决这些问题。

设置问题库，可以使你脑海中那些飘忽不定或者互相纠结的问题以一种可视化的形式固定下来，使这些问题清晰地呈现，而不是处在无把握的混乱中。同时，把你的问题提出来，就意味着你有了一个可以“攻击”的目标，可以让你清楚你能够对它做些什么。存在于自己身上的问题，不是一成不变的，它们是会消失的。

第二步，确认问题库中的问题。

从问题库中提取一个问题进行确认练习，最重要的是，通过训练，你能增强对自己确认能力的信心。要对提出来的问题进行确认，可以分为两点：第一点：你承认问题确实存在吗？第二点，你如何确认问题？这两点看似简单，实际上需要一些具体的方式来运作。

（1）承认问题指南。

- 正式承认问题：给自己写一份声明并签名，明确地宣布自己了解这个问题，并承诺一定要解决它。这份声明会鼓励你在立场上和过去划清界限，并坚持你的决定。
- 列出好处：把问题解决后你所得到的好处一项项列出来，它将有助于你阐释想要解决这个问题的理由，并激励你开始行动。

• 想象最坏的后果：尽可能用形象的图示提醒自己，你的行动所具有的潜在的灾难性的后果，这是学会自己负责任的表现。

（2）确定问题指南。

• 清楚地了解问题的核心点：问题呈现的点可能很多，你要找到问题的核心，不要被枝节性的东西迷惑。

• 认清问题的来源：当你面对问题时，你要找到它的源头，它可能仅仅是其他真正问题的一个症状。

• 列出问题解决后要达到的结果：确定问题的结果，可以为你分析问题提供一个明确的方向。

（3）注意事项。

• 把陈述具体化：准确地确定你的问题，不要用太笼统的词语进行思考，学会对问题做一个较为具体的陈述。

• 把问题具体化：找出问题的元素。大的问题常常由一些具体的问题组成，为了确定大的问题，常常需要确定并描述其具体问题。

（二）步骤二：职业机会评估（知彼）

通过多种途径，尽可能获取目标就业城市、目标行业、目标职业、目标企业（用人单位）的相关资讯，结合自己的专业情况、就业机会、职业选择、家庭环境、社会需求等因素，理性评估职业机会。

1. 要点

（1）把握职业机会分析的四个主要方面，即就业城市、行业、职业、单位。

（2）综合运用职业机会分析的多种途径，如互联网、报纸杂志、职业搜索引擎、人才双选会、校园招聘会、实习、兼职和职场人士访谈等。

2. 注意事项

（1）职业环境无时无刻不在变化发展之中，要确保自己掌握的职业信息是最新的、有价值的。

（2）互联网虽然方便快捷，但可信度不高，建议多采用职场人士访谈以及其他较为直接的可信度高的信息渠道。

（三）步骤三：确定职业生涯目标和发展路径

在知己知彼的基础上，选择适合自己的职业目标，并确定相应的职业发展路径。

1. 要点

（1）把握职业目标定位的四个主要方面：定就业城市、定行业、定职业、定单位。

（2）在学习、比较、思考的基础上确定职业发展的具体路径。

2. 注意事项

（1）人职匹配是确定职业目标的重要依据。

（2）每个人的职业路径并非完全一样，盲目模仿是有害的。

（四）步骤四：制订行动计划

围绕职业目标的实现，制订具有针对性、明确性与可行性的行动计划，特别是要详尽制订大学期间和毕业后五年内的实施计划。在制订计划时要注意区分轻重缓急，学会时间管理和应对干扰。

1. 要点

（1）实行目标的分解组合。首先将目标按时间分解为短期目标、中期目标、长期目标等，按内容分解为知识目标（如专业、证书等）、能力目标（如专业技术能力、可迁移能力等）、素质目标（综合素质、职业素质等）、实践目标（如学生工作、实习、兼职等）等。然后将各种目标按照内在联系组合起来，以达到在总体上实现目标的效果。

（2）制订缩短差距的实施方案。找出与目标的差距所在，采取针对性的措施以缩短差距。

2. 注意事项

（1）遵循目标制订的SMART原则，即具体明确（specific）、能度量（measurable）、可达到（achieveable）、有价值（rewarding）、有时间限制（time-bounded）。

（2）遵循时间管理原则，即将事情按重要性和紧急性分类，首先处理既重要又紧急的事情，然后处理重要但不紧急的事情，接着处理紧急但不重要的事情，最后处理既不重要又不紧急的事情。

（五）步骤五：反馈修正

根据自我发展、社会变迁以及其他不可预测的因素，主动适应各种变化，及时评估，灵活调整，不断修正、优化自己的职业生涯规划。

1. 要点

（1）制订评估标准，监控行动的进程和结果。

（2）预计目标实现过程中可能出现的困难和障碍，提前拟订备用方案。

（3）制订调整修正的原则。

2. 注意事项

（1）反馈评估的重点是目标计划的完成情况，要将注意力放在结果上。

（2）反馈修正不是职业规划的最后环节，而应贯串整个职业规划的始终。

二 大学生职业生涯规划的常用方法

（一）常见的职业生涯规划方法

1. 自然法

在填写高考志愿时，学生并未考虑自己的性格、兴趣等因素，选择了与分数相匹配的专业，根据专业进行职业生涯规划。另外，在大学毕业时，有些人大面积投递简历，没有针对性，在找到工作之后再根据已找到的工作制定职业生涯规划。此方法一般出现在人面临选择而又无法做出决定时，采取顺应事态发展，即车到山前必有路的方法，当事人并没有对自己想要什么、擅长什么做出具体分析。

如果对于自己未来的职业生涯规划没有清晰的定位，那么可以试一试自然法，在干中学，在学中干。在未来的某一时间或者遇到某件事时，你可能会突然明白自己想要什么。

2. 趋势法

根据大环境的发展，选择热门的行业或者职业作为自己发展的方向。选择此种方法应注意环境分析，目光要放长远，对各种职业应做出长远预测。不能一味追求当下最热门的行业，因为当下最热门的行业再经过几年发展，人力资源会趋于饱和，竞争会更激烈。在市场中，没有永远的热门和冷门。

3. 最易获得法

在进行职业生涯规划时，总是选择最容易实现的目标和最容易获得的资源。采取此方法的人一般为享受生活型。

这种类型的人的职业动机不强，在职场发展中没有野心，对家庭、生活比较重视，认真工作但是不愿意接受挑战，侧重于享受安定、轻松的生活。他们在进行职业生涯规划时，所有的目标都是围绕可以保证自己安逸、轻松的生活而制订的。在具体实施职业规划时，制订轻松的目标的同时也要注意制订需要努力才能达到的目标，因为太容易实现目标的工作往往很容易被他人替代。这种类型的人需掌握一两种特殊能力，为长期安定、轻松的生活做保证。

4. 物质精神法

物质精神法即在职业生涯规划中侧重于金钱、社会地位、社会影响力等物质、精神上的满足。选择这种方法，考虑个人兴趣的比例较小，更多地考虑“怎样能给我带来最大的收入”“如何最快实现资金积累”“什么职位可以让我得到更高的社会地位”等。

总之，根据个体价值观的不同，每个人都可以选择适合自己的职业生涯规划方法。特别要注意的是，要想拥有一份完全适合自身发展的职业生涯规划，还需要对自己的优势、劣势及职业发展有一个详细的了解，只有建立在了解基础之上的职业生涯规划才是具有发展性、可行性和科学性的。

（二）职业生涯规划的误区

1. 从众心理

心理学家通过试验发现，人都有从众心理。在大环境中，部分人在进行职业生涯规划时，自己选择的道路往往受到身边大多数人或者社会现象的影响。例如，因为周围很多朋友考公务员，于是自己也报考公务员；一个职位招聘，即使自己有意应聘，但周围朋友都说此工作不好，也会放弃应聘的打算。

2. 怀疑自己

有的人在实施职业生涯规划的过程中，总是抱有自己不够好的心理，一旦得到提升，会怀疑自己的能力，认为比现有职位低一级的职位更适合自己，其实本身已经具备现有职位所要求的能力素质。过分怀疑自己的能力会让人做事畏首畏尾。在职业生涯前期即青年时期，过分怀疑自己的能力对自身影响不大，会给人留有谦虚、谨慎的印象，但是随着职业的发展，当其担任中层以上管理者时，这种特质会影响本人形象和能力发挥，更有甚者会因为此问题影响职业发展，出现一旦达到某种职位就会停滞不前的职业发展瓶颈。

3. 过分相信他人的意见

有的人在选择职业方向时过分相信他人的意见。例如，听信网上大部分人说学法律就业难，职业发展难度大，就放弃报考法律专业；听信职业前辈说本行业的问题与困难，就放弃进入此行业的想法；专业权威人士特别看好某一工作的发展前景，不考虑这份工作是否适合自己，一味坚持在此行业发展等。

4. 先入为主

有的人过分拘泥于某一行业或者某一职业给自己留下的第一印象，根据第一印象决定进入或者放弃这一行业或者职业。例如，进入某一职业是某人最先接触到的，而且其对进入这一职业的预期理想化，当又一种选择出现在他面前时，就会犹豫不决。

5. 追求完美

部分人工作中过分追求完美，同时也要求下属的工作必须达到自己的要求，可以说是个“工作狂”。这种人在制定职业生涯规划时目标设定过高，工作时间过长。因此，在制定职业生涯规划时，也要注意调节工作与家庭、生活之间的关系，否则即使工作上取得很大的成绩，没有担当好父母、儿女等角色也是得不偿失的。

6. 安于现状

随着个人的职业发展，有的人当达到一定的职业地位和目标之后，就会安于现状，享受现在已取得的成绩。但世界是变化的，别人在前进，自己停在原地就意味着落后。如果不提高自己的能力，那么现在的安逸只是一时的，未来会有更多的不安逸。

思考与练习

一、基础题

1. 大学生进行职业生涯规划的意义？

2. 请结合个人实际状况，写出一份职业生涯规划书？

二、测试题

小测试：九型人格简易测试

共有108道题目，耐心测试吧！

9（ ）1. 我很容易迷惑。

1（ ）2. 我不想成为一个喜欢批评的人，但是很难做到。

5（ ）3. 我喜欢研究宇宙的道理和哲理。

7（ ）4. 我很注意自己是否很年轻，因为那是去找乐子的本钱。

8（ ）5. 我喜欢独立自主，一切都靠自己。

2（ ）6. 当我有困难时，我会尝试不让人知道。

4（ ）7. 别人误解对我来说是一件很痛苦的事情。

2（ ）8. 施舍比受贿给我更多的满足感。

6（ ）9. 我常常设想最糟的结果而使自己陷于苦恼中。

6（ ）10. 我常常试验或考察朋友、伴侣的忠诚。

8（ ）11. 我看不上那些不像我一样坚强的人，有时我会用种种事情羞辱他们。

9（ ）12. 身体上的舒适对我非常重要。

4（ ）13. 我能触碰生活中的悲伤和不幸。

1（ ）14. 别人不能完成他的分内事，会令我很失望和愤怒。

9（ ）15. 我时常拖延问题不去解决。

7（ ）16. 我喜欢戏剧化、多姿多彩的生活。

4（ ）17. 我认为自己非常不完善。

7（ ）18. 我对感官的需求非常强烈，喜欢美食、服装、身体的触觉刺激，并纵情享乐。

5（ ）19. 当别人请教我一些问题时，我会巨细无遗地分析清楚。

3（ ）20. 我习惯推销自己，从不觉得难为情。

7（ ）21. 有时我会放纵和做出越轨的事情。
2（ ）22. 帮助不到别人让我感到痛苦。
5（ ）23. 我不喜欢人家问我广泛、笼统的问题。
8（ ）24. 在某方面我有放纵的倾向，如食物、药物等。
9（ ）25. 我宁愿适应别人，包括我的伴侣，而不是反抗他们。
6（ ）26. 我最不喜欢的一件事就是虚伪。
8（ ）27. 我知错能改，但是由于执着好强，周围的人还是感觉有压力。
7（ ）28. 我常觉得很多事情都很好玩，很有趣，人生真是快乐。
6（ ）29. 我有时很欣赏自己充满权威，有时却优柔寡断，依赖别人。
2（ ）30. 我习惯付出多于接受。
6（ ）31. 面对威胁的时候，我一是变得焦虑，一是对抗迎面而来的危险。
5（ ）32. 我通常是别人来接近我，而不是我去接近他人。
3（ ）33. 我喜欢当主角，得到大家的注意。
9（ ）34. 别人批评我，我也不会回应和辩解，因为我不想发生任何争执和冲突。
6（ ）35. 我有时期待被人指导，有时候却又忽略别人的忠告。
9（ ）36. 我经常忘记自己的需要。
6（ ）37. 在重大的危机中，我通常能克服我对自己的质疑和内心的焦虑。
3（ ）38. 我是一个天生的推销员，说服别人对我来说是件很容易的事情。
9（ ）39. 我不相信一个我一直都无法了解的人。
8（ ）40. 我爱依照惯例行事，不太喜欢改变。
9（ ）41. 我很在乎家人，在家中表现得忠诚和包容。
5（ ）42. 我被动而优柔寡断。
5（ ）43. 我很有包容力，彬彬有礼，但跟人的感情互动不深。
8（ ）44. 我沉默寡言，好像不会关心别人似的。
6（ ）45. 当沉浸在工作和我擅长的领域时，别人觉得我冷酷无情。
6（ ）46. 我常常保持警觉。
5（ ）47. 我不喜欢要对人尽义务的感觉。
5（ ）48. 如果不能完美地表态，我宁愿不说。
7（ ）49. 我的计划比我实际完成的要多。
8（ ）50. 我野心勃勃，喜欢挑战和登上高峰的经验。
5（ ）51. 我倾向于独断专行并自觉解决问题。
4（ ）52. 我很多时候感到被遗弃。
4（ ）53. 我常常表现得十分忧郁的样子，充满痛苦而且内向。
4（ ）54. 初见陌生人时，我会表现得冷漠、高傲
1（ ）55. 我的面部表情严肃而生硬。
4（ ）56. 我很飘忽，常常不知道自己下一刻想要什么。
1（ ）57. 我常对自己挑剔，期望不断改善自己的缺点，成为完美的人。
4（ ）58. 我感受特别深刻，并怀疑那些总是快乐的人。

3（　）59. 我做事有效率，也会找捷径，模仿力特强。
1（　）60. 我讲理，重实用。
4（　）61. 我有很强的创造天分和想象力，喜欢把事情重新整合。
9（　）62. 我不要求得到很多的注意力。
1（　）63. 我喜欢每件事情都井然有序，但别人认为我过分执着。
4（　）64. 我渴望拥有完美的心灵伴侣。
3（　）65. 我常夸耀自己，对自己的能力十分有信心。
8（　）66. 如果周遭的人行为太过分，我准会让他们难堪。
3（　）67. 我外向，精力充沛，喜欢不断追求成就，这使我的自我感觉良好。
6（　）68. 我有一个忠实的朋友和伙伴。
2（　）69. 我知道如何让别人喜欢我。
3（　）70. 我很少看到别人的功劳和好处。
2（　）71. 我很容易知道别人的功劳和好处。
3（　）72. 我嫉妒心极强，很喜欢与别人比较。
1（　）73. 我对别人做的事情总是不放心，批评一番后，自己动手再做。
3（　）74. 别人会说我常戴着面具做人。
6（　）75. 有时候我会激怒对方，老莫名其妙地吵架，其实我是想试探对方爱不爱我。
8（　）76. 我会极力保护我所爱的人。
3（　）77. 我常常可以保持兴奋的情绪。
7（　）78. 我只喜欢与有趣的人为友，对一些人却懒得交往，即使他们看来很有深度。
2（　）79. 我常往外跑，四处帮助别人。
3（　）80. 有时我会讲求效率而牺牲完美和原则。
1（　）81. 我似乎不太懂得幽默，没有弹性。
2（　）82. 我待人热情而有耐性。
5（　）83. 在人群中我常常感到害羞和不安。
8（　）84. 我喜欢高效率，讨厌拖泥带水。
2（　）85. 帮助别人快乐和成功是我最重要的成就。
2（　）86. 付出时，别人若不能欣然接纳，我便会有挫败感。
1（　）87. 我的肢体硬邦邦的，不习惯别人热情的付出。
5（　）88. 我对大部分的社交聚会不太会有兴趣，除非那是我熟识的和喜爱的人。
2（　）89. 很多时候我会有强烈的寂寞感。
2（　）90. 人们很乐意向我表白他们所遭遇的问题。
1（　）91. 我不但不会说甜言蜜语，而且别人会觉得我唠叨不停。
7（　）92. 我常担心自由被剥夺，因此不爱做承诺。
3（　）93. 我喜欢告诉别人我所做的事情和所知道的一切。
9（　）94. 我很容易认同别人为我所做的事情。
8（　）95. 我要求光明正大，为此不惜与人发生冲突。
8（　）96. 我很有正义感，有时会支持不利的一方。

1（ ）97. 我注重小节而效率不高。

9（ ）98. 我容易感到沮丧，麻木多于愤怒。

5（ ）99. 我不喜欢那些侵略性或过度情绪化的人。

4（ ）100. 我非常情绪化，一天的喜怒哀乐多变。

5（ ）101. 我不想别人知道我的感受和想法，除非我告诉他们。

1（ ）102. 我喜欢刺激而紧张的关系，而不是稳定和依赖的关系。

7（ ）103. 我很少用心去听别人的事情，只喜欢说说俏皮话和笑话。

1（ ）104. 我是循规蹈矩的人，秩序对我十分有意义。

4（ ）105. 我很难找到一种我真正被爱的关系。

1（ ）106. 假如我想结束一段关系，我不是直接告诉对方就是激怒他来让他离开。

9（ ）107. 我温和平静，不自夸，不爱与人竞争。

9（ ）108. 我有时候善良可爱，有时又粗野暴躁，很难琢磨。

1号　共计（　　）个记号——完美主义者

2号　共计（　　）个记号——给予者

3号　共计（　　）个记号——实干者

4号　共计（　　）个记号——悲情浪漫者

5号　共计（　　）个记号——观察者

6号　共计（　　）个记号——怀疑论者

7号　共计（　　）个记号——享乐主义者

8号　共计（　　）个记号——保护者

9号　共计（　　）个记号——调停者

括号前的数字代表一种性格记号，哪个记号的总数最多，就代表你最偏向于哪种性格。

第八章 大学生就业制度改革形势和国家就业方针政策下的人才观

知识目标

1. 了解我国大学毕业生就业制度改革历程。
2. 了解当前我国大学毕业生就业总体趋势。
3. 熟知国家有关大学生就业的政策、方针和法规。
4. 熟知国家的人才战略。

技能目标

1. 能够熟练地收集现阶段大学生的就业形势、政策和法规的相关信息。
2. 学会辩证地看待各类大学的优势和劣势。

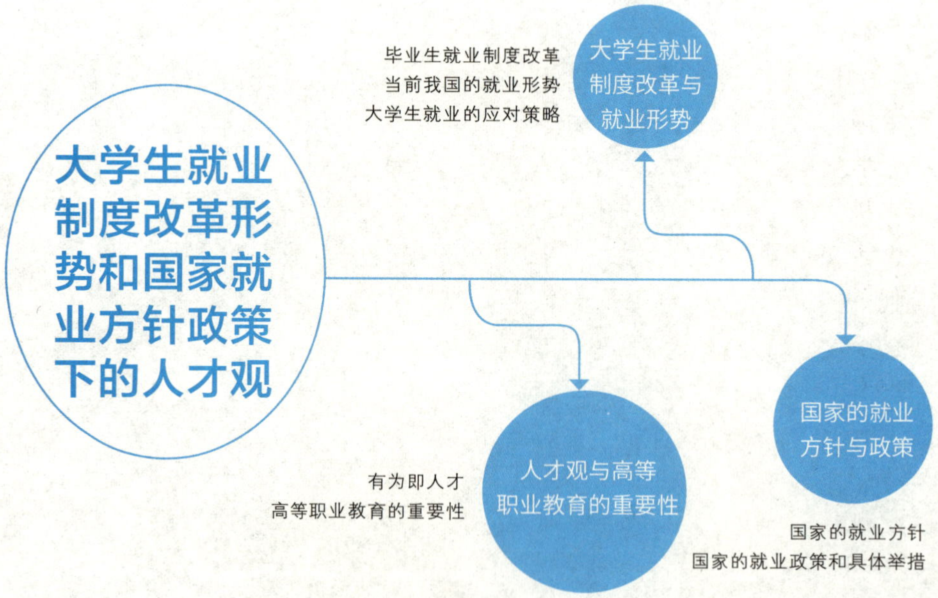

情境导入

人物名片：小周，经济系2018级财政学专业毕业生。在读期间任辅导员助理，诚毅学院学生就业促进会副主席，毕业时任职于厦门招商银行，后两次进入公务员考试面试，最后考入吉林省四平市地方税务局。

她是一个来自东北的女孩，和很多来诚毅的同学一样，被厦门这座不同于北方的迷人小城吸引。在大学期间做过很多兼职，而在大四结束踏入职场后也陆续换过几份工作，甚至包括大家认为还不错的工作，后来在月薪、晋升、固求稳定的自我要求下，最终选择回到家乡，踏上了考公务员之路。

你怎么看待小周的做法？在就业形势严峻的今天，大学生就业到底有多难？大学生就业存在哪些问题？大学生在就业过程中有哪些优势和劣势？本章将详细解读当前大学生的就业形势，国家有关的政策、方针和法规，以及各类教育的优势和劣势。

第一节　大学生就业制度改革与就业形势

我国自建立社会主义市场经济体制以来，大学生就业制度发生了较大的变化，经历了由计划分配到供需见面、双向选择、自主择业的改革发展阶段，最终发展到现在的以市场为导向、政府调控、学校推荐、学生与用人单位双向选择的大学生就业制度。从新中国成立，直至改革开放，劳动力是高就业、低工资。大学生作为典型的“天之骄子”，不仅上学费用由国家承担，而且毕业后可以由国家分配当干部；服从和奉献是大学生择业观的主旋律。从1985年开始，大学生的分配制度开始向自主择业、双向选择过渡，由此给人们的价值观念带来极大的挑战，上大学不等于进了就业保险箱，大学生也要接受市场的选择。建立以市场为导向、政府宏观调控、遵循市场规律的就业制度，并按照毕业生就业的规律、特点来制定积极的就业政策，就是要使有就业愿望的广大毕业生得到充分就业。

一　毕业生就业制度改革

以1985年颁布的《中共中央关于教育体制改革的决定》为标志，我国的大学生就业制度从计划经济的统招统分开始转向市场经济的双向选择、自主择业。到20世纪90年代具体实施，至今已走过了20年的历程。

（一）计划经济时代国家对大学生统招统分

1. 统招统分的含义

统招统分是指国家按照招生计划实行大学统一招生，学生毕业后按统一的指令性计划将其分配到全民所有制或集体所有制单位。在我国计划经济体制下，人才作为计划经济时代的稀缺资源统招统分，这是特定历史时期的特殊手段。

计划经济体制下，我国的经济建设处于初创阶段，任务重、人才缺，为了实现过渡时期总任务，迎接即将开始的大规模经济建设，中央人民政府做出决定："高等学校毕业生的工作由政府统筹分配"，"集中使用、重点配备"，即全国各高校的毕业生全部由中央集中使用，分配到全国各重点单位。

2. 统招统分就业制度的作用

第一个五年计划期间，全国毕业生供不应求的矛盾较大，国家为了集中力量进行由大中型项目组成的工业建设，除少数专业毕业生外，多数科类的毕业生全部由中央集中分配。统招统分的毕业生计划分配制度与我国当时高度集中的、以产品经济为基本模式的经济体制相适应，为我国的经济建设输送了大批人才，对国家重点工程、国防建设和少数民族地区的建设都起过不可低估的积极作用。

3. 统招统分就业制度的弊端

统招统分的毕业分配制度，使得大学生和用人单位都处于"等、靠、要"的被动局面。由于计划的盲目性和用人单位缺乏自主权，往往造成用人单位急需的人员未列入计划，而计划分来的人员又不是单位需要的人员的状况，造成一些单位人才积压浪费，而另一些单位人才匮乏紧张的畸形状态。这一制度的弊端具体表现在以下几方面。

（1）学生缺乏动力。大学毕业生都由国家统一分配，每人给一个"铁饭碗"，到各用人单位去装"大锅饭"。这就使部分学生产生了"学好学坏一个样"的思想，不思进取，缺乏积极向上的动力。

（2）学校缺乏压力。长期以来，高等学校只是依照自上而下的政策和计划来办学，基本上不考虑市场的需要。因为培养出来的毕业生，不论其质量如何，统统由国家"包销"，"皇帝的女儿不愁嫁"，学校没有外来的压力和冲击力。

（3）用人单位缺乏选择权利。大学生毕业后分配到什么地方，用人单位需要什么样的人，他们之间互不见面，互不了解。用人单位在接收毕生生上没有选择权，想要的人才得不到，不需要的人员又派来了，毕业生分配成了一种"包办婚姻"，这样就容易造成人才的浪费。

（二）从 20 世纪 80 年代中期开始供需见面试点，逐步向双向选择过渡

随着社会的发展，统招统分制度已不能适应经济和社会发展的需要，必须改

革上述那种一律用指令性计划的形式，自上而下统一分配毕业生的传统方法，代之以在国家就业政策方针指导下的，在一定范围内，逐步实行以学校为中介，毕业生选报志愿，用人单位择优录用的供需见面制度。

1. 供需见面试点

1985 年 5 月，《中共中央关于教育体制改革的决定》出台，毕业生分配制度的改革是其中的重大决策之一，学校有了一定的自主分配的权利。教育部又在用供需见面的办法分配毕业生的基础上，对上海交大、清华大学进行毕业生分配改革的试点，实行在国家分配方针、原则指导下，试行“招聘、推荐与考核录用相结合”的办法。这项改革使毕业生分配最大限度地适应了国家经济建设的需要，最大限度地调动了学校办学和学生学习的积极性，提高了教学质量，促进教学改革，也使用人单位更加珍惜和用好人才。

2.“毕业生自主择业、用人单位择优录取”的双向选择制度

1989 年，国家正式推出“毕业生自主择业、用人单位择优录取”的双向选择制度。部分学校在毕业分配工作中已经开始引进竞争机制，允许毕业生与用人单位在一定范围内有相互选择的机会。高等学校的招生计划开始调整为国家计划和社会调节招生计划相结合，相应地也改变了高等教育培养费的拨付办法。

相关链接

委培生和统招生

1. 性质不同

（1）委培生：是根据考生志愿，由教育主管部门委托大中专院校代为定向培养的学生。学生毕业后回原籍就业。

（2）统招生：一般指通过全日制普通高校统一招生选拔考试，依照《全国普通高等学校招生计划》统一招录，学习形式为普通全日制或非全日制的高校学生。

2. 学历不同

（1）委培生的学历证书一般情况下分两种：一是高校颁发高等教育的学历证书，二是由民办学院自行颁发的学历证书。

（2）统招生主要包括全日制普通博士研究生、非全日制普通博士研究生、全日制普通硕士研究生、非全日制普通硕士研究生；全日制普通本科生（包括通过普通高考录取的四年制本科生、五年制本科生，全日制普通第二学士学位和通过统招专升本考试录取的两年制本科生）、全日制普通专科生。

3. 特点不同

（1）委培生：是由有关部门或单位委托学校培养的学生；培养费用由委托部门或单位向学校支付或由学生家庭自付；学生毕业后，严格按合同就业。

（2）统招生：是国家计划招收的学生；培养费用由国家拨款支付；毕业后在一定范围内通过双向选择、供需见面落实就业去向。

3. 向市场经济转变过渡时期的双向选择就业制度的问题

随着市场经济体制的逐步确立，高等教育体制改革的逐步深入，大学生毕业分配制度的弊端越来越突出了。这种弊端不仅体现在对人才的分配使用上，而且也延伸到了大学的教育与培养方面。“60 分万岁”从一个侧面反映了国家的包分配将同时意味着要用“铁饭碗”去养活一些“闲人懒汉”。因此，分配制度对于许多真正的人才和用人单位而言就是一种风险了。在确定毕业生分配方案时，往往人的主观意志还是起着绝对作用。虽然当时还有一条“优生优配原则”，但这种“优”的内涵更多的是体现在政治素质方面，对于专业素质和能力的评价只能从属于其后。

（三）从 20 世纪 90 年代初开始推广双向选择、自主择业的就业方式

市场经济体制的确立，促使我国高等教育市场化水平不断提高，同时也决定了资源由市场配置，生产要素可以自由流动，高校毕业生就业方式也必然要由过去的国家统一分配转变为面向市场公平竞争、自主择业。十多年来，随着就业体制改革的逐步深入与完善，我国的毕业生就业体制终于与市场经济体制实现了对接。

1. 双向选择、自主择业的含义

双向选择、自主择业是指不包分配、竞争上岗、择优录用；就业机制是市场导向、政府调控、学校推荐、学生和用人单位双向选择。这个就业制度真正地打破了过去包分配、包当干部的传统的计划经济体制的羁绊。实施这项改革的目标是努力实现大学生的充分就业。高等学校应当为毕业生、结业生提供就业指导和服务，收集并及时向学生发布需求信息，举办或者校际联办毕业供需见面会，进行双向选择，负责毕业生的推荐工作。国家鼓励高等学校毕业生到边远、艰苦的地区工作。

2. 双向选择、自主择业是人力资源配置在市场经济条件下的必然选择

双向选择、自主择业的就业方式实现了大学生择业自由根本性的突破，为最终实现大学生就业制度的市场化改革提供了较好的制度条件，大学毕业生就业的流动性越来越强。1988 年以前，在我国上大学基本上是免费的；1989 年开始象征性地收费；1990 年有了少量的自费生；1997 年开始全面自费，学费也不断上涨，这意味着免费上大学的时代彻底终结。双向选择、自主择业的分配制度意味着大学生毕业后不再“吃皇粮、包分配、当干部”，他们不再享有国家干部身份。如果毕业后他们找不到合适的工作，户口要迁回原籍，一切都要自己解决。生存的需要成了大学生最迫切、最直接的需要。

3. 双向选择、自主择业使人才分布集中在具有优势的地域和行业

就业体制的改革并不仅是教育领域的改革，同时它还触动了人事、户籍和社会保障等许多制度的神经，这些配套制度的改革相对滞后于大学生就业制度的改革，加上我国的经济发展不均衡，地区之间、城市之间的差距很大，使得大学生的市场配置严重不均。

例如，与经济发达的东部或沿海地区，特别是北京、上海等少数大城市相比，内陆与西部地区无论是发展前景还是薪酬水平都有很大的差距。安居客发布的《2021 年毕业生就业居住调研报告》显示，目前超过六成毕业生仍在求职路上，上海、深圳、广州成为毕业生选择排前三的工作城市。通过对一线及部分二线城市高校毕业生进行调研，报告显示，教育和产业资源丰富的一线城市仍是毕业生首选的工作和生活地点。其中，有 8.7% 的毕业生将上海作为工作首选城市；深圳和广州占比分别为 7.9% 和 7.3%；有 7.2% 的毕业生将北京作为首选城市；一线城市之外，成都、杭州、青岛等则在新一线城市中更受青睐。

对点案例

被公司裁员后，却意外了解水管清洗项目 收入翻倍了

这段时间，你有被摆地摊刷屏吗？最近全国众多省份先后明确鼓励发展地摊经济，全国上下出现了“摆摊”热，地摊经济成为全国热议的话题。地摊经济从侧面反映出疫情缓和之后所面临的严峻就业问题。

不少企业因为疫情冲击面临着裁员甚至是倒闭的风险。失业、就业难，让不少家庭生存压力变大。就业困难，不如自主创业，这是老张被裁员后的第一个想法。老张之前在一个电子厂工作，公司由于生存压力大而裁员，步入中年的老张刚好中了“大奖”。离开电子厂后，老张在家待业了一段时间，几次面试都因为老张的年龄被委婉拒绝了，加上疫情影响，就业更加困难。和家人商量过后，老张决定自己创业，但要干什么一直没有头绪。

被问到怎么关注到水管清洗行业的，老张告诉我们：最开始是在抖音偶然刷到水管清洗视频的，当时也没有上心，只是没想到水管竟然有这么脏。后来经常给我推送相同的视频，我就认真看了一下。打开评论发现好多人和我一样都是了解后才知道水管清洗这么重要，我觉得这是一个不错的创业方向，毕竟中国房子这么多。

之后我在网上搜索了水总管相关信息，才知道水管清洗行业在中国已经发展了十年了。而最近因为疫情，越来越多人开始关注管道健康，我觉得这是未来的一个发展趋势，市场前景非常大。

有了这个想法后，我联系到水总管的项目顾问，可能因为最终的想法都一样，我们接触的过程很愉快。中间听取了儿子的意见，从质量、口碑、服务、价钱等方面我对比

了其他公司，更加坚定了我选择水总管的想法。特别是项目顾问给我耐心讲解了公司给予的全方面项目扶持政策之后，我觉得这么有规划性的落地方案，是历经十年市场经验的公司才能有的，我担心的、关心的、不会的，还有未来的发展方向都帮我安排好了，让我心里的石头也落了下来。

拿到设备之后，公司安排了专门的技术老师第一时间给我教学，有什么想要的宣传物料也可以随时找美工老师设计。因为第一次创业，宣传营销也一窍不通，负责推广运营的老师把制订的全套落地执行方案和成功案例发给我，让我跟着他指导的步骤走。

我还记得当时第一个规划就是和物业谈合作，因为要进小区宣传，所以要先和物业打招呼，根据总部事先收集的精准客户信息，我找到了该小区的物业。按照落地方案里的话术，我多角度地为物业分析了合作的主要利益点，可能是因为事先准备充分，我说服了物业，开始第一次进小区宣传。

连续宣传了两天之后，我得到了住户的允许，免费帮他们清洗水管。因为之前在自己家练习过，所以操作过程比较顺利。但中间也遇到了一些问题，我马上打视频电话问了技术老师，很快就解决了。令我印象深刻的是客户看到清洗效果时震惊的表情，水管清洗让客户认识到了保证管道卫生、健康饮水的重要性，我觉得非常有成就感。第一次操作顺利完成也更加坚定了我在水管清洗道路上走下去的信心。

后来我也没想到和物业的第二次合作来得这么快，因为有了第一次合作，我们很快达成了一致，按照总部给的签约模板和分润模式我们签订了合作合同。因为总部设计的单页海报展架等物料也一应俱全，我们筹备得非常快，一个多月来单子数量一直都在上升。

我知道成功不是一蹴而就的，令人开心的是虽然进入这一行的时间不长，但每一天都在往好的方向发展，我的努力得到了回报，离不开总部给我的支持。现在大家都在找市场创业，我很幸运在这个特殊时期找到了自己努力的方向和意义。

二 当前我国的就业形势

党中央、国务院始终把就业问题摆在十分重要的位置。进入转型发展的新阶段后，党中央、国务院根据人口结构和就业形势发生的深刻变化，实施了就业优先的战略和更加积极的就业政策，缓解了就业矛盾。2013—2018 年，城镇新增就业人数连续 6 年保持 1300 万人以上。2018 年年末，全国就业人员总量达 7.76 亿人，失业率保持低位运行。2019 年，就业延续总体平稳的态势，全年城镇新增就业人员 1300 万人以上，城镇调查失业率和登记失业率均处于预期控制目标之内。2021 年以来，就业工作延续了总体平稳态势，实现了良好开局，主要体现在以下方面。

一是新增就业稳定增长。1—3 月，城镇新增就业人员 297 万人，同比增加 68 万人，完成全年 1100 万人目标任务的 27%。

二是失业水平稳步回落。3 月份城镇失业调查率为 5.3%，环比下降 0.2 个百分点，同比下降 0.6 个百分点，低于 5.5% 左右的控制目标。

三是市场需求有所回暖。市场机构网络招聘数据显示，一季度招聘需求人数同比增加 26%。从企业调查看，3/4 的企业有招工需求，其中三成为扩张性的招聘需求，较往年有所上升。

四是重点群体就业基本稳定。高校毕业生就业总体平稳，农民工外出规模恢复至节前水平。1—3 月，城镇失业人员再就业 103 万人，同比增加 32%；就业困难人员就业 37 万人，同比增加 37%。

就业开局平稳，实属不易。根本原因在于以习近平同志为核心的党中央的坚强领导，把就业摆在“六稳”“六保”的首位，还得益于以下方面。

一是得益于经济的总体回暖。2021 年以来，疫情防控和经济社会发展的成果得到进一步巩固，经济稳定恢复，市场预期持续改善，为稳就业奠定了坚实的基础。

二是得益于稳岗留工行动的扎实推进。春节前后，人社部会同有关部门开展了“迎新春送温暖，稳岗留工”专项行动。春节期间，有 8700 多万外出农民工就地过年，比上年增加近 4000 万人，返乡比例同比下降 22 个百分点。企业借此机会留人，劳动者在岗增收，市场消费火热，对就业增长形成了正向拉动。

三是得益于政策服务的持续推进。2021 年以来，稳就业的各项措施仍然在继续发力，特别是惠企措施落地见效，节后迅速铺开的“春风行动”以及“点对点”输送服务，为农民工外出提供了便利。节后累计举办招聘会超过 3 万场，发布岗位信息超过 2000 万个，输送相关务工人员 162 万人。

相关链接

打造大学生就业服务平台小程序，精准开展就业帮扶，支持鼓励高校毕业生创业，拓宽就业渠道，……为促进高校毕业生就业，各地全力以赴。

安徽：升级平台，服务不停歇

就业故事：

2022 年 3—5 月，合肥学院应届毕业生姚博涵在就业上遇到了烦恼。“那段时间，只能在网上找找工作。现在，我已经入职一个多月了。能这么快敲定工作，多亏了安徽省大学生就业服务平台小程序。”小程序里，各家企业面向合肥学院招聘的就业岗位一目了然。

支持举措——

2021年年底，为向高校毕业生提供更好的就业服务，安徽省教育厅对安徽省大学生就业服务平台的线上求职和网上签约功能进行升级，并于2022年春季在全省高校推广应用。往届毕业生都是线下签约，学校、公司来回跑，花费不少时间。现在网上就能签约，给学校、企业和学生带来不少方便。除线上招聘外，各高校还主动与县区人社部门、工商联、公共就业人才服务中心、校友会等联系，积极开展线下招聘。

贵州：激发就业创业活力

就业故事：

“创业过程中，学校和相关部门为我们提供了创业指导、技能培训、资金补助等。”袁建是贵州大学2022届毕业硕士研究生，也是一名创业者。2018年，他和合作伙伴创建了高端钢笔品牌，如今已自主开发近20款产品，备受市场青睐。袁建说，毕业后将继续把企业做大做强，吸引更多同学、朋友加入。

支持举措——

2022年，贵州全省计划扶持5000名高校毕业生自主创业，对有意愿、有能力创业的毕业生精准开展创业培训，提供项目开发、开业指导、资源对接、跟踪扶持等创业服务，对符合条件的给予创业担保贷款、自主创业补贴、场所租赁补贴等资金支持。

重庆：精准开展就业帮扶

就业故事：

张丽是重庆城市管理学院商务英语专业的一名应届毕业生。幼年时的一次意外让她手部受伤，从此落下残疾。就在她找工作的时候，收到了一条来自当地就业人才中心的短信，询问她有什么就业意向，有什么就业困难等。同时，为她配备了“一对一”就业帮扶导师，在就业导师的鼓励下，小张在一家企业找到满意工作，达成了就业意向。

支持举措——

针对就业困难大学生，重庆市已经建立“一人一策”就业服务台账，实施了哪些帮扶措施，帮扶推进到哪一步，都做了明确标注。截至目前，重庆已举办高校毕业生招聘活动2万余场，提供岗位超过83.6万个，帮扶特殊困难大学生6.5万人，发放求职创业补贴4588万元。

辽宁大连：拓宽毕业生就业渠道

就业故事：

“我本来是打算考研的，根本没把工作的事放在心上。4月中旬，因为家里有事，我才决定放弃考研。”回想起自己突然改变毕业去向的事，大连理工大学2022年应届毕业生张凯到现在还觉得有点发慌。庆幸的是，5月，人社部门和学校就业信息网联手向他推送了多个就业岗位，他从中找到了适合自己的岗位，通过线上面试，已成功签约。

支持举措——

大连成立了由市人社局、教育局等11个政府部门组成的高校毕业生就业创业工作专班，创新推出高校毕业生就业“万岗计划”。张凯就是搭上了“万岗计划”的顺风车，才顺利签约。“万岗计划”包括教育部门的“优师千岗计划”、民政部门的“社区工作者千岗计划”，国资、卫健等部门也分别组织实施专项“千岗计划”。2022年以来，已征集推送优质岗位1.3万余个，完成招聘4095人；市场化募集岗位4万余个，多渠道广泛发布。

三 大学生就业的应对策略

随着经济稳定恢复，就业预期将延续总体平稳的态势，但是不确定性、不稳定性仍然较多，就业形势依然比较复杂。疫情反复多变，同时高校毕业生也即将集中进入市场，稳就业工作仍然面临诸多挑战。为确保完成就业目标任务，确保就业局势总体稳定，下一步将如何开展以下工作，成为重中之重。

一是着力稳定就业岗位。继续降低失业和工伤保险费率，扩大失业保险稳岗返还等阶段性稳岗政策惠及范围，延长“以工带训”政策实施期限，特别是计划推出就业政策快办帮办行动，将就业政策补贴打包办、便捷办。

二是着力拓宽就业渠道。深化“放管服”改革，完善创业担保贷款等扶持政策，释放创业带动就业的潜力。支持和规范发展新就业形态，加快推进职业伤害保障试点，加强灵活就业人员公共就业服务和权益维护，进一步扩大就业空间。

三是着力抓好重点群体就业。实施高校毕业生就业创业促进计划，健全毕业生就业服务平台，落实未就业毕业生实名服务，促进农民工外出务工和就近就地就业，加强劳务品牌建设，健全劳务协作机制。出台就业帮扶和乡村振兴衔接文件，明确支持脱贫人口就业政策措施和工作要求。加强就业困难人员的就业帮扶，保障失业人员基本生活，兜牢民生底线。

四是着力优化就业服务。持续开展大中城市联合招聘高校毕业生春季专场活动，同时用好线上线下各类的招聘渠道，提高市场供需匹配效率。

第二节 国家的就业方针与政策

一 国家的就业方针

国家坚持劳动者自主择业、市场调节就业和政府促进就业的方针。

劳动者自主择业指的是充分调动劳动者就业的主动性和能动性，促使劳动者发挥就业潜能和提高职业技能，依靠自身努力，自谋职业和自主创业，尽快实现就业。

市场调节就业指的是充分发挥人力资源市场在促进就业中的基础性作用。通过市场职业供求信息，引导劳动者合理流动和就业；通过用人单位自主用人和劳动者自主择业，实现供求双方相互选择；通过市场工资价位信息，调节劳动力的供求。

政府促进就业指的是充分发挥政府在促进就业中的重要职责。

二 国家的就业政策和具体举措

就业是关系经济升级、民生改善和社会稳定的大事。国家历来高度重视就业工作中存在的问题。相关部门认真分析严峻的就业形势，进而采取切实有效的针对性措施，全力以赴地提高就业。

（一）国家的就业政策

1. 促进经济增长、产业结构转型升级与增加就业的良性互动

首先，在总体布局中体现“就业优先”。通过健全完善产业政策、财政政策、税收政策、投资政策及收入分配政策，激励和引导有利于扩大就业的经济投入、产业调整、项目布局和企业发展，努力实现经济增长与扩大就业的良性互动。其次，将经济增长方式转变与拓展就业空间结合起来。

在产业结构上，着力发展就业容量弹性最大的第三产业，继续发展生产性服务业，培育新型消费产业，引导发展服务于社会管理和发展的社会组织、社会工作等服务性行业。

在经济形式上，鼓励民营经济发展；在企业类型上，支持发展具有比较优势的劳动密集型中小企业。同时，鼓励劳动者通过自主创业发展微小型企业，通过创业带动就业岗位的增加。

2. 促进就业政策与结构调整相结合

一方面，在推动与生活相关的现代服务业的发展上下功夫，包括电子商务、社区服务、家庭服务、健康服务、养老服务等，形成放开搞活就业扶持的相关政策；另一方面，在推动与生产相关的现代服务业上下功夫，包括研发、信息、科技、物流、金融、咨询等智力密集型领域，实行鼓励、支持创新研发带动大学生就业的政策。

在推动发展中，切实落实相关的便利工商登记、财政支持、金融信贷、税收减免等扶持政策。就业和社会保险（放心保）政策主动跟进，在小额贷款、就业资金扶持、社保补贴、岗位补贴等方面加大扶持力度，营造良好条件，引导劳动者进入这些领域就业、创业。

3. 促进城镇化与农村劳动力转移就业的协调发展

在城镇化进程中，注重城镇化和农村劳动力转移就业的协调发展。加大基础设施的投入，创新小城镇建设机制，建设一批产业集聚、企业集群、就业集中的新型城镇，增强城镇就业功能。促进中小企业、小城镇和劳动密集产业发展，通过扶持农副产品加工企业和劳动密集型产业，发展乡镇企业、鼓励农民工回乡创业等多种形式拓宽就业渠道。提高农村劳动力的就业能力，加大对农村劳动力转移培训的投入，建立政府主导、多方筹集的投入机制，完善激励政策，引导农民工全面提高自身素质，努力适应新的工作、生活环境。

4. 建立经济发展和扩大就业的联动机制，健全政府促进就业的责任制度

要把解决好就业问题作为经济发展的优先目标，实施就业有限战略和更加积极的就业政策，通过稳定经济增长和调整经济结构增加就业岗位，建立经济增长与扩大就业的联动机制。在制定经济发展规划、确定经济发展速度时，优先考虑扩大就业规模的需要，使经济健康发展的过程成为就业持续扩大的过程。

综合运用财政、税收、金融、产业等各项经济调节政策促进就业，通过税收优惠、社会保险补贴、小额担保贷款等扶持性政策，鼓励企业更多地吸纳就业人员，鼓励劳动者多渠道、多形式就业。积极帮扶困难群体就业。健全政府促进就业目标责任制和就业工作协调机制，强化政府促进就业的责任。

5. 创新扶持创业的体制机制

创业是就业之源，具有带动就业的倍增效应。完善政府扶持创业的优惠政策，通过税费减免为创业者减轻负担；对缺乏创业资金的创业者，给予小额担保贷款扶持；鼓励发挥各方资源优势，为创业者提供场地便利、创业孵化和跟踪服务。继续推进创业示范城市建设，健全评估机制，发挥创业引领作用。转变就业观念，增强劳动者特别是青年人的创业意识，努力营造良好的创业氛围。完善扶持创业的优惠政策，形成政府激励创业、社会支持创业、劳动者勇于创业的新机制。

（二）政府针对高校毕业生就业难问题的举措

根据人社部的数据统计，2022 年我国高校毕业生总人数达到了 1076 万，第一次突破一千万，这也就意味着 2022 届应届毕业生的就业竞争将愈加激烈。2022 年 4 月，智联招聘平台发布的《2022 大学生就业力调研报告》显示，2022 届求职的应届毕业生达到 46.7% 的求职成功率，比 2012 年求职成功率直接低了 16.1%。可见，2022 年的就业形势很严峻。为稳定、促进高校毕业生就业，国家已制定多项政策措施。近日，国家发展改革委等八部门联合印发《关于深入实施创业带动就业示范行动力促高校毕业生创业就业的通知》，提出力争 2022 年为高

校毕业生提供200万个高质量就业机会，为全国做好创业带动就业工作做示范。

1. 鼓励高校毕业生自主创业

（1）政府投资开发的孵化器等创业载体应安排30%左右的场地，免费提供给高校毕业生。有条件的地方可对高校毕业生到孵化器创业给予租金补贴。

（2）高校毕业生从事个体经营的，自办理个体工商户登记当月起，在3年（36个月）内按每户每年12000元为限额依次扣减其当年实际应缴纳的增值税、城市维护建设税、教育费附加、地方教育附加和个人所得税。限额标准最高可上浮20%，各省、自治区、直辖市人民政府可根据本地区实际情况在此幅度内确定具体限额标准。

（3）毕业后创业的大学生可按规定缴纳“五险一金”。高校毕业生自主创业，可申请最高20万元创业担保贷款，对符合条件的借款人合伙创业或组织起来共同创业的，贷款额度可适当提高；对10万元以下贷款、获得市级以上荣誉称号以及经金融机构评估认定信用良好的大学生创业者，原则上取消反担保。对高校毕业生设立的符合条件的小微企业，最高贷款额度提高至300万元。

（4）实施弹性学制，放宽学生修业年限，允许调整学业进程、保留学籍休学创新创业。

（5）对小型微利企业应纳税所得额不超过100万元的部分，减按12.5%计入应纳税所得额，按20%的税率缴纳企业所得税；对年应纳税所得额超过100万元但不超过300万元的部分，减按50%计入应纳税所得额，按20%的税率缴纳企业所得税。个体工商户应纳税所得不超过100万元部分个人所得税减半征收。

（6）对月销售额15万元以下的小规模纳税人免征增值税。按月纳税的月销售额不超过10万元，以及按季纳税的季度销售额不超过30万元的缴纳义务人免征教育费附加、地方教育附加、水利建设基金。增值税小规模纳税人可以在50%的税额幅度内减征地方“六税两费”（资源税、城市维护建设税、房产税、城镇土地使用税、印花税（不含证券交易印花税）、耕地占用税和教育费附加、地方教育附加）。

（7）对首次创办小微企业或从事个体经营满1年以上的离校2年内高校毕业生，给予一次性创业补贴，具体办法由省级财政、人社部门制定。

2. 鼓励企业吸纳高校毕业生

（1）小微企业当年新招用高校毕业生等符合条件人员人数达到一定比例的，可申请最高不超过300万元的创业担保贷款，由财政给予贴息。对小微企业吸纳离校2年内未就业高校毕业生就业的，按规定给予社会保险补贴。对离校2年内未就业的高校毕业生灵活就业后缴纳的社会保险费，给予一定数额的社会保险补贴，补贴标准原则上不超过其实际缴费的2/3，补贴期限最长不超过2年。

（2）对吸纳离校2年内未就业高校毕业生、16～24岁失业青年参加就业见习的单位，给予一定标准的就业见习补贴，用于见习单位支付见习人员见习期间基本生活费、为见习人员办理人身意外伤害保险，以及对见习人员的指导管理费用。对见习人员见习期满留用率达到50%以上的单位，可适当提高见习补贴标准。对见习期未满与高校毕业生签订劳动合同的，给予见习单位剩余期限见习补贴。

（3）对招用毕业年度高校毕业生，与之签订1年以上劳动合同并为其缴纳社会保险费的小微企业，给予最长不超过1年的社会保险补贴，不包括高校毕业生个人应缴纳部分。

（4）对企业新录用的毕业年度高校毕业生，与企业签订1年以上期限劳动合同并于签订劳动合同之日起1年内参加由企业依托所属培训机构或政府认定的培训机构开展岗位技能培训的，取得职业资格证书后给予职工个人或企业一定标准的职业培训补贴。

3. 鼓励社会支持高校毕业生创新创业

（1）各地区、各高校和科研院所的实验室以及科研仪器、设施等科技创新资源可以面向大学生开放共享，提供低价、优质的专业服务。纳税人提供技术转让、技术开发和与之相关的技术咨询、技术服务免征增值税。

（2）对国家级或省级科技企业孵化器、大学科技园和国家备案众创空间向在孵对象提供孵化服务取得的收入，免征增值税；其自用及提供给在孵对象使用的房产、土地免征房产税和城镇土地使用税。

（3）符合条件的（投资2年以上）创业投资企业、有限合伙制创业投资企业和天使投资个人，采取股权投资方式直接投资于未上市的中小高新技术企业、初创科技型企业的，可按投资额的70%抵扣应纳税所得额；当年不足抵扣的，可以在以后纳税年度结转抵扣。

（4）金融机构向小型企业、微型企业及个体工商户发放小额贷款取得的利息收入，免征增值税。

第三节 人才观与高等职业教育的重要性

20世纪80年代，美国经济学家罗默、卢卡斯等人提出了“新增长理论”，将知识和技术看作经济增长的内生变量，并且认为通过教育和培训获得特殊知识和专业化的人力资本是经济增长的主要因素，它们不仅可以使劳动者自身获得收益，而且能够促进其他要素收益的增长，从而保证了长期的经济增长。拥有大量人力资本的国家将取得较快的经济增长速度，而人力资本水平低下是欠发达国家经济增长速度较慢的原因。

2010年6月6日发布的《国家中长期人才发展规划纲要（2010—2020年）》指出，人才是指具有一定的专业知识或专门技能，进行创造性劳动并对社会做出贡献的人，是人力资源中能力和素质较高的劳动者。人才是我国经济社会发展的第一资源。

在人类社会发展进程中，人才是社会文明进步、人民富裕幸福、国家繁荣昌盛的重要推动力量。当今世界正处在大发展、大变革、大调整时期。世界多极化、经济全球化深入发展，科技进步日新月异，知识经济方兴未艾，加快人才发展是在激烈的国际竞争中赢得主动的重大战略选择。我国正处在改革发展的关键阶段，深入贯彻落实科学发展观，全面推进经济建设、政治建设、文化建设、社会建设以及生态文明建设，推动工业化、信息化、城镇化、市场化、国际化深入发展，全面建设小康社会，实现中华民族伟大复兴，必须大力提高国民素质，在继续发挥我国人力资源优势的同时，加快形成我国人才竞争比较优势，逐步实现由人力资源大国向人才强国的转变。

一 有为即人才

人才的合理结构是社会和经济正常运行和发展的基础，教育类型的合理结构是社会人才合理结构的根本保证。教育的类型一般与培养的人才类型相适应。就人才类型而言，目前比较一致的看法是：人才可分为学术型、工程型、技术型和技能型四类。学术型、工程型人才的重要性十分清楚，没有他们的设计、开发和规划工作，就不可能产生从宇宙飞船、电脑、空调到花园城市等五彩缤纷的大千世界；而大千世界离开技术型人才和技能型人才的劳动，也根本不可能实现。其中，技术型和技能型人才由职业教育来培养。

技术型人才要有一定的理论基础，但不必达到工程型人才的要求，而更应强调理论在实践中的应用。技术型人才可分为三类：生产类，如工厂技术员、工艺工程师、农艺师、畜牧师、植保技术员等；管理类，如车间主任、作业长、工段长、设备科长、护士长、护理部主任以及行政机关中的中高级职员；职业类，如会计、统计、牙技师、导游、空勤人员、农业生产经营者等。技能型人才也称技艺型、操作型人才，是在生产第一线或工作现场从事为社会谋取直接利益的工作，主要应熟练掌握操作技能以及必要的专业知识。他们与技术型人才的区别在于他们主要依靠操作技能进行工作。把上述各种人才类型与教育联系起来，培养技术型人才的可称之为技术教育，培养技能型人才的可称之为职业教育或技能教育。

对点案例

英国高等工程教育的产生

以英国为例，工业革命以前，社会所需要的主要是学术型人才，以牛津大学、剑桥大学为代表的高等学校主要进行文、史、哲方面的学术型教育。工业革命以后，工业产品日趋复杂，工厂需要专门设计产品的人和研究产品制造过程的工程师，但传统大学又不能培养这类人才。于是通过“新大学运动”，第一所新大学——伦敦学院在1926年创立了。接着又出现了一批新大学，如伯明翰大学、诺丁汉大学、利物浦大学等。

这些大学与地方工业息息相关，主要为本地区培养专门的工程技术人员。所以，这些新大学的出现，也就是高等工程教育的产生，其培养的是产品开发、设计和生产管理等方面的人才。鉴于当时的生产水平，工厂还不需要专门负责解决制造过程中技术问题的技术型人才。第二次世界大战以后，尤其是20世纪60年代至今，科技的迅猛进步和经济的高速发展，使得社会职业岗位的总体结构产生了以下变化趋势。

第一，高新技术的广泛应用产生了许多与高新技术有关的职业岗位。例如，机器人技术员、CAD/CAM维修技术员、数据处理与系统分析人员、重水厂和核动力技术员、EMS（柔性加工系统）操作调试维修人员、计算机控制仿形铣床操作人员、超声波测试员等。

第二，第三产业的蓬勃发展使社会职业岗位分布出现了新趋向，产生了一系列新的职业岗位。例如，广告编辑、广告推销监理、广告设计、企业估计员、商标代理人、旅行社经理、审计监理、证券咨询员、投资分析员、投资经纪人、证券推销代理人、外汇交易员、信贷员等。

第三，原有的职业岗位产生了既有分化又有复合的现象。例如，随着医疗技术和护理技术的发展，护理工作也逐渐专业化，护士岗位细分成精神科护士、外科护士等。在技术水平上，护士岗位也拓展了幅度。我国已分化为五个层次：主任护理、主管护理师、护理师、护士、助理护士。

二 高等职业教育的重要性

（一）高等职业教育是高等教育的重要组成部分

1985年，《中共中央关于教育体制改革的决定》中明确提出，要“逐步建立起一个从初级到高级、行业配套、结构合理又能与普通教育相互沟通的职业技术教育体系”。这样，就把高等职业技术教育正式纳入了国家教育体系，这是我国高等教育结构的重大改革。

中国高等教育总体规模在扩大，高等教育结构的合理化也越来越受到人们的重视。职业教育是现代国民教育体系的重要组成部分，在实施科技兴国和人才强国战略中具有重要的地位。

1. 高等职业教育的内涵

高等职业教育是以学生的就业为导向，以培养高技能人才为目标，为生产、建设、管理、服务第一线培养高等技术应用性人才的教育活动。这就要求实现教育目的的基本途径——教学必须有明确的导向性，它强调以能力为本位，重视实践能力的培养，实质是知识、技能和态度三位一体的素质结构。这个素质结构主要由四个要素构成：一是完成职业任务所必需的基本技能或动手能力；二是完成职业任务应具备的基本素质；三是职业岗位变动的应变能力和就业弹性；四是在技术应用中的创新精神和开拓能力等。

高等职业教育是职业教育中最高层次的教育，与普通高等教育一起构成了我国现行的高等教育体系。在国外，“职业教育”（vocational education）、“技术教育”（technical education）和“专业教育”（professional education）分别代表了职业人才培养中的三个层次，分别对应于我国的“工人”“技术员”和“工程师”。这样，高职教育大概就是西方的高等专业技术教育，即技术员、工程师层次的职业人才教育和培训。我国的专科、工科、应用性专业学科的本科教育，甚至研究生教育（尤其是针对具体职业类型开展的专业学位研究生教育）都属于高职教育范畴。

2. 高等职业教育的社会功能

关于职业教育对经济增长的推动作用毋庸置疑。美国学者伯纳德·L.温斯坦博士在研究西方国家发展的普遍规律时得出结论：西方的经验有力地证明，一个健全的中等教育和职业教育体系，是一个比高等教育还要关键的因素。特别是在我国这样一个劳动力数量密集、技术水平相对较低的国家，发展职业技术教育应该是非常迫切的。

国家核心竞争能力的增强需要拥有大量素质高、适应力强的高技能人才。国际经济的竞争核心是技术和人才的竞争，我国要更加有效地参与国际合作与竞争，切实提高产业和产品的竞争力，就必须不失时机地大力发展职业教育，尤其是高等职业教育。

对点案例

德国职业教育的概况

为了吸引更多的优秀青年参加职业技术教育和培训，提高职业教育的生源质量，德国规定学生在职业教育期间参加企业生产实习，企业要给予一定的报酬；学生在通过结业考试成为技术工人后，经过几年的实际工作，可报考技师；此后若继续努力，还可通过考试成为技术员、工程师和企业或部门的领导人，或进入大学深造，取得大学文凭。这种“条条大路通罗马”的开放体制对引导青年积极向上、推动职业教育的发展起到了巨大的作用。把普通教育与职业技术教育结合起来的“双元制”也为学生在两者之间互相转换提供了方便。据联合国教科文组织 1998 年的统计，德国接受普通高等教育的比例略高于 20%，而近 80% 的高中学生则选择接受各类职业教育。

3. 高等职业教育与普通高等教育的区别

高等职业教育和普通高等教育最根本的区别在于前者强调职业应用型。普通高等教育的“高”主要指理论素养程度的高低，而高职教育的“高”是指掌握职业技能和技术程度的高低。高等职业教育着眼于培养岗位工作能力，将技能强化训练放在极其重要的地位上，强调理论与实践并重，教育与训练结合，常常是边教边干，边干边学，教学与实践的比重往往在 1 ∶ 1 左右。

高职教育既可以由高职院校举办，也可以由普通高等院校举办；高职教育既可以是专科教育层次，也可以是研究生教育层次；高职教育的层次越高，就越需要由普通高等学校举办。因此，从职业性特点的分析可以看出，高职教育的概念十分丰富，高职高专实际上只是高职教育的一个重要组成部分而已，并不是高职教育的全部。随着就业岗位科技含量的提高、对应用型人才要求的提高，高职教育的学习年限、研究能力、理论基础等的要求也会提高。因此，高职教育也应有专科、本科和研究生教育的层次。事实上，我国台湾地区就存在本科与研究生学历的高职教育。现在在我国经济发达地区，已经产生了对本科层次的高级应用型人才的需求。

（二）高等职业教育的主要特点

高职教育作为高等教育大家庭中的重要成员，在教学中必须遵循高等教育共同的教育教学规律，具备高等教育的一般教学特点，但它又与一般意义上的普通高校培养人才的标准和规格不同，在教学中有自己的特殊要求和特点。

1. 教学目标的明确导向性

高等职业教育基本上是职业岗位教育，按社会职业岗位（或岗位群）设专业，以该岗位所必须具备的知识和能力为依据来设置课程，根据“必需、够用”的原则进行教学和实际训练。高职教育以培养岗位能力为中心，强调所学知识的针对性、实用性，努力做到教学内容尽可能与学生的个性相适应，实行弹性课程组合。

2. 教学方法的实践性

强调实践性既是高职教育的教学特色所在，也是培养技术技能型人才的基本保证。根据专业实际合理确定理论教学与实践教学的比例，加强学生的专业技能培养，把学业与就业、创业紧密结合，更加注重职业素质的培养，努力使学生通过实训教学获得就业的技能和创业的本领。

3. 办学体制的灵活性

高等职业教育更强调办学的开放性，办学体制上更加灵活，强调社会参与培养人才。教学计划由系和行业（企业）共同制定，教师和学生定时、定点到行业或企业实习，行业中有经验的工程技术人员定期到学院讲课，以实行“双向交流”；要尽量利用行业或企业的现有条件，建立学生的实习基地；在技能考核上要与行业、企业有实践经验的人员共同进行，实施由社会行业或企业公认的职业资格制度。

4. 教学考评的技术技能性

注重考评学生的技术和技能水平及实践能力是高职教育与其他类型、层次教育的显著区别。它改变了过去"一张试卷定成绩"的偏颇做法，注重专业技术水平和职业能力的考评，教学过程注意恰当渗透职业资格考试教育，把学生取得"双证"率作为考评教学质量的重要依据。

对点案例

大学生喜获欧盟上岗证，未出校门即被单位抢完

刚毕业的学生就可以获得欧盟认可的"IHK德国手工业资格证书"，如果外语水平合格，还可以直接到德国就业。记者日前从南京职业教育中心获悉，该校首批与德国合作教学的管道班和两个电工实验班未出校门就被外企以及电力企业抢购一空。

据悉，这些学生在校期间70%的时间用在训练动手能力上。与其他高职院校不同的是，他们采用"双元制的教育模式"，采用学校学习与工厂实践相结合、教师讲授和师傅带徒弟相结合、政府教育经费投入与企业资金资助相结合的方法。工厂培训时间大于教室授课时间，班上2个教师，1个负责理论，1个负责技能培训。这种模式在国内还不多见。班上学生通过认证考试，将获得德国手工业协会颁发的资格证书。拥有这一证书，学生在外企找工作无疑有了一块敲门砖。

据了解，一些外企还派了大批刚刚毕业的大学生到这一职业中心培训，增强动手能力、社会应变能力、社会竞争力。据悉，该中心的建筑工程、机械制造、模具、电子、通信等专业学生在二年级时就被"预订"一空。

5. 教学队伍的双师型

教师应有明确的"双师型"意识，把成为"双师型"教师作为不断提升自己素质的目标：教师既是讲台上讲课的好教师，也是本专业、本行业实践操作的行家里手，具有指导、示范、教会学生专业技能的能力。

（三）高等职业教育的发展前景

2019年以来，国家频繁发布高等职业教育相关的扶持政策文件。2020年9月，不限高职学校招收中职毕业生比例，扩大专升本招生计划。2022年4月20日，教育部通过了新修订的《中华人民共和国职业教育法》，职业教育在中国教育体系中所占的权重将大幅提升。

高等职业教育是我国教育的重要组成部分，包括高等职业专科教育、高等职业本科教育、研究生层次职业教育，是教育发展中的一个类型，肩负着为经济社会建设与发展培养人才的使命。

资料显示，近年来，我国职业空缺与求职者的比例呈现持续上升趋势，从2013年的1.09上升至2019年的1.25。

统计数据显示，我国职业教育市场规模总体呈逐年增长态势，2019年市场规模达5760亿元，2014—2019年年均复合增速达到11%。“十四五”期间，目标新增技能人才4000万人以上，技能人才占就业人员比例达到30%。

2021年，全国职业教育大会更是强调，“在全面建设社会主义现代化国家新征程中，职业教育前途广阔、大有可为”，提出了“加快构建现代职业教育体系，培养更多高素质技术技能人才、能工巧匠、大国工匠”的明确要求，这将从政策和制度层面有力提升职业教育在教育体系中的地位。

目前，职业教育的基础总体仍然较为薄弱。由于行业集中度极低，大型职业教育机构和企业数量有限，优质的职业教育供给严重不足。未来随着行业集中度的提升，职业教育龙头企业的持续发展，职业教育在研发、管理和营销等核心商业要素方面将逐步突破行业原有的边界，创造出高性价比的优质供给，以供给端的创新带动需求端的放量，推动行业进入快速增长的新轨道。

思考与练习

1. 市场经济时代大学生就业制度是什么？与计划经济时代相比较有何意义？
2. 如何正确认识当前大学生就业的严峻形势？
3. 怎样认识职业教育在我国教育发展中的地位？
4. 我国高职高专教育的发展形势和毕业生的就业形势怎样？
5. 当前的就业形势给高职高专毕业生带来了哪些机遇和挑战？
6. 我国的就业方针和就业政策是什么？
7. 作为大学毕业生，应树立怎样的就业观？

参考文献

［1］陈社育．大学生职业心理辅导［M］．北京：北京出版社，2003．

［2］金树人．生涯咨询与辅导［M］．北京：高等教育出版社，2007．

［3］钟谷兰，杨开．大学生职业生涯发展与规划［M］．上海：华东师范大学出版社，2008．

［4］达尔．一纸式人生规划［M］．孟永彪，译．北京：中国水利水电出版社，2006．

［5］沈之菲．生涯心理辅导［M］．上海：上海教育出版社，2004．

［6］李俊琦．职业素质与就业能力训练［M］．北京：清华大学出版社，2009．

［7］吉尔森．选对池塘钓大鱼［M］．彭书淮，译．北京：机械工业出版社，2004．

［8］GCDF 中国培训中心．全球职业规划师 GCDF 资格培训教程［M］．北京：中国财政经济出版社，2006．

［9］洛克．把握你的职业发展方向［M］．5 版．钟谷兰，曾垂凯，时勘，等译．北京：中国轻工业出版社，2006．

［10］吴芝仪．我的生涯手册［M］．北京：经济日报出版社，2008．

［11］白金汉．现在，发现你的职业优势［M］．苏鸿雁，谢京秀，译．北京：中国青年出版社，2007．

［12］刘文东，谢强，袁毅，等．大学生就业胜经［M］．北京：机械工业出版社，2009．

［13］方伟．大学生职业生涯规划咨询案例教程［M］．北京：北京大学出版社，2008．

［14］蒲果泉，王伯庆．大学生存手册［M］．北京：当代中国出版社，2009．

［15］干旭．高职大学生就业指导［M］．北京：科学出版社，2007．

［16］闾振华，吴二利，李丁．大学生职业生涯规划［M］．北京：中国经济出版社，2009．

［17］肖建中．职业规划与就业指导［M］．北京：北京大学出版社，2006．

［18］程良越．准备人生的盛宴［M］．北京：机械工业出版社，2008．